"十二五"职业教育国家规划教材
经全国职业教育教材审定委员会审定

汽车故障诊断技术

第5版

蔺宏良　李占锋◎主　编
刘　备　袁　牧◎副主编
官海兵◎主　审

人民交通出版社
北京

内 容 提 要

本书是"十二五"职业教育国家规划教材。全书采用了项目任务式体例，主要内容包括：了解汽车故障诊断、汽车故障诊断设备的使用、汽车发动机故障诊断、发动机电控系统故障诊断、汽车底盘故障诊断、底盘电控系统故障诊断、汽车电气系统故障诊断，共7个项目，23个学习任务。

本书可供高等职业院校汽车类专业教学使用，也可作为汽车售后服务行业岗位培训或自学用书，同时可供汽车检测与维修技术人员学习参考。

图书在版编目(CIP)数据

汽车故障诊断技术/蔺宏良,李占锋主编. —5版. —北京：人民交通出版社股份有限公司,2024.5

ISBN 978-7-114-19460-3

Ⅰ.①汽… Ⅱ.①蔺… ②李… Ⅲ.①汽车—故障诊断—职业教育—教材 Ⅳ.①U472.42

中国国家版本馆CIP数据核字(2024)第066337号

书　　名：	汽车故障诊断技术（第5版）
著 作 者：	蔺宏良　李占锋
责任编辑：	时　旭
责任校对：	孙国靖　卢　弦
责任印制：	刘高彤
出版发行：	人民交通出版社
地　　址：	(100011)北京市朝阳区安定门外外馆斜街3号
网　　址：	http://www.ccpcl.com.cn
销售电话：	(010)59757973
总 经 销：	人民交通出版社发行部
经　　销：	各地新华书店
印　　刷：	北京市密东印刷有限公司
开　　本：	787×1092　1/16
印　　张：	16.75
字　　数：	382千
版　　次：	2005年12月　第1版 2011年8月　第2版 2014年8月　第3版 2020年4月　第4版 2024年5月　第5版
印　　次：	2024年5月　第5版　第1次印刷　总第18次印刷
书　　号：	ISBN 978-7-114-19460-3
定　　价：	54.00元

(有印刷、装订质量问题的图书，由本社负责调换)

第5版前言

Preface

本书为"十二五"职业教育国家规划教材,自出版以来,受到全国广大高职院校的关注,获得师生的一致好评。随着汽车技术的发展,汽车售后服务行业的转型升级已然展开。根据行业发展和国家职业教育教学标准要求,为更好地适应汽车类专业实际教学需求,2023年,人民交通出版社组织相关院校、企业人员召开了本书修订再版会议,经过认真研讨,吸收教材使用院校师生的意见和建议,确定教材修订原则如下:

(1) 落实党的二十大关于技术技能人才培养总要求,彰显职业教育"手脑并用、德技并修"类型特征,培养学生"精益求精"的工匠精神与"守正创新"的发展理念。紧跟汽车产业转型升级、汽车技术更新换代,积极落实党的二十大精神和习近平新时代中国特色社会主义思想进课堂、进教材、进头脑要求,落实立德树人根本任务,在学习目标、拓展迁移、反思提升等环节有机融入思政育人元素,推动课程思政走深走实。

(2) 落实"岗课赛证"综合育人,对标汽车机电维修岗位工作需求和全国职业院校技能大赛"汽车故障检修"赛项,有机吸纳"1+X"汽车运用与维修职业技能等级证书考核标准,系统重构课程体系。根据行动导向教学原则,学习过程对接工作过程,每个学习任务设有"情境导入—任务描述—学习目标—知识学习—任务实施—拓展迁移—反思提升—任务工单"8个环节,环环相扣;"知识、能力、素养"三维学习目标通过"学习、实施、反思"层层递进的学习过程,得以实现。故障诊断操作配套任务工单,引导学生培养故障诊断思路并按流程实施操作,提升了学生的学习参与度和获得感。

(3) 对接产业升级教材内容,引入"新技术、新材料、新工艺和新设备"进教材,提升教材技术内涵,实现职业基本能力和长远发展能力融合培养。教材瞄准汽车机电维修岗位高素质技术技能人才培养目标,重点面向高职院校新能源汽车检测与维修技术、汽车检测与维修技术等专业,适应专业转型升级,拓宽职业岗位面向范围,合理增加电动汽车电气系统故障诊断项目,将教材内容重构为7个项目、23个学习任务,有利于开展项目化、任务引领式教学,实现职业基本能力和长远发展能力培养的有机融合。

(4) 组建"校—企复合型双师"编写团队,由课程思政国家级名师、学生技能大赛专家、国家级精品课主讲教师、生产一线技术骨干等组成,校企合作、校校合作交流研讨,创新教材体例革新和数字资源建设,推进职业教育信息化改革。

在上述原则指导下,本教材的内容修订主要体现在以下几个方面:

(1) 改变原来的单元式知识传授体系,采用项目化、任务引领式编写体例。

(2) 增设课程思政内容,学习目标具化为知识、能力和素养三维目标。

(3) 更新知识内容、车型信息、图片资料、参考文献。

(4)增加电动汽车电气系统故障诊断内容,以满足岗位职业能力要求。

(5)配套相应知识点的视频资源、课件、教案等,方便师生使用和学习。

全书由蔺宏良、李占锋担任主编,刘备、袁牧担任副主编,姚鑫、姜海鹏、高璐玮担任参编。教材包含7个项目,共计23个学习任务,编写任务分工如下:陕西交通职业技术学院蔺宏良、高璐玮编写项目一、五;陕西交通职业技术学院姚鑫编写项目二;陕西交通职业技术学院李占锋编写项目三;广东轻工职业技术学院袁牧、姜海鹏编写项目四、七;湖北交通职业技术学院刘备编写项目六。官海兵担任本书主审。

教材的编写得到了陕西交通职业技术学院、湖北交通职业技术学院、广东轻工职业技术学院的大力支持,特别是陕西交通职业技术学院的崔选盟、王保新、郭建明等老师对教材的技术内容、编写体例提出了中肯的意见和建议,均已采纳,特此感谢!陕西汽车集团有限责任公司汽车研究院院长、正高工张文博、西安利之星汽车有限公司技术总监周传勇、陕西盛方汽车销售服务有限公司技术总监李建涛等技术专家对教材中的技术资料进行了审定,在此对他们的辛勤付出表示感谢!

汽车技术日新月异、汽车故障千差万别,限于编者水平,书中难免有疏漏和错误之处,恳请广大读者在使用过程中,提出宝贵建议,以便进一步修改和完善。

编 者
2024 年 1 月

目录

Contents

项目一　了解汽车故障诊断 ··· 1
　任务　构建汽车故障诊断思维 ··· 1

项目二　汽车故障诊断设备的使用 ······································· 9
　任务1　汽车万用表的使用 ··· 9
　任务2　汽车故障诊断仪的使用 ··· 17
　任务3　发动机综合参数测试仪的使用 ··································· 32
　任务4　四轮定位仪的使用 ·· 49

项目三　汽车发动机故障诊断 ·· 62
　任务1　发动机动力不足故障诊断 ······································· 63
　任务2　发动机机油报警灯亮故障诊断 ··································· 72
　任务3　发动机冷却液报警灯亮故障诊断 ································· 83
　任务4　发动机异响故障诊断 ·· 93

项目四　发动机电控系统故障诊断 ······································ 108
　任务1　发动机无法起动（起动机不转）故障诊断 ························· 109
　任务2　发动机无法起动（起动机响）故障诊断 ··························· 118
　任务3　发动机运转不良故障诊断 ······································ 127

项目五　汽车底盘故障诊断 ·· 138
　任务1　汽车在坑凹路面不停摆振故障诊断 ······························· 138
　任务2　汽车制动跑偏故障诊断 ·· 147
　任务3　汽车行驶中"脱挡"故障诊断 ···································· 154
　任务4　汽车转向沉重故障诊断 ·· 161

项目六　底盘电控系统故障诊断 ·· 172
　任务1　自动变速器升换挡冲击大故障诊断 ······························· 173
　任务2　汽车在行驶中 ABS 报警灯点亮故障诊断 ·························· 188
　任务3　汽车在行驶中 ESP 报警灯点亮故障诊断 ·························· 197

任务 4　自适应巡航控制（ACC）系统功能失效故障诊断 …………………… 209

项目七　汽车电气系统故障诊断 ………………………………………………… 220
任务 1　汽车整车无法通信故障诊断 …………………………………………… 220
任务 2　汽车空调不制冷故障诊断 ……………………………………………… 231
任务 3　汽车前照灯不亮故障诊断 ……………………………………………… 242

参考文献 …………………………………………………………………………… 259

项目一
了解汽车故障诊断

随着科学技术的发展、制造业的进步及人们需求的不断提高,现代汽车的功能越来越齐全,结构越来越复杂。作为一种在移动中完成工作的机电设备,与其他任何机械设备相比,汽车的使用条件复杂多变,既要经受风吹雨淋日晒,又要承受温度的剧变和振动。因此,在使用汽车的过程中,由于种种原因,其技术状况不可避免地会发生变化,有时甚至导致汽车发生故障。

在使用汽车过程中出现故障,既有设计制造、材料选择、自然老化等汽车自身方面的原因,也有工作条件、使用维护等方面的原因。汽车故障一旦出现,就应借助相应的方法手段、利用必要的仪器设备、通过正确的逻辑判断,查找出导致故障的真正原因,并及时予以排除,使汽车尽快恢复正常工作状态,以延长汽车使用寿命,提高其工作安全性。

 构建汽车故障诊断思维

情境导入

客户李先生有一辆在2018年购入、行驶里程将近12万km的汽车,其在行驶过程中出现制动不灵的故障。李先生将汽车送到4S店中进行维修,店中的技术专家应该如何对该车制动失灵的故障进行诊断维修呢?

任务描述

汽车故障诊断技术指的是在整车不拆解的情况下,确定汽车技术状况、查明故障原因和故障部件的汽车应用技术。汽车是一个由诸多总成、机构和元件有序组成的复杂系统,在使用过程中由于某种原因或者几种原因共同的影响,其技术状况随着行驶里程的增加而不断变化,车辆的动力性、经济性、操纵稳定性以及安全性等车辆性能指标逐渐或者迅速下降,故障率随之增加,这不仅对汽车的运输效率、运输成本及环境造成极大影响,甚至直接影响车辆的运行安全和使用寿命。因此,了解汽车故障诊断工作、构建汽车故障诊断思维、定期检测维护汽车,及时准确地诊断出故障部件并排除故障,成为汽车技术中一项重要的内容。

学习目标

知识目标

1. 掌握汽车故障分类的知识;
2. 掌握基于鱼刺图进行汽车故障诊断的知识;
3. 掌握基于二分法绘制汽车故障诊断流程图的方法。

能力目标

1. 能独立分析现代汽车故障现象;
2. 能具有汽车故障诊断思维;
3. 能绘制现代汽车故障诊断流程图。

素养目标

1. 培养学生追求卓越的创新精神;
2. 培养学生发现问题、分析问题、解决问题的工匠品质;
3. 培养学生终身学习理念,勇于学习新知识、新技术,不断提升职业能力。

 知识学习

一、汽车故障的分类

(1)按丧失工作能力程度分为:局部故障和完全故障。
①局部故障:汽车部分丧失工作能力,其他功能仍保持完好,汽车尚能行驶。
②完全故障:部分元件无法正常工作导致汽车完全丧失工作能力的故障。
(2)按故障的性质分为:一般故障和严重故障。
①一般故障:能及时、较方便排除的故障,或不影响行驶的故障。
②严重故障:影响汽车行驶的故障,或会造成严重后果的故障。
(3)按故障发展速度分为:急剧性故障和渐变性故障。
①急剧性故障:故障一旦发生,汽车工作状态便迅速恶化,故障情况发展很快,必须马上停车修理的故障。
②渐变性故障:发展缓慢、即使出现也能继续行驶到有条件的地方再进行维修的故障。
(4)按故障可能造成的后果分为:非危险性故障和危险性故障。
①非危险性故障:不会引起车辆及零部件损坏、人身伤害或财产损失的故障。
②危险性故障:有可能引起人身伤害、车辆损坏及财产损失的故障。这类故障是故障诊断和预防的重点内容。

二、构建汽车故障诊断思维

汽车维修服务行业快速转型带来了机遇和挑战。机遇是汽车维修服务行业的快速转型,导致目前新能源汽车和智能网联汽车相关维修人才缺口大,人才供不应求;同时,维修新能源汽车和智能网联汽车必须受到专业训练,提高了从业门槛,使得接受过高等职业教育的从业者更具有优势。挑战是增加了人才培养的难度,传统的汽车维修知识和课程侧重培养学生的动手能力,而新能源汽车和智能网联汽车专业要求学生能够解决电子或电路故障,学生不仅要有较强的动手能力,还要具有很强的逻辑思维能力和分析问题、解决问题的能力,即汽车故障诊断思维。

1. 基于鱼刺图分析故障原因

鱼刺图是一种发现问题"根本原因"的方法,是一种透过现象看本质的分析方法,由于其是基于一条主线来分析原因,有点像一条鱼的骨架,因此也叫"鱼骨图"。

鱼刺图是一种针对特定事故分析原因的系统安全分析方法,又称因果分析图。用鱼刺图分析事故,可以将事故原因清晰、直观地以图形的形式表达出来,使复杂的事故原因系统化、条理化,明确事故预防对策。鱼刺图由原因和结果两部分组成,可从人的不安全行为和物质条件构成的不安全状态两大因素中,从大到小、从粗到细、由表及里,深入分析事故原因。在绘制鱼刺图(图1-1)时,首先确定要分析的某个特定事故,写在最右边,画出主干,箭头指向事故;然后确定造成事故的因素分类项目,画出大枝;再分析各分类项目造成事故的原因,画出中枝,事故原因用文字记在中枝线的上下,如此将原因层层展开,画出小枝、细枝;最后确定鱼刺图中的主要原因,作为重点控制对象。

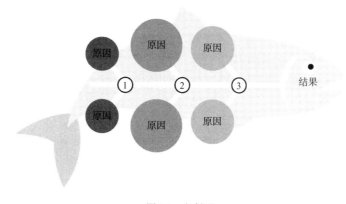

图1-1 鱼刺图

图1-2为鱼刺图在汽车故障诊断中的应用。在实际生活中,解决汽车故障的工作流程是:汽车维修技师接受车间派发的工作任务单,确认故障,制订维修方案,在规定时间内,按照维修手册工艺要求诊断并排除故障,如有其他维修项目,则与服务顾问进行沟通,自检合格后交予质检员检验。完成的基本环节可以总结为:接受任务、确认故障、制订方案、排除故障、实施检验、反馈总结。

2. 基于二分法思路绘制汽车故障诊断流程图

二分法思维,也称为二分法逻辑或二分法思考,是一种逻辑思考方法,在决策和解决问题的过程中较为常用。应用这种思维方法,问题被简化为两个互斥的选项或结果,然后通过分析这两个选项或结果,作出决策或找到解决方案。二分法思维通常是一种简化的方法,可以帮助人们快速地处理复杂的问题。

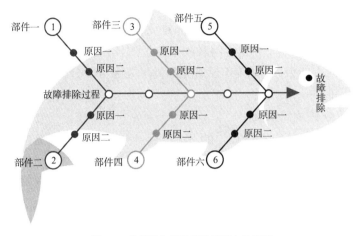

图 1-2 鱼刺图在汽车故障诊断中的应用

对于较复杂的故障,由于导致故障的可能原因较多,或属于比较生僻的故障,因此,一般情况下单靠经验或简单诊断解决不了问题。此时,必须借助于一定的设备仪器,按照一定的方法步骤,对故障进行全面细致的检查和分析,逐步排除可能的故障原因,最终找到真正的故障部位,这就是用故障树诊断法进行诊断。故障树诊断法又称故障树分析法,是将导致系统故障的所有可能原因按树枝状逐级细化的一种故障分析方法,其特别适用于像汽车这样的复杂动态系统的故障分析。

应用故障树诊断法的关键是建立故障树。首先,在熟悉整个系统的前提下逐步分析导致故障的可能原因;然后,将这些原因由总体至局部、由总成到部件、由前到后(按工作关系)逐层排列;最后,得出导致该故障的多种原因组合,用框图形式画出即为故障树(图1-3)。

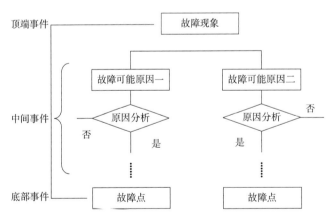

图 1-3 故障树结构

故障树的结构包括三个部分。
(1)第一层:顶端事件,就是最初的故障症状。
(2)中间层:中间事件,由多层构成,是故障原因的逐步分析。
(3)最底层:底部事件,就是最小故障点,故障的可能原因所在。
绘制故障诊断流程图与绘制故障树相似,所不同的是,流程图在第一层和第二层之间的岔道口进行了测试、分析及判断,然后选择进入第二层的哪条诊断线路,优化了故障诊断路线,节约了时间,接下来的几层亦是如此。

图1-4所示为离合器分离不彻底的故障诊断流程图,其以离合器分离不彻底为排除故障对象,根据可能造成故障现象的各种故障原因列出测试、分析点,对故障点进行一步一步地分析。首先,将最容易出现的故障原因(离合器踏板自由行程是否过大)放在中间事件的第一层,然后,再列出中间事件的第二层(是否漏油、油量不足或者有空气),直到最后底部事件(由于从动盘钢片翘曲变形所致)。

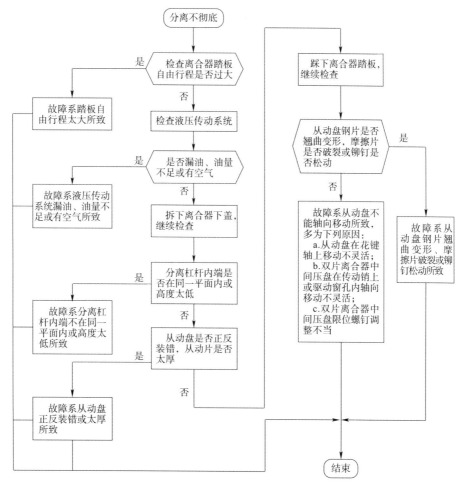

图1-4 离合器分离不彻底的故障诊断流程图

任务实施

一、故障原因分析

针对汽车制动不灵故障现象,分析其为汽车制动效能下降,以鱼刺图表示引起制动不灵可能的原因是:

（1）制动传力机构故障，如液压系统漏油、油量不足、气阻、管道不畅、助力器或增压器失效、皮碗磨损或发胀、缸筒磨损或制动踏板调整不当等。

（2）车轮制动器故障，如进油、进水、调整不当、磨损严重等。

（3）车轮与地面的附着系数低，即轮胎过度磨损。

二、绘制该故障的鱼刺图

对故障的可能原因进行详细分析，据此绘制该故障的鱼刺图，如图1-5所示。

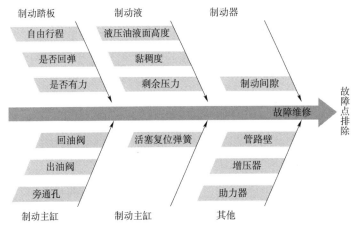

图1-5 制动不灵故障的鱼刺图

三、绘制该故障诊断流程图

利用故障鱼刺图，绘制故障诊断流程图，如图1-6所示，根据该流程图进行故障诊断相应操作。

拓展迁移

现代汽车维修技术的特征为"七分诊断，三分修理"，并已成共识。正确的思维能力来源于合理宽广的知识结构，同时也依赖于科学的思维方法。在汽车故障诊断过程中，采用正确的思维方法（如逻辑思维、发散性思维、辩证思维、逆向思维、联想思维、创造性思维等），能减少工作中的失误、返工及时间、材料上的浪费，对于疑难故障的排除更能起到决定性的作用。

汽车故障诊断思维方法的培养不是一朝一夕的事，从理论到实践始终都需考虑怎么有利于培养学生的正确思维，理论是形成良好思维方法的基础，实践是检验和提高的途径。在检测诊断故障时，学会先思考再动手，切忌盲目瞎蒙。

反思提升

准确的汽车故障诊断是没有捷径的，这就需要我们"汽车医生"弘扬工匠精神，传承职业品格。大国工匠张永忠依靠自制工具,结合自身经验,总结出"望、闻、听、切"的独门绝技,并推广到全国。我们广大青年要向大国工匠学习,要怀匠心,积累系统的理论知识和丰富的实践经验;要践匠行,构建与时俱进的故障诊断思维,掌握先进的诊断方法和高超的检修技能;要铸匠魂,培养崇高的职业素养和职业道德;要守匠情,培养创新精神和创新品质。匠心筑梦,砥砺前行。

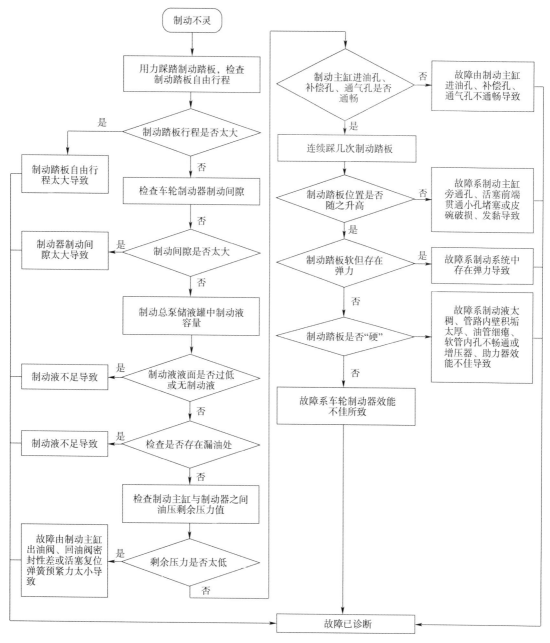

图 1-6 制动不灵故障诊断流程图

任务工单

任务名称	构建汽车故障诊断思维		
班级		姓名	
地点		日期	
小组成员		工作效果	
Step1:分析"汽车制动不灵"的故障原因			

绘制鱼刺图,表示引起"汽车制动不灵"的故障原因:

Step2:绘制"汽车制动不灵"的故障诊断流程图

基于二分法绘制诊断流程:

自我总结

经过学习,你是否已经建立汽车故障诊断思维,还有哪些不足?

项目二
汽车故障诊断设备的使用

汽车故障诊断的方法有多种，但主要有直观诊断法和设备仪器诊断法两种。直观诊断法的特点是：诊断速度快，无需复杂、昂贵的检测诊断设备仪器，检测诊断成本低，但也只能得出定性的、可能的原因，故障诊断的准确度低，且对一些微小的、直接影响汽车或总成工作状态的参数测量显得无能为力。设备仪器诊断法的特点是：故障诊断的准确度比经验法高，特别是对直观诊断法无能为力的故障非常适合，但检测诊断成本高，一次性投入大。

最佳的故障诊断方法是：既有丰富的实践经验，又会使用先进的故障检测设备仪器，并能将两者灵活运用。在实际故障诊断中，应先进行人工直观诊断，必要时再用相应的设备、仪器进行检测，这样可使故障的诊断速度和精度提高，维修成本降低。

汽车故障的出现主要是由于汽车技术状况的变化引起的，而汽车的技术状况是可以通过对状态参数的物理或化学特性变化的测量来反映的。因此，可用一定的检测诊断设备或仪器对汽车的技术状况加以诊断，从而找出导致汽车产生故障的原因，及时进行排除。

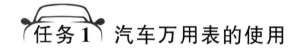

情境导入

小王在某品牌汽车4S店机电维修实习时遇到一辆故障车，左侧近光灯不亮，右侧正常，师傅安排小王测量下左侧近光灯电阻值。小王拿着万用表，不知如何下手，请指导小王完成近光灯阻值测量任务。

任务描述

万用表可测量电路及元器件的电压、电流、电阻等多种参数，也可测量各种电路及电气设备的通断情况，而且在附加其他装置之后，还可进行其他电气性能项目的测试，因而在汽车维修领域应用十分普遍。目前，在汽车维修行业中广泛应用的有3种万用表，即指针式万用表、数字式万用表和汽车专用万用表（以下简称"汽车万用表"）。

指针式万用表结构简单、操作方便、价格低廉,在基本电路故障检测诊断中应用广泛,但指针式万用表不能用来检测电控系统的故障。数字式万用表具有检测精度高、测量范围广、抗干扰能力强、输入阻抗高等特点,因而在汽车维修行业得到了广泛的应用。目前,在我国汽车维修行业使用的汽车万用表主要有 OTC 系列(3505、3514)及 MODEL 系列(206、506、706、716)等。

学习目标

知识目标
1. 掌握汽车万用表的功能;
2. 掌握汽车万用表的使用方法。

能力目标
1. 能熟练使用汽车万用表进行相关测量;
2. 能借助汽车万用表对汽车电气部件进行检测,并分析故障、排除故障。

素养目标
1. 培养学生规范使用测试设备,形成规范做事的习惯;
2. 培养学生筑牢基础、稳步提升的工作习惯;
3. 培养学生终身学习的理念,提高适应新时代工作要求的职业能力。

知识学习

以 OTC3514 汽车万用表为例介绍其功能及使用方法,如图 2-1 所示。

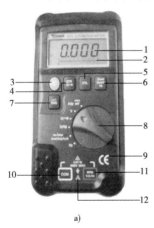

图 2-1　汽车万用表
a)万用表外观；b)显示屏

1-数字显示；2-条形显示图；3-开关键；4-交/直流选择键；5-手动/自动模式选择键；6-自动捕捉稳定读数；7-触发键；8-功能滚轮；9-CE 认证标志；10-黑色表笔插口；11-红色表笔插口；12-可测交直流电压限值；13-交流测试显示；14-负极输入显示；15-自动适应量程选择显示；16-触发级别；17-触发斜率方向显示；18-正/负极触发指示；19-输入数据过大指示；20-电池电压过低指示；21-连续测试指示；22-保持所选定模式指示；23-发动机 2/4 冲程指示；24-被测发动机缸数显示；25-闭合角测量指示；26-占空比测量指示；27-脉宽测量指示；28-其他测量项目指示；29-转速测量指示；30-条形图的刻度显示

1. 测量范围

(1) 直流电压:0.1mV~600V。

(2) 交流电压:0.1mV~600V。

(3) 通断测试:在4kΩ量程下小于100Ω时,有铃声响起。

(4) 占空比:0~99.9%。

(5) 闭合角:0°~356.4°。

(6) 转速:30~9000r/min。

(7) 电阻:0~40MΩ。

(8) 频率:0.5Hz~200kHz。

(9) 脉宽:0.002~1999.9ms。

2. 仪表介绍

(1) 数字显示:开机后,先进行自检,所有内容都将在屏幕上显示(每秒更换4次)。

(2) 条形显示图:条形显示图每秒更新20次,在数据变化较快的情况下,该显示比较有用。条形图在测量转速、脉宽、闭合角、占空比和频率时不显示。

(3) ON/OFF:仪器开关键。

(4) DC/AC:交/直流选择键(测量转速时为二冲程/四冲程发动机选择键)。

(5) RANGE:手动/自动模式选择键。仪器默认自动模式,手动模式需选择。欲退出手动模式时,按住该键2s,仪器可回到自动模式;测量闭合角时,可用该按钮选择发动机的缸数(最多到8缸)。

(6) 自动捕捉稳定读数(HOLD):测量脉宽时,按该键测量闭合角;测量占空比时,按该键后百分号(%)将显示在屏幕上。用该键可逐一选择脉宽、闭合角、占空比和频率测量模式,按其他键则退出这些模式。

(7) 触发键(TRIG):当测量脉宽、闭合角、占空比或汽车频率时,在正极和负极之间触发。按住按钮2s,改变触发方向。触发方向的"+"或"-"的指示标志在屏幕左下角显示。默认的模式为负向触发。如果读数过高或不稳定,重复按这个按钮调整触发水平。

(8) 功能滚轮:选择测试功能。

(9) CE:代表CE认证。

(10) COM插口:黑色表笔插口。

(11) RPM、V、Ω、Hz插口:红色表笔插口。

(12) 可测最大交直流电压为600V。

(13) AC:交流测试显示。

(14) 负极输入显示。

(15) AT:选择自动适应量程时显示。

(16) B:在转速、脉宽、闭合角或占空比测试模式下显示触发级别。

(17) 触发斜率方向显示:在转速、脉宽、闭合角或占空比测试模式下显示触发斜率方向(默认为负极触发)。此外,当调整条形图的触发水平时也会显示。

(18) ±:正/负极触发指示。

汽车万用表

(19) O. F. L:输入数据过大指示。

(20) BAT:电池电压过低指示。

(21) 连续测试指示。

(22) 保持所选定模式时指示。

(23) BSTR:测量转速时,发动机二冲程/四冲程指示(用 STR 按钮选择二冲程或四冲程)。

(24) BCYL:在转速或闭合角测量模式下,显示被测发动机的缸数(用 CYL 按钮在 1~8 缸范围内选择缸数)。

(25) DWL°:闭合角测量指示。

(26) %:占空比测量指示。

(27) ms(毫秒):脉宽测量指示。

(28) 其他测量项目指示。

(29) RPM:转速测量指示。

(30) ANALOG DISPLAY SCALE:条形图的刻度显示。

3. 开机模式

OTC3514 汽车万用表有两种开机选择方式:待机模式与屏幕持续打开模式。

(1) 待机模式。若汽车万用表在开机状态下 20min 内未被使用,则自动进入待机模式。在待机模式下,屏幕上的 BAT 会不停地闪动,其他功能将被关闭,以节省电能,延长电池使用寿命。如要继续使用,按任意键则进入测试模式。若想关闭待机模式,打开汽车万用表,同时按住 ON/OFF 键和 HOLD 键 2s 即可。

(2) 屏幕持续打开模式。汽车万用表每次开机,所有屏幕显示内容将显示 2s 进行自检。若想让显示屏显示所有内容,按住 ON/OFF 键打开汽车万用表,同时持续按 RANGE 键即可。

4. 功能使用

(1) 电流测量。

在电流比较高、不要求十分准确测量的情况下,可使用电流钳测量线路的电流。电流钳测电流也是利用电磁感应的原理进行的。电流钳有两种,一种只能测量交流电流;另一种交、直流电流都可测量。

OTC3514 汽车万用表的电流钳可以测量大小为 1~1000A 的电流。使用时把电流钳与汽车万用表的"V"和"COM"插口进行连接,选择"mV"挡。其操作方法与转速感应钳相同。

OTC3514 汽车万用表的电流值是用电压单位显示的,屏幕显示 1mV 就代表电流是 1A,如果显示 100mV,则代表线路中的电流是 100A。

OTC3514 汽车万用表可以选装交直流电流钳。

(2) 电压测量。

准备时,旋动滚轮选择电压挡(V 或者 mV),用 AC/DC 键选择交流或直流,黑色表笔插入 COM 插口,红色表笔插入 RPM、V、Ω、Hz 插口。测量时,黑色表笔与电路负极连接搭铁,红色表笔与电路正极连接。

注意：
①在进行电压测量时，万用表必须和被测电路并联测试。
②该万用表测量的电压值最高为600V。
③选择正确的量程对测试很重要。选择低量程会增加小数点位数，提高读数的准确性。
④若屏幕显示 O.F.L，说明选择的量程过低，需要选择较高的量程。
⑤当屏幕数字变化比较快时，通过条形图很容易观察，此时可用模拟条形图显示。
⑥对于测量有趋势性或方向性的数据，模拟条形图也非常有用。

(3) 电阻测量。

准备时，旋动滚轮选择电阻(Ω)挡，用 RANGE 键选择正确的量程，黑色表笔插入 COM 插口，红色表笔插入 RPM、V、Ω、Hz 插口。测量时，将万用表的两个表笔与电阻或被测导线的两端连接，即可进行读数。

注意：
①如果有外部电压或残留电压存在，将不能准确测量电阻。因此，在测量电阻时，要切断电路电源，并把电容的电放掉。
②如果显示的数据变化很快，应选择高一级的量程。
③量程选择得越合适，测量的结果就越准确。

(4) 电路通、断测量。

OTC3514 汽车万用表在测量电路通、断时提供警示铃声，使用者可以方便快捷地得到测量结果。汽车万用表在测量到回路闭合或电路短路时会自动报警，因此，操作者在测量时无需观看汽车万用表。这个功能在检测诸如熔断丝的好坏、导体和导线是开路还是短路、开关的情况等时，非常有用。

准备时，旋动滚轮选择电阻(Ω)挡，按 AC/DC 键选择通断范围。当标志显示在屏幕上时，汽车万用表默认的量程是400Ω。黑色表笔插入 COM 插口，红色表笔插入 RPM、V、Ω、Hz 插口。

测试时，将汽车万用表的两个表笔与电阻或被测导线的两端连接。如果电路闭合，测量值小于100Ω 时汽车万用表报警；如果电路开路，汽车万用表不报警。

注意：
①测量时要关闭电路电源。
②有警示铃声不代表电阻是零。

任务实施

安排学生分组练习汽车万用表的使用，按照任务工单流程和要求，测量电阻、电压、电流并测试通断功能，强化学生使用汽车万用表的能力，熟知使用注意事项。

一、汽车万用表的基本检查

(1) 说出 OTC3514 型汽车万用表外观功能键的名称及作用。
(2) 说出 OTC3514 型汽车万用表显示器显示区域的名称及读数含义。

二、汽车万用表的使用

(1)使用汽车万用表电压挡在教学车辆上测量蓄电池电压。
(2)使用汽车万用表电阻挡测量发动机冷却液温度传感器电阻。
(3)叙述使用汽车万用表测试起动电流的操作步骤。
(4)汽车万用表其他功能使用练习。
完成相应测量操作并完成任务工单。

拓展迁移

新型数字万用表功能丰富,使用便捷安全。

(1)电流挡错误操作时,有声光提示的报警。当用户把表笔插入错误的孔位时,就会产生报警信号。

(2)防烧功能。避免在测量电流过程中,可能因电流过大造成万用表内部线路损坏,导致断路,以延长万用表的使用寿命,防止长期操作或者一次电流过大的操作造成损坏。

(3)一键唤醒。一键操作简化了不必要的流程和时间。

(4)标配两套镀金表笔。在日常电气电工测量电流时,不会产生异变和变形,在精确度上能够得到充分的保障。

(5)低通滤波 VFD(变频器)测量功能。它可以滤除相当一大部分高频干扰信号,准确稳定地测量变频的电压及频率。

(6)具备有效值测量功能。在实际的电流测量过程中,规避夹杂很多失真或者波形误差等情况。

(7)大电容快速测量功能。它可以精准地测量 6nF 到 6000μF 区间的静值电容,满足不同条件下的使用要求,可以说是仪表通用,实现多场景互通。

(8)温度测量功能。它能够测量 -55~500℃ 的温度区间,误差能够小到 0.1℃。

(9)LED 智能测量功能。在额定电压为 9~12V 时,可更直观地表现电流是否为通路。

(10)人性化设计特点。它采用了现在市面上普遍常见的 LED 数字显示屏和背光亮度可调,适用于不同光源条件下的使用,加大了万用表的便利性。

反思提升

通过任务引领,让学积极参与使用汽车万用表,提升学生规范使用汽车万用表的能力,培养学生精益求精的职业精神。

任务工单

任务名称		汽车万用表的使用	
班级		姓名	
地点		日期	
小组人员		工作效果	

续上表

Step1:汽车万用表的基本检查

(1)在下图的表格中填写汽车万用表外观功能键的名称。

编号	名称及说明
1	
2	
3	
4	
5	
6	
7	
8	
9	
10	
11	
12	

(2)在下图的表格中填写汽车万用表显示器显示区域的名称。

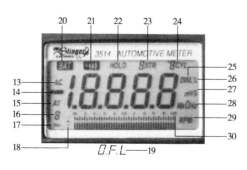

续上表

编号	名称及说明
13	
14	
15	
16	
17	
18	
19	
20	
21	
22	
23	
24	
25	
26	
27	
28	
29	
30	

Step 2:万用表的使用操作

(1)使用万用表在教学车上测试以下数据。

项目	数据信息
蓄电池电压(发动机未起动时)	
蓄电池电压(发动机起动时)	
蓄电池电压(发动机运行时)	
冷却液温度传感器冷态电阻	
冷却液温度传感器热态电阻	
起动电流	
汽车静态工作电流	
前氧传感器信号电压	
后氧传感器信号电压	

(2)叙述使用万用表测试起动电流的操作步骤。

自我总结
经过学习,你是否已经掌握了汽车万用表的使用方法和功能,还有哪些不足?

任务 2　汽车故障诊断仪的使用

情境导入

小王在某品牌汽车 4S 店机电维修实习时,服务顾问接到一辆故障车,经过外观检测后转给小王,并介绍客户汽车故障情况:汽车在行驶中,仪表上有异常指示灯点亮,但是不影响汽车正常起动和行驶,客户担心汽车故障影响自己的行程,所以开到店里进行维修。小王想用汽车故障诊断仪来进行检测,但是不会用,怎么办呢?

任务描述

随着汽车电子化与智能化技术的快速发展,车辆控制策略日益复杂,客户对偶发性故障的抱怨呈上升趋势。同时,国家关于汽车"三包"的规定对一次性修复提出了更高要求。从而,这对于汽车故障诊断技术提出了更高的要求。汽车故障诊断的目标是判断客户抱怨原因,并实现精准维修、减少总成拆卸与部件倒换、减少客户等待时间、减少误工索赔,最终提高客户满意度。目前,难以解决的故障类型包括:

(1)偶发性故障。
(2)无故障码故障。
(3)软件设计问题导致的故障。
(4)其他控制单元信号错误导致的故障。
(5)错误的匹配、编码等诊断软件操作问题导致的故障。
(6)改装不当导致的故障。

这些疑难故障的解决,需要借助汽车故障诊断仪完成。汽车故障诊断仪可与车辆连接读取故障码、清除故障码、读取数据流、执行元件测试、刷新控制单元软件版本等。维修人员可以借助汽车故障诊断仪提供的故障码,分析故障产生的原因,及时进行故障排除。

学习目标

知识目标
1. 掌握汽车故障诊断仪的功能;
2. 掌握汽车故障诊断仪的使用方法。

能力目标
1. 能熟练使用汽车故障诊断仪;
2. 能借助汽车故障诊断仪分析故障原因,判断故障部位,排除故障。

素养目标
1. 培养学生规范使用诊断设备的习惯;
2. 培养学生终身学习的理念,针对新问题,坚持学习新技术、新方法;
3. 培养学生科学排除故障的理念,合理借助诊断设备,提高工作效率。

 知识学习

一、汽车故障诊断仪的功能

汽车故障诊断仪是用来与汽车电控系统的控制中心进行数据交流的专用仪器,也是截至目前汽车电控系统故障检测诊断最有效的仪器。其主要功能如下:

(1)读取电控系统的故障码。

(2)在故障排除后清除故障码。

(3)读取电控系统 ECU(电子控制单元)中的数据流,有些专用汽车故障诊断仪还可对 ECU 中的某些数据进行更改。

(4)直接向执行器发出动作指令,以检查其工作状况。

(5)路试时,监测并记录各传感器、执行器的工作参数,以便进行分析判断。

(6)可通过计算机进行资料的更新升级。

(7)有的汽车故障诊断仪还具有万用表、示波器、打印机及显示电控系统电路图和维修指导、客户档案管理等功能。

二、汽车故障诊断仪的类型

目前,所用的汽车故障诊断仪按其数据流的形式可分为两种类型。一种为专用型汽车故障诊断仪,是由汽车制造厂家为检测本厂生产的汽车而专门制造或指定的、只能检测某一品牌的汽车,而不能用来检测其他公司生产的汽车。专用型汽车故障诊断仪一般只配备在汽车 4S 店中,主要目的是为自身品牌汽车提供良好的售后服务。有实力的汽车生产厂家都有专用型汽车故障诊断仪,如大众汽车的 VAS6150 系列汽车故障诊断仪、宝马汽车的 BMW ICOM 汽车故障诊断仪、奔驰汽车的 STAR 汽车故障诊断仪、通用汽车的 TECH 汽车故障诊断仪、福特汽车的 Super Star 汽车故障诊断仪、丰田汽车的 GTS 汽车故障诊断仪等。另一种为通用型汽车故障诊断仪,它不是由汽车生产厂家提供或指定的,而是由其他专门生产检测仪器设备的公司制造的,它可以检测不同汽车生产厂家制造的多种车型,通过配备不同的检测接头,有的可以检测几十种至上百种不同厂家的车型,因而一般配备在综合性维修企业。如由德国BOSCH公司生产的KT600汽车故障诊断仪,国内生产的元征、道通、金奔腾、易网通等都属于通用型汽车故障诊断仪。

对于具体车型,从故障诊断的深度和广度方面讲,通用型汽车故障诊断仪不如专用型汽车故障诊断仪,因为通用型汽车故障诊断仪毕竟不是专门为检测某一种车型而生产的,因此,对有些新车型的某些电控系统是检测不出来的。但对于综合性汽车维修企业来说,由于车源品种繁多,而又不可能配齐所有车型的专用汽车故障诊断仪,因此,就应配备通用型汽车故障诊断仪。

下面介绍几种常见的通用型汽车故障诊断仪。

1. X-431 PAD V

X-431 PAD V是元征科技开发的一款基于最新互联网诊断技术、同时兼容乘用车和商用车(视产品配置而定)的新型高端汽车智能终端设备,支持5G和WiFi通信、ECU刷写,支持J2534、DOIP和CAN FD等标准或协议,具有车型覆盖广、功能强大、特殊功能多及测试数据准确等诸多优点。通过VCI(车辆通信)设备与X-431 PAD V主机的WiFi通信或USB通信,实现全车型、全系统的汽车故障诊断。除支持以往的传统诊断和VIN(车辆识别码)识别诊断,还支持智能诊断、超级远程诊断、M站(国家排放标准)OBD(车载诊断)系统检测、在线编程、归零维护、诊断反馈、维修资料查阅和一键升级等功能。

1)产品功能

(1)诊断功能。可检测亚、欧、美及国产大部分高、中、低档车型的电控系统故障,诊断功能包括读取故障码、清除故障码、读取数据流、动作测试等。

(2)特殊功能。支持大部分车型可编程模块的匹配、设码及常用特殊功能,如维护灯归零、节气门匹配、防盗匹配、转向角复位、制动片复位、胎压复位、防盗匹配、ABS(防抱死制动系统)排气、蓄电池匹配、喷油嘴编码、DPF(柴油颗粒过滤器)再生、天窗初始化、前照灯匹配、悬架系统匹配和自动变速器挡位匹配等。

(3)远程诊断功能。支持带有联网功能的诊断设备与诊断设备之间、诊断设备与车主使用的车联网盒子之间以及诊断设备与计算机端之间进行远程诊断服务。

(4)在线编程。无需连接RJ-45网线和其他线束,支持无线DOIP编程,支持奔驰、宝马、通用、福特、大众、奥迪等车型的在线编程功能,以及大众、奥迪车系的引导功能。

(5)可在线查询原厂维修资料,含电路图、元件位置图、故障码帮助等。

(6)车型诊断软件、客户端及固件可在线一键升级。

(7)诊断反馈。在使用过程中遇到特殊情况下的车型软件或功能异常,可将问题反馈给生产厂家,会有专业技术人员进行及时跟踪和处理。

(8)支持M站检测功能。该功能满足当前版本新国标对汽车排放相关检测要求。通过对车辆OBD系统进行数据读取、清除故障码、生成检查报告,帮助车主了解车辆OBD系统信息,从而针对性地解决问题,并提高线上检测效率。

2）产品组成

X-431 PAD V 系统主要由诊断主机（图 2-2）和 SmartLink C 设备（图 2-3）组成，诊断主机为 X-431 PAD V 系统的中央处理器及显示屏，SmartLink C 为采集汽车数据的设备。

图 2-2　X-431 PAD V 诊断主机　　　　图 2-3　SmartLink C 设备

3）使用方法

（1）开机。按电源键直到屏幕点亮。

（2）关机。

①长按电源键至屏幕弹出选项对话框。

②选择【关机】选项，然后根据提示进行关机操作。

（3）了解主界面，如图 2-4 所示。

图 2-4　主界面

①访问元征公司产品网站。

②截取当前屏幕并保存为截图。

③显示 VCI 设备连接状态。

④查看最近使用过的应用程序和正在运行的应用程序。

⑤返回主界面。

⑥返回上一页面或退出当前程序。

（4）调节屏幕亮度。

①在主界面上点击【其他】→【设备】→【平板设置】→【显示】→【亮度】。

汽车故障诊断仪

②拖动滑块调节亮度。

（5）网络设置。

诊断主机内置两个 WiFi 模块，其中一个用于与 SmartLink C 设备进行通信，另一个用于连接外部网络使主机联网。

①主机与 SmartLink C 设备的无线通信。在设备注册过程中会提示激活 VCI 设备，一旦激活，主机会自动识别 SmartLink C 设备 ID（身份标识号）并自动进行匹配和连接，无需进行其他手动设置。

②主机与外部网络的连接。首次使用主机时,用户需要注册 App、激活 VCI 设备和升级诊断软件或 APK(应用程序包),此时主机必须要联网。请按照如下步骤进行设置:

a. 在主界面上点击【其他】→【设备】→【平板设置】→【WLAN】。

b. 点击或滑动无线局域网后的按钮至打开,设备将会自动扫描可用的无线网络。

c. 选择想要连接的网络。

d. 当显示为【已连接】时,则表示已连接成功。

4)开始诊断

X-431 PAD V 支持智能诊断、传统诊断(包括 VIN 码快速诊断和手动选择诊断)和远程诊断 3 种诊断方式。

(1)智能诊断。

可通过主机与 VCI 设备的 WiFi 通信直接读取车辆 VIN 码,从而获取车辆信息进行快速诊断。

①在主界面上点击【智能诊断】,系统进入车牌扫描页面,如图 2-5 所示。

②检查屏幕下方的车辆 VIN 码是否正确,如果正确,点击【正确】,系统进入车辆信息界面,如图 2-6 所示。

图 2-5　诊断系统车牌扫描页面

图 2-6　车辆信息界面

(2)传统诊断。

使用此种方式,用户可以采用 VIN 码识别快速进入系统进行诊断,也可以手动选择车型和系统进行诊断。

①VIN 码自动识别。VIN 码自动识别可更快地进入测试车辆系统,无需手动选择车型和子车型。点击【传统诊断】,然后点击【VIN 识别】按钮进入,屏幕显示如图 2-7 所示。

a. 扫一扫:点击开始读取测试车辆的 VIN 码。

注意:使用此种方式时,SmartLink C 设备必须先插入到汽车诊断座中,而且主机和 SmartLink C 设备必须 WiFi 通信正常。

b. 手动输入:点击进入手动输入 VIN 码,然后点击【确定】进入诊断软件。

②手动诊断。下面以【演示程序】为例,介绍如何开始进行诊断。

a. 选择车型:直接点击诊断主界面上的【演示程序】图标进入。

b. 选择诊断软件版本:如果本地有多个软件版本,则会显示成列表形式。选择最新的软件版本,然后点击【确定】,如图 2-8 所示。

图 2-7　传统诊断界面

图 2-8　选择诊断软件版本

c. 选择测试车型:演示程序中包含多个车型的演示程序,我们以【福特】车型为例进行讲解。点击【福特】进入测试项目选择界面,如图 2-9 所示。

d. 选择测试系统:点击【ECM(发动机控制模块)】(以其为例),屏幕将进入功能选择界面,如图 2-10 所示。

图 2-9　测试车型选择界面

图 2-10　测试系统选择界面

e. 选择测试功能:点选要测试的功能,如图 2-11 所示。在该界面可以完成查询版本信息、读取故障码、清除故障码、读取数据流、动作测试和特殊功能等。

(3)远程诊断。

如果维修技师在诊断车辆过程中遇到无法解决的问题,可以寻求其他技师的远程协助,如图 2-12 所示。

图 2-11　测试功能选择界面

图 2-12　远程诊断界面

2. 道通汽车智能诊断系统 MaxiSys TM 908S

MaxiSys TM 908S 汽车智能诊断系统是专业汽车诊断的新一代智能解决方案。MaxiSys

使用三星 Enynos 六核处理器,配备 9.7in 液晶显示器(LCD)电容式触摸屏,基于全新的 Android 多任务操作系统,并结合了最全的原厂级诊断车型覆盖,可以方便、快捷、高效地处理和解决汽车故障、故障码和客户投诉,适用于汽车综合维修企业。

1) 主要组成及功能

MaxiSys 系统主要由平板诊断设备和车辆通信接口两部分组成。

(1) 平板诊断设备为诊断系统的中央处理器和监控器,如图 2-13 所示。

(2) 车辆通信接口用于访问和获取车辆数据的设备,如图 2-14 所示。

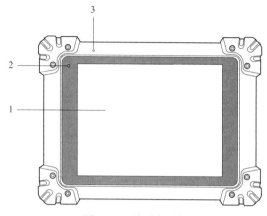

图 2-13　平板诊断设备

1-9.7in 液晶显示器电容式触摸屏;2-光线传感器,用于感测周围环境的亮度;3-麦克风

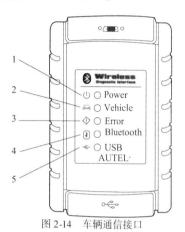

图 2-14　车辆通信接口

1-通电后绿灯持续点亮;2-与车辆网络通信后绿灯闪烁;3-出现严重硬件故障时红灯持续点亮,执行软件/固件更新时红灯闪烁;4-与 MaxiSys 平板诊断设备通过蓝牙连接通信时绿灯持续点亮;5-通过 USB 连接线与 MaxiSys 平板诊断设备正确连接通信时绿灯持续点亮

2) 使用方法

(1) 开机。按下平板诊断设备顶部右侧的【锁屏/电源】按钮开启设备。系统启动后将显示锁定屏幕,按住并拖曳小圆圈至外圈边缘解锁屏幕,系统将显示 MaxiSys 程序菜单,如图 2-15 所示。平板诊断设备的所有操作均通过触摸屏控制执行。诊断程序主要以菜单选择进行操作引导,用户通过一系列问题和选项的选择进行程序操作或数据查找。

(2) 关机。

① 按住【锁屏/电源】按钮。

② 点击【确定】后系统将在几秒钟内关闭。

注意:关闭 MaxiSys 平板诊断设备前必须终止所有车辆通信。如果 VCI 设备与车辆处于通信中,关机时会显示一条警告信息。通信时,强制关机可能会导致一些车辆的电控模块出现问题。请在关机前退出诊断应用程序。

(3) 重启。当系统崩溃时,长按【锁屏/电源】按钮 8s 即可重启系统。

3) 诊断操作

诊断程序通过与 VCI 设备连接的车辆电控系统建立数据连接,可读取诊断信息,查看数据流参数,并执行动作测试。诊断应用程序可访问多个车辆控制系统的电控模块(ECM),如发动机、变速器、防抱死制动系统(ABS)、安全气囊系统(SRS)等。

图 2-15　MaxiSys 程序菜单
1-应用程序菜单;2-屏幕定位器和导航按钮;3-状态图标

(1)建立车辆通信。执行诊断程序操作要求,使用测试主线与用于非 OBD Ⅱ 车辆的测试接头连接 VCI 设备和测试车辆,然后与 MaxiSys 诊断设备建立数据通信。建立 MaxiSys 平板诊断设备与车辆之间的良好通信,需执行以下操作:

①将 VCI 设备连接到车辆诊断座进行通信和供电。

②通过蓝牙配对与 USB 连接,建立 VCI 设备与 MaxiSys 平板诊断设备之间的通信。

③查看屏幕底部的 VCI 导航按钮,如果按钮右下角显示为绿色的"√"图标,即表示 MaxiSys 诊断系统已准备就绪,可开始执行车辆诊断。

(2)车辆识别。Maxisys 诊断系统可支持 4 种车辆识别方式。

①自动 VIN 扫描。

②手动 VIN 输入。

③手动车辆选择。

④OBD 直接访问。

(3)界面导航。"诊断"界面主要包括四个部分,如图 2-16 所示。

(4)主菜单。诊断应用程序可以通过 VCI 设备与测试车辆的电控系统建立数据连接,以进行车辆诊断和维护。通过访问各个车辆控制系统(如发动机、变速器、防抱死制动系统等),执行功能测试并读取车辆诊断信息(如故障码、事件代码和数据流)。"车辆诊断"界面(图 2-17)主要有以下 2 项功能选项。

①诊断。选择该选项可执行读码、清码,保存和打印诊断信息,以及执行动作测试和特殊功能等汽车综合诊断功能。

②维护。选择该选项可执行车辆定期维护,如维护灯归零和对不同系统进行标定等操作选定功能后,平板诊断设备会通过 VCI 设备与车辆建立通信,并根据所选项目进入相应的功能菜单或选择菜单。

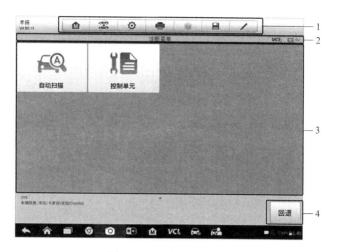

图 2-16 "诊断"界面视图
1-诊断工具栏；2-状态信息栏；3-主界面；4-功能按钮

图 2-17 "车辆诊断"界面

(5) 诊断。选择"诊断"功能，进入诊断菜单后将出现自动扫描和控制单元两个选项。

①自动扫描。选择该选项可对车辆 ECU 上的所有系统进行全面的扫描以定位存在故障的系统并读取故障码，图 2-18 为自动扫描功能的操作界面示意图。

②控制单元。选择该选项将打开选择菜单显示在测车辆的所有控制单元。通过该选项可以进行一系列选择手动定位需要诊断的控制系统。只需按照菜单引导程序，在每次操作中作出适当的选择，即可最终进入诊断功能菜单的界面，图 2-19 为"功能菜单"界面示意图。

(6) 退出诊断程序。

①从正在运行的诊断界面，点击【返回】或【回退】功能按钮逐步退出诊断会话。

②点击诊断工具栏的【车辆切换】按钮返回车辆菜单界面。

③在车型菜单界面，点击顶部工具栏的【主页】按钮，或点击屏幕底部导航栏的【返回】按钮。

④点击诊断工具栏的【主页】按钮退出程序，返回至MaxiSys"程序菜单"界面。

图2-18 自动扫描操作界面示意图

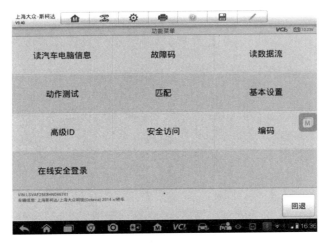

图2-19 "功能菜单"界面示意图

4）维护操作

选择"维护"功能可快速访问车辆系统并进行各种特殊功能操作匹配。典型的维护操作界面包含一系列菜单引导的执行命令。按照屏幕指示选择适当的操作选项，输入正确的数值或数据，并进行各种必要的操作，通过完成这些操作，系统会引导用户完成各种汽车维护的操作程序，如图2-20所示。

（1）机油归零维护。

①从MaxiCheck主菜单中点击【维护】应用程序按钮。

②点击机油归零按钮，将出现车辆选择菜单，点击VIN自动获取车辆信息，车辆信息确认无误后，点击"确认"。

③在机油复位功能列表中点击所需的功能，列表可能会因所测试车辆的不同而不同。

④按照屏幕上的分步说明完成服务。

图 2-20 "维护"界面

(2)电子驻车制动系统(EPB)的维护。

①从 MaxiCheck 主菜单中点击【维护】应用程序按钮。

②点击 EPB 按钮,将出现车辆选择菜单,点击 VIN 自动获取车辆信息,车辆信息确认无误后,点击"确认"。

③在 EPB 功能列表中点击所需的功能,列表可能会因所测试车辆的不同而不同。

④按照屏幕上的分步说明完成服务。

任务实施

在实训汽车上设置电控方面的故障,按照任务工单的流程和要求,让学生练习使用汽车故障诊断仪,进行读取故障码、清除故障码、使执行器动作及读取数据流等方面的练习。

一、汽车故障诊断仪的基本功能识别

(1)说出 X-431 PAD V 主机功能键的名称及说明。

(2)说出 SmartLink C 设备功能键的名称及说明。

(3)描述 X-431 PAD V 主界面图标功能。

二、汽车故障诊断仪的使用

(1)使用汽车故障诊断仪在教学车辆上读取数据流。

(2)使用汽车故障诊断仪在教学车辆上做动作测试。

(3)使用汽车故障诊断仪在教学车辆上读取故障码并删除故障码。

(4)使用汽车故障诊断仪在教学车辆上查询前照灯控制电路图。

(5)使用汽车故障诊断仪在教学车辆上查询节温器更换流程。

完成汽车故障诊断仪的使用操作并填写任务工单。

拓展迁移

大众 VAS6150 系列诊断仪除了读取故障码、清除故障码、读取数据流等常规功能外,还有引导性故障查询、信息查询和测量工具等功能。

(1)引导型故障查询。该功能将车辆所有控制单元进行识别,根据识别的控制单元的详细信息进行对应检测程序的生成。针对控制单元记录的故障信息,诊断程序可以进行相应的分析,最后生成针对当前故障内容的检测计划。对于车辆故障把握不足的维修技师可以在识别界面直接选择使用该功能。

(2)信息查询。该功能借助于内部员工登录账号,通过网络进入大众在线技术服务系统,实时查询该车的维修手册、维护记录、维修工艺和电路图,为汽车故障诊断提供技术支撑。

(3)测量工具。该功能可以同时读取控制单元中最多 4 个测量值,在测量技术页面中以"测量值诊断"方式显示在测量页面底端,这样可以将控制单元中的数据与当前测量数据进行对比。

反思提升

借助诊断仪,维修人员可以科学快速地找到故障点,减少维修实践、提高维修效率、缩短客户候车周期。随着汽车行业电动化、网联化、智能化、共享化的进程不断向前,维修人员必须尊重科学、学习科学技术,才能高效解决汽车故障,同学们必须学习新技术,坚持"守正创新",刻苦钻研,全面提升个人职业能力。

任务工单

任务名称	汽车故障诊断仪的使用		
班级		姓名	
地点		日期	
小组人员		工作效果	
Step1:汽车故障诊断仪的基本知识			

(1)在下图的表格中填写 X-431 PAD V 主机功能键的名称。

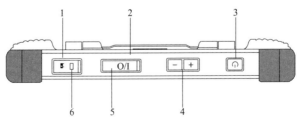

续上表

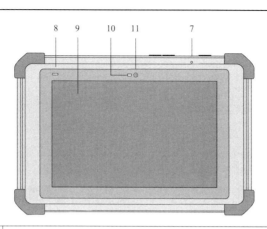

编号	名称及说明
1	
2	
3	
4	
5	
6	
7	
8	
9	
10	
11	

（2）在下图的表格中填写 SmartLink C 设备功能键的名称。

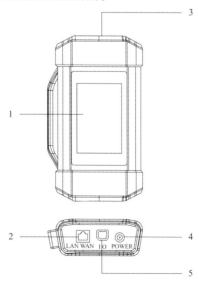

续上表

编号	名称及说明
1	
2	
3	
4	
5	

(3) 将 X-431 PAD V 主界面图标进行功能描述。

功能名称	具体描述
智能诊断	
传统诊断	
特殊功能	
超级远程诊断	
在线编程	
诊断反馈	
维修资料	

续上表

Step 2:汽车故障诊断仪的使用操作	

(1) 使用汽车故障诊断仪在教学车上读取以下数据流。

项目	数据信息
发动机转速	
节气门位置传感器	
冷却液温度	
油轨压力	
进气温度	
进气压力	
前氧传感器信号电压	
后氧传感器信号电压	

(2) 使用汽车故障诊断仪在教学车上做动作测试。

项目	测试结果
作动喇叭	
打开左侧远光灯	
制动灯点亮	
驾驶人侧玻璃升降	
打开电子风扇(高速)	
作动空调压缩机运行	
刮水器低速运行	
打开行李舱(电动尾门)	
打开后风窗玻璃除霜功能	

(3) 使用汽车故障诊断仪在教学车上读取故障码并删除故障码。

故障码	故障信息	故障性质	能否删除

续上表

(4)使用汽车故障诊断仪查询教学车前照灯控制电路图,并简单画出来。
(5)使用汽车故障诊断仪查询教学车节温器更换流程,并简单描述出来。
自我总结
经过学习,你是否已经掌握了汽车故障诊断仪的功能和使用方法,还有哪些不足?

 发动机综合参数测试仪的使用

情境导入

小王在某品牌汽车4S店机电维修实习时,遇到一辆故障车,不论怎么踩加速踏板,发动机转速都不超过2000r/min。小王想用发动机综合参数测试仪进行检测,但是不会用,怎么办呢?

任务描述

发动机综合参数测试仪也称发动机性能分析仪,或称发动机综合性能检测仪。该仪器技术含量较高、检测项目齐全,可全面检测、分析、判断发动机在各种不同工况下的工作性能及技术参数,能对多种车型所存在的机械及电子故障进行全面的分析诊断,它在汽车综合性能及汽车故障的检测诊断中发挥着重要的作用。因此,一般的修理厂、4S店及检测站都配有发动机综合参数测试仪。目前,国内汽车维修行业应用较广的发动机综合参数测试仪主要有德国的博世系列和国产的元征EA系列(包括EA1000、EA2000、EA3000)、金德系列(包括K100、PC2000)等。

学习目标

知识目标
1. 掌握发动机综合参数测试仪的功能;
2. 掌握发动机综合参数测试仪的使用方法。

能力目标
1. 能熟练使用发动机综合参数测试仪;
2. 能借助发动机综合参数测试仪分析故障,排除故障。

素养目标
1. 培养学生规范使用综合测试设备的职业习惯;
2. 培养学生终身学习的理念;
3. 培养学生面对不同汽车故障合理选用诊断设备的方法能力。

知识学习

一、发动机综合参数测试仪的功能与特点

1. 功能

在所有汽车检测设备中,发动机综合参数测试仪的功能最多、检测项目最全。随着电子技术在汽车上的广泛应用,除发动机电控技术外,越来越多的汽车采用了底盘电控、车身电控技术。因此,发动机综合参数测试仪的功能已超出了发动机性能测试的范畴,相应地增加了对汽车底盘电控系统和车身电控系统等进行检测的功能。

(1)无外载测功(无负荷测功),即加速测功。

(2)检测点火系统。能够进行初级与次级点火波形的采集与处理,如对点火系统多缸平列波、并列波、重叠波和重叠角的处理与显示,断电器闭合角和开启角检测,点火提前角的测定等。

(3)进气歧管真空度波形测定与分析。

(4)各缸压缩压力的测定。

(5)各缸工作的均匀性测定。

(6)起动过程各参数的测定,主要包括起动电压、电流及转速等。

(7)机械和电控喷油过程各参数的测定,这些参数主要包括压力、波形、喷油、脉宽、喷油提前角等。

(8)电控供油系统各传感器的参数测定。

(9)柴油机喷油提前角、喷油压力检测。
(10)起动机与发电机检测。
(11)数字式万用表功能。
(12)排气分析功能。
(13)测试结果查询。

2. 特点

与其他发动机单项性能检测仪相比,发动机综合参数测试仪具有以下 3 个特点。

(1)动态测试功能。它的传感系统和信号采集与记忆系统能迅速、准确地捕获发动机每一个瞬间的实时状态参数,这些动态参数是对发动机技术状况进行有效分析的科学依据。

(2)通用性。测试过程不依据被检车辆的数据卡(即测试软件),只针对基本结构和各系统的形式及工作原理进行测试,因此,它的检测结果具有良好的普遍性,检测方法同样也具有最广泛的适用性。

(3)主动性。发动机综合参数测试仪不仅能适时采集发动机的动态参数,而且还能主动地发出指令干预发动机工作,以完成某些特定的测试程序(如断缸试验)。

二、发动机综合参数测试仪的基本结构与工作原理

发动机综合参数测试仪由信号提取系统、信号预处理系统、采控与显示系统 3 部分组成。图 2-21 所示为国产 EA1000 型发动机综合参数测试仪外形结构。EA1000 发动机综合参数测试仪通过传感器采集信号,经前端预处理器处理后,输入计算机进行处理,以不同的形式输出,可方便地对发动机进行故障检测诊断。它还可以与检测线的主机进行数据通信,对车辆及用户信息、检测数据进行交换、集中监控与管理。

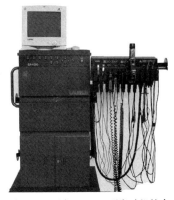

图 2-21 国产 EA1000 型发动机综合参数测试仪外形结构

1. 信号提取系统

信号提取系统的作用是拾取测量点的信号。EA1000 的信号提取系统如图 2-22 所示,该仪器配备有多种传感器、夹持器和探针等,以便直接或间接地与测量点接触。其信号提取系统由 12 组拾取器组成,每一组拾取器根据用途不同,由相应的传感器、夹持器或探针、电缆及插接头构成。各拾取器测试电缆均带有活动滑块。适配器的作用是对进入前端处理器的采集信号进行预处理。

2. 信号预处理系统

由于传感器从各处采集来的原始参数并非都是数字信号,不能被测试仪控制器直接使用,因而必须经过滤波、衰减、放大、整形等预处理,转换成标准数字信号后,才能送入控制器中。信号预处理系统也被称为前端处理器。

3. 采控与显示系统

该系统功能强大,采用菜单式操作,使用方便灵活,由计算机控制,能高速采控信号,其

显示装置均使用彩色显示器。为了使操作更方便快捷,还设置了相应热键。该设备还配有打印机,用来打印测试结果。

三、发动机综合参数测试仪的使用方法

国内外发动机综合参数测试仪的型号较多,其使用方法也各有不同,现以国产 EA1000 为例介绍发动机综合参数测试仪的使用方法。

1. 准备工作

(1)接通电源,打开测试仪总开关;打开计算机主机开关和显示器开关,暖机 20min;检查电源是否可靠搭铁。

(2)发动机应预热至正常温度。

(3)调整发动机怠速在规定范围内。

(4)保持发动机运转。

(5)在测试电喷发动机 ECU 时,仪器必须与发动机共用搭铁线,测试人员必须随时与汽车车身接触。

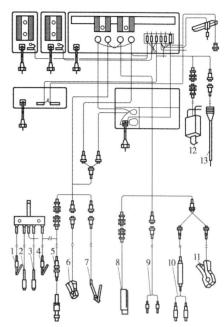

图 2-22 信号提取系统

1、4-蓄电池夹(红色为正极,黑色为负极);2、3-点火线圈初级接线夹;5-上止点传感器;6、7-电感式或电容式夹持器;8-频闪灯;9-探针;10-鳄鱼夹;11-电流互感钳;12-压力传感器;13-温度传感器

2. 系统启动、自检、设置及退出

(1)检测仪经预热后,用鼠标左键双击显示器上"检测仪图标",启动综合性能检测程序。

(2)检测程序启动后,检测仪主机首先将对单片机通信、适配器等逐一进行自检。自检通过后,右侧对应栏显示绿色,并显示"通过";自检若发现问题,计算机将在右侧检测结果栏中进行提示。

(3)系统通过自检后,可以进行检测仪通信伺服程序的设置(在分析仪和检测线主机采用串口通信方式情况下)。从任务栏单击分析仪通信伺服程序图标(也可从"开始"→"程序"目录下启动该程序),即进入设置界面。根据所用通信端口选择 1 或 2,波特率一般选择 9600Bd,然后最小化该界面,系统即进入测试状态。

(4)在主菜单下,单击退出系统,随后单击"确定"按钮即退出系统回到 Windows 界面,如图 2-23 所示。

3. 一般测试步骤

(1)开机前预热 20min。

(2)系统自检。

(3)输入用户及车辆信息。

自检完成后,显示屏出现"用户资料录入"界面,如图 2-24 所示。此时就可开始输入被测车型的相关信息。

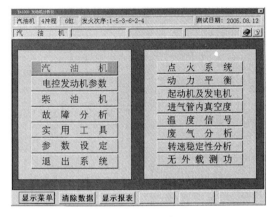
图 2-23 主菜单

图 2-24 "用户资料录入"界面

首先输入被测车辆的牌照号。若被测车辆为以前测试过的车辆,则在输入牌照号后,系统将在各栏目内自动弹出以前所输入的该车的所有信息;若被测车辆以前没有被检测过,则必须填写或在该栏目的下拉菜单中选择完被测车辆的相关信息,主要有汽车类型、冲程数、发动机缸数、点火次序、点火方式等。然后可直接单击"确定"按钮,确定本次输入。此时,如果发动机分析仪和检测线主机已联网,并且主机数据库中已经存有该车辆的测试数据,则会弹出对话框,此时应按照对话框的提示进行操作。

若想改变以前输入的有关信息,应先单击"修改"按钮,否则系统会提示"修改用户参数请单击【修改】按钮"。车辆信息改变完后,单击"确定"按钮,将弹出对话框"该记录的【汽车类型】【冲程】【点火次序】【发动机缸数】【点火方式】其中之一已被修改,如果保存,则它在数据库中的原有的测试记录都将被删除!您确认吗?"选择"是",系统将确认本次修改;若选择"否",系统将返回用户资料录入界面,供用户重新输入。

(4)被测车辆信息数据输入完毕后,单击"确定"按钮,将进入测试主菜单,如图 2-25 所示。

4. 主菜单说明

(1)主菜单的上端第一行,显示有发动机的类型、缸数、冲程数、点火次序及测试日期。

(2)主菜单的上端第二行的 4 个小方格,用于显示各级下拉选单的名称,在检测过程中,可一目了然地看到所在菜单位置。

(3)主菜单的中部为菜单显示栏,左边为主菜单(图 2-25),右边为当前所选主菜单项目的下一级菜单,其默认值为传统汽油机检测功能选单。

(4)本仪器有 6 个软开关(定义为快捷键),根据各软开关的文字提示,用鼠标左键单击即可进入所要激活的功能。它与 EA1000 快捷键板上 F1~F6 完全对应。其中的上传结果用于在采用局域网通信方式下向主机传送测试结果数据。在采用串口通信方式下界面不显示此键。

(5)仪器设有技术指导快捷键和汽车维护数据快捷键,在实际测试过程中,用户可随时单击这些快捷键,以获取部分相应的技术指导或部分车型的维护数据。

(6) 在测试中按 F6 快捷键,可对当前测试界面进行打印。测试结束后,按 P 键可以对测试结果进行打印。

(7) 在分析仪主菜单中,检测功能选择可用鼠标点亮,亦可用"↑""↓""←""→"键移动色棒,按回车键进行选择。

(8) 可用鼠标点亮屏幕下端软按钮。

(9) 在测试前,需按 F2 快捷键清除内存有效数据(注:第一次进入该系统时,自动将数据消空)。

(10) 如需清除以前测试的数据,单击显示器下方的"清除数据"按钮。

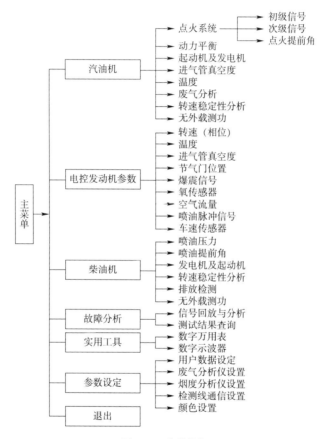

图 2-25 菜单结构

四、博世 FSA 740 发动机分析仪

1. 基本组成

博世 FSA 740 发动机分析仪(以下简称博世 FSA 740)是用于电控发动机工作分析与参数测试的仪器。根据配置不同,FSA 740 分为经济型、标准型和增强型。在基本配置中,FSA 740 包含一个带计算机的小推车、打印机、键盘、鼠标、测量模块和遥控器,如图 2-26 所示。其测量模块如图 2-27 所示。

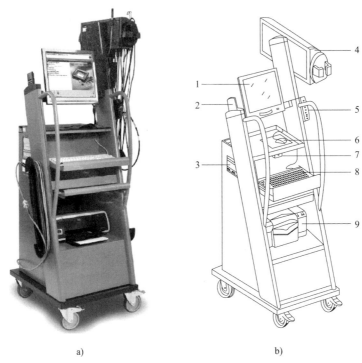

图 2-26　FSA 740 外形图
a) 外观图; b) 组成图

1-显示器; 2-遥控器; 3-带 DVD 光驱的计算机; 4-测量模块; 5-诊断仪 KTS520; 6-USB 鼠标; 7-遥控接收器; 8-键盘; 9-打印机

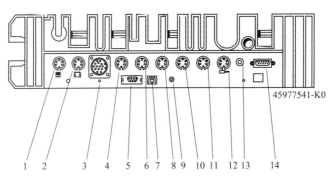

图 2-27　FSA 740 测量模块接口(从下部看)

1-温度传感器; 2-蓄电池正负极连接线; 3-1 端、15 端子/EST/TN/TD 连接线; 4-触发钳或传感器(环形夹适配线 1684465513*); 5-RS232 串行端口(无功能); 6-次级负极传感器; 7-与计算机连接的 USB 口; 8-次级正极传感器; 9-模块电源输入口; 10-万用表测量通道 1 或 30A 电流测量钳; 11-万用表测量通道 2 或 30A 电流测量钳(1000A 电流测量钳); 12-正时灯; 13-空气压力测量口; 14-拓展功能口

注: * 当用环形传感器测量发动机转速时,适配线 1684465513 必须连接在 FSA 740 插槽和环形传感器连接线上。

FSA 740 具备以下功能。

(1) 信号发生器测试。可以测试传感器及其供电电路和连接件性能。

(2) 部件测试。将测量设备连接到相应的元器件后,在不拆卸的情况下,就可以进行测试,精确地定位故障,节省大量宝贵的时间。

(3)发动机测试。功能全面的测试模块及其多样的传感器,可以实现发动机有关信号的测量,如初级点火信号、点火模块的触发信号、转速、1 缸识别和点火时刻信号等。

(4)控制总成诊断。ECU 诊断仪 KTS520 可以读出汽车计算机系统所存储的故障,从而准确地定位故障。

(5)拓展模块功能设计。在现有的诊断系统基础上,通过拓展相应专门模块可以实现更为丰富的功能,逐步升级扩展成为全面的维修站测试系统。

(6)高性能计算机系统:除了测试模块和传感器装置外,FSA 740 标准型还包括了一个高性能计算机系统,它包括高亮度 TFT(薄膜晶体管)液晶显示器、遥控器和打印机等。

2. 测量项目及技术参数

(1)发动机检测参数。发动机检测项目及其技术参数见表 2-1。

发动机检测项目及其技术参数   表 2-1

检测项目	测量范围	测量精度	传感器
转速测量	450~6000r/min	10r/min	蓄电池连接线 B^+/B^- 触发钳
	100~12000r/min	10r/min	次级传感器
	250~72000r/min	10r/min	终端连线 1
			30A 电流钳
	100~500r/min	10r/min	柴油石英夹传感器
			1000A 电流钳(起动电流)
油温测量	−20~150℃	0.1℃	油温传感器
蓄电池电压	0~72V	0.1V	蓄电池连接线 B^+/B^-
初级 15 端电压	0~72V	0.1V	连接初级 15 端信号线
初级 1 端电压	0~20V	50mA	连接初级 1 端信号线
点火电压	±500V	1V	连接初级 1 端信号线
燃烧电压	±50kV	100V	次级传感器
燃烧时间	0~6ms	0.01ms	连接初级 1 端信号线 次级传感器
通过起动电流进行各缸压力比较	0~200A	0.1A	连接初级 1 端信号线 次级传感器
交流发电机测量	0~200%	0.1%	万用表通道 1
起动电流	0~1000A	0.1A	1000A 电流钳
发电机电流			
火花电流			
初级电流	0~30A	0.1A	30A 电流钳
闭合角	0~100%	0.1%	连接初级 1 端信号线
	0~360°	0.1°	

续上表

检测项目	测量范围	测量精度	传感器
闭合时间	0~50ms	0.01ms	次级传感器
		0.1ms	30A 电流钳
传输起点	0~60°	0.1°	环状传感器
喷油起点			
喷油脉宽			
压力(空气)	−8000~15000MPa	100MPa	空气压力传感器
脉宽	0~100%	0.1%	万用表测量通道1/2
喷油时间	0~25ms	0.01ms	万用表测量通道1/2
点火时间	0~20ms	0.01ms	万用表测量通道1/2

(2)万用表检测数据。万用表检测项目及其技术参数见表2-2。

万用表检测项目及其技术参数　　　　表2-2

测量项目	测量范围	测量精度	传感器
转速	取决于发动机转速	—	—
蓄电池电压	0~72V	0.01V	蓄电池连接线 B$^+$/B$^-$
15 端电压	0~72V	0.1V	连接初级15端信号线
直流/交流电压	±200mV~±20V	0.001V	万用表测量通道1/2
最小值/最大值	±20~±200V	0.01V	
1000A 电流	±1000A	0.1A	1000A 电流钳
30A 电流	±30A	0.01A	30A 电流钳
电阻	0~1000Ω	0.001Ω	万用表测量通道1
	1~10Ω	0.1Ω	
	10~999Ω	100Ω	
压力	2~25000Pa	10Pa	空气压力传感器
机油温度	−20~150℃	0.1℃	机油温度传感器
空气温度	−20~100℃	0.1℃	空气温度传感器

(3)示波器测量。示波器测量项目及其范围见表2-3。

示波器测量项目及其范围　　　　表2-3

测量功能	测量范围	传感器
次级电压	5~50kV	次级传感器
初级电压	20~500V	初级连接线
电压	200mV~200V	万用表通道1和2
AC 耦合	200mV~5V	蓄电池连接线

续上表

测量功能	测量范围	传感器
电流	2A	30A 电流钳
	5A	
	10A	
	20A	
	30A	
电流	50A	1000A 电流钳
	100A	
	200A	
	1000A	

（4）汽车故障诊断与维修。安装 KTS520/540 系统，FSA 740 具备通用型故障诊断仪功能，可以实现故障诊断、数据查询等功能。ESI（电子维修查询）系统启动后的界面如图 2-28 所示。

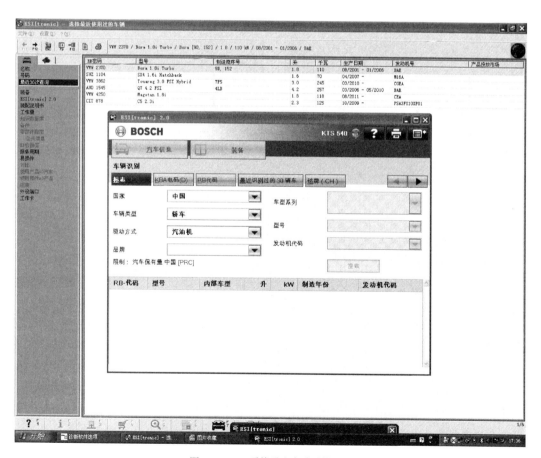

图 2-28　ESI 系统进入启动后的界面

3. 操作使用

(1)打开/关闭 FSA 740。用 FSA 740 后面的开关板的主开关,来实现设备的打开和关闭(图 2-26)。

(2)软件选项。

①启动博世应用菜单,包括发动机综合测试分析 FSA 系统和汽车诊断维修 ESI 系统。启动后的界面如图 2-29 所示。

②进行端口设置。

③选择应用菜单语言。

④安装应用软件。

⑤升级用户和车辆的技术数据。

⑥关闭博世应用菜单。

 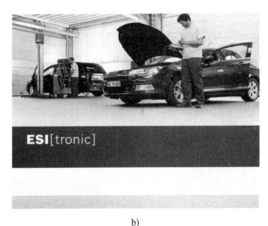

图 2-29 软件启动后界面
a)发动机综合测试分析系统启动界面;b)汽车诊断维修系统启动界面

(3)设置软件的语言。在"设置"菜单项里,可以选择软件的使用语言。

注意:其他应用程序的语言也会一起被设置。

(4)FSA 诊断软件屏幕结构如图 2-30 所示。

(5)FSA 诊断软件的操作。可以通过以下方式对 FSA 诊断软件进行操作,诊断程序的功能键/计算机键盘上的按键/USB 接口鼠标/遥控器。ESC 键和 F1 至 F12 可以当作软键和硬键使用。

①硬键(ESC、F1、F10、F11 和 F12)具有固定的功能。在整个诊断软件使用过程中,它们的功能不变。

②软键(F2 至 F9)的功能不是固定的。它们会根据程序进行到不同的检测步骤,其功能也会有不同的定义。

注意:在程序中无论是硬键还是软键,若变为灰色,这个键将不可用;可以使用鼠标、键盘、遥控器对硬键和软键进行操作;也可以通过在线帮助获得更多的 FSA 诊断软件的操作信息,如图 2-31 所示。

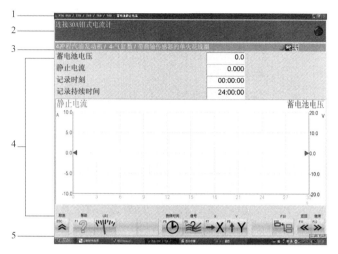

图2-30　诊断软件屏幕结构图

1-程序名称显示工具条;2-操作说明信息框;3-车辆和传感器信息状态栏;4-测量项目显示区域;5-硬键和软键

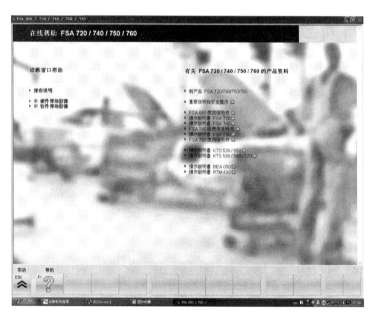

图2-31　软件在线帮助界面

(6)转速标记符号。当进行车辆的发动机转速检测时,FSA诊断软件会自动选择信号源。被选择的信号源会显示在屏幕的状态条上,如图2-32所示。

(7)操作实例:汽车暗电流的测试。

汽车暗电流又称蓄电池静止电流、静态电流,是指当点火开关关闭、汽车进入休眠状态时,为了维持防盗系统、电子时钟等工作,蓄电池供电产生的工作电流。当客户抱怨汽车蓄电池经常电量不足,或车辆长时间停放后起动困难时,建议进行此项测试。操作步骤如下:

①将30A钳式电流计(CH2)夹住所有接在B+极柱上的电缆(钳上的箭头指向B+极

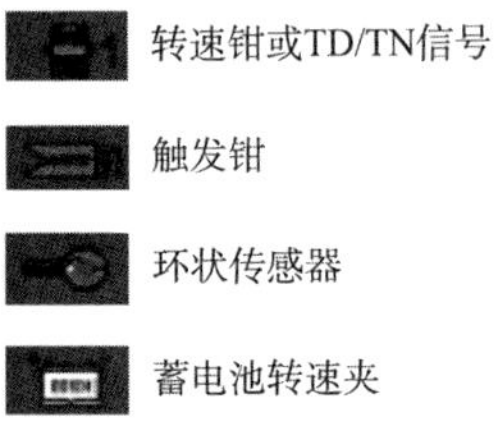

转速钳或TD/TN信号

触发钳

环状传感器

蓄电池转速夹

图 2-32　发动机转速标记符号释义

柱)或者夹住所有接在 B - 极柱上的电缆(钳上的箭头背向 B - 极柱)。

②将蓄电池连接电缆的红色端子和黑色端子分别连接在蓄电池正、负极柱上。

③进入测试系统,选择测量项目,如图 2-33 所示。

④测试。可长时间观察记录,通常整车总的静止电流正常值一般应小于 80mA,最大不能大于 100mA。

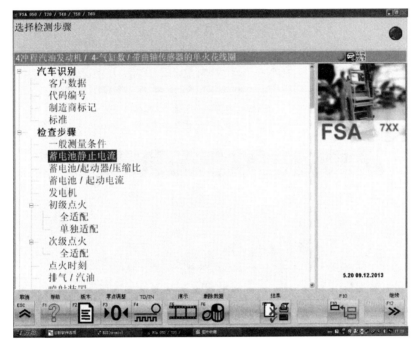

图 2-33　进入"蓄电池静止电流"测试项目

注意:

①电流钳选择 1000A 或 30A 时,其测量范围一样,测量精度不一样,应根据测量对象确定;并按照要求插在测量模块上,然后要标定零点(按住按钮,屏幕显示为 0)。

②静止电流需要在汽车进入休眠状态后测试,一般汽车从关闭点火开关、锁止车辆到进入休眠状态,需要 3 ~ 5min。

任务实施

安排学生分组练习发动机综合参数测试仪的使用,按照任务工单流程和要求,在发动机上预先设置电控方面的故障,学生用发动机综合参数测试仪检测。根据具体情况,应尽可能地加大实践内容和时间,使学生能够熟练掌握设备仪器的使用方法和技巧等。

一、发动机综合参数测试仪(FSA 740)的基本功能识别

(1)说出 FSA 740 主机功能键的名称及说明。

（2）说出 FSA 740 设备端口的名称及说明。

（3）描述 FSA 740 诊断软件屏幕结构图功能。

二、发动机综合参数测试仪（FSA 740）的使用

（1）使用 FSA 740 在教学车辆上读取数据流。

（2）使用 FSA 740 在教学车辆上做动作测试。

（3）使用 FSA 740 在教学车辆上读取故障码并删除故障码。

（4）使用 FSA 740 测试暗电流变化。

（5）对 FSA 740 进行中文、德文和英文语言设置切换。

完成发动机综合参数测试仪的使用操作并填写任务工单。

拓展迁移

发动机综合参数测试仪结构深化。

1. 信号提取系统

信号提取系统的任务在于拾取汽车被测点的参数值，鉴于被测点的机械结构和参数性质不同，信号提取装置必须具有多种形式以适应不同的测试部位。对于电控燃油喷射发动机，因计算机计算喷油脉宽和自动控制过程的需要，各非电量已被植入各系统的传感器直接转换成电量，它们的提取可通过不同的转接头来完成，但为了不中断计算机的控制功能，必须通过 T 形接头来提取信号。

2. 信号预处理系统

信号预处理系统也称前端处理器，俗称"黑盒子"，是电控燃油喷射系统检测的关键部件，其作用相当于多路测试系统中的多功能二次仪的集合，可将发动机的所有传感信号经衰减、滤波、放大、整形，并将所有脉冲和数字信号直接输入 CPU（中央处理器）的高速输入端（HSI），也可经 F-V 转换后变为 0～5V 或 0～10V 的直流模拟信号送入高速瞬变信号集卡。

3. 采控与显示系统

柜式发动机综合参数测试仪大多用 14in 彩色 CRT（阴极射线显像管）显示器，手提便携式则用小型液晶显示器。现代发动机综合参数测试仪都能显示操作菜单，实时显示当前动态参数和波形，十字光标可显示曲线任何一点的数值，同时也可显示极限参数的数值，并配以色棒显示以示醒目，用户可任意设定显示围和图形比例。

反思提升

通过任务引领，让学生积极使用发动机综合参数测试仪检测车辆故障，使用发动机综合参数测试仪的诊断仪、万用表、示波器等功能排除车辆故障，提升学生解决车辆故障问题的能力，对学生完成效果给予积极评价，提升学生学习信心及职业认可度，培养学生爱岗敬业、团队合作的职业精神。

任务工单

任务名称		发动机综合参数测试仪的使用	
班级		姓名	
地点		日期	
小组人员		工作效果	

Step1：发动机综合参数测试仪的认识

（1）在下图的表格中填写FSA 740主机功能键的名称。

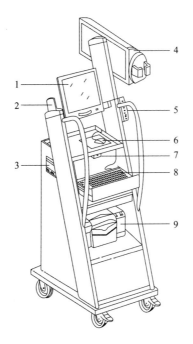

编号	名称及说明
1	
2	
3	
4	
5	
6	
7	
8	
9	

续上表

(2)在下图的表格中填写 FSA 740 设备端口名称及说明。

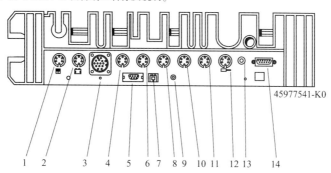

编号	名称及说明
1	
2	
3	
4	
5	
6	
7	
8	
9	
10	
11	
12	
13	
14	

(3)将 FSA 740 诊断软件屏幕结构图功能进行描述。

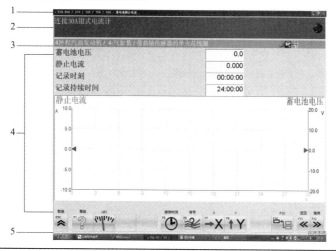

续上表

编号	名称及说明
1	
2	
3	
4	
5	

Step 2：发动机综合参数测试仪的使用操作

(1) 使用 FSA 740 在教学车上读取数据流。

项目	数据信息
发动机转速	
节气门位置传感器	
冷却液温度	
油轨压力	
进气温度	
进气压力	
前氧传感器信号电压	
后氧传感器信号电压	

(2) 使用 FSA 740 在教学车上做动作测试。

项目	测试结果
作动喇叭	
打开左侧远光灯	
制动灯点亮	
驾驶人侧玻璃升降	
打开电子风扇(高速)	
作动空调压缩机运行	
刮水器低速运行	
打开行李舱(电动尾门)	
打开后风窗玻璃除霜功能	

(3) 使用 FSA 740 在教学车上读取故障码并删除故障码。

故障码	故障信息	故障性质	能否删除

续上表

(4) 使用 FSA 740 测试暗电流变化。

(5) 在 FSA 740 进行中文、德文和英文语言设置切换。

自我总结

经过学习,你是否已经掌握了发动机综合参数测试仪的功能和使用方法,还有哪些不足?

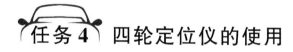

任务4　四轮定位仪的使用

情境导入

小王在某品牌汽车 4S 店机电维修实习时,遇到一辆故障车,客户反映车辆往右侧跑偏,时不时要人为调整汽车的行驶方向。小王想用四轮定位仪来进行检测,但是不会用,怎么办呢?

任务描述

四轮定位包括转向轮定位和非转向轮定位。汽车前轮为转向轮,其定位涉及的参数包括主销后倾、主销内倾、前轮外倾和前轮前束,主要用来评价汽车前轮的直线行驶稳定性、汽车的操纵稳定性、前轴及转向系统技术状况;后轮定位涉及的参数包括后轮外倾和后轮前束,主要用来评价后轮的直线行驶能力和后轴的技术状况。汽车前、后轮定位参数的变化不但会引起汽车操纵稳定性发生变化,而且还会进一步影响汽车的行驶安全性、燃油经济性、驾驶人劳动强度以及轮胎等零部件的使用寿命。

知识目标

1. 掌握四轮定位仪的功能;
2. 掌握四轮定位仪的使用方法。

能力目标

1. 能熟练使用四轮定位仪;
2. 能借助四轮定位仪分析故障原因,排除故障。

素养目标

1. 培养学生规范使用测试设备的习惯;
2. 培养学生终身学习的理念;
3. 培养学生具备知行合一的职业能力,养成理论学习与实践技能同升并举的工作态度。

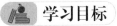

汽车四轮定位参数直接影响汽车的正常使用,甚至影响行车安全。定位参数不准所产生的影响主要体现在以下几个方面。

(1)主销后倾角过大。导致转向沉重,转向轮容易出现摆振,驾驶人易疲劳。

(2)主销后倾角过小。直线行驶稳定性差,转向后不能自动回正。

(3)主销后倾角不等。行驶时,汽车向后倾角较小的一边跑偏。

(4)车轮外倾角过大。引起轮胎外侧异常磨损。

(5)车轮外倾角过小。引起轮胎内侧异常磨损。

(6)车轮外倾角不等。行驶时,汽车向外倾角较大的一边跑偏。

(7)车轮前束角过大。导致轮胎外侧异常磨损。

(8)车轮前束角过小。轮胎内侧异常磨损。

因此,作为汽车检测维修人员,务必掌握四轮定位专业设备的使用方法,对车辆进行规范正确的四轮定位检测,为客户提供周到细致的服务。目前,国内应用的四轮定位仪主要有美国战车、美国亨特、德国百世霸及国产的元征 KWA 系列等。

该任务以美国战车四轮定位仪为例介绍其使用方法。

一、四轮定位仪使用的安全要求

(1)使用前,应检查举升器及定位仪是否正常,操作机构是否灵敏有效,举升器液压系统不允许有爬行现象。发现设备故障、电源电缆损坏等应及时报修,不得"带病"操作。不使用设备时,须将电源插头拔下。

(2)举升车辆时,应插入滑板插销,并且使举升器平台的4个支角在同一平面上,举升时人员应离开车辆,举升到需要高度后4个托架要锁紧,并确保安全可靠才可开始车底作业。待举升车辆驶入举升平台后,须处于熄火及制动状态并采取安全措施。

(3)作业时,应戴安全防护眼镜,使头发、宽松的衣服、手指及所有身体部位远离运动部件,避免接触灼热部件以防灼伤。不得在潮湿的地面上及靠近汽油等易燃物品的地方使用设备。

(4)举升器不得频繁起落,有人作业时严禁升降举升器。不得在举升器上进行繁琐笨重的作业。作业完毕应清除杂物,打扫举升器周围以保持场地整洁。

(5)定期(半年)排除举升器油缸积水,并检查油量,油量不足时应及时加注相同牌号的压力油。同时,应检查、润滑举升器传动部件,定期对举升器平台进行误差校准。

二、举升器的操作方法和要求

(1)上升:按住绿色"上升"按钮。

(2)停止:松开绿色"上升"按钮,然后按住红色"下降"按钮,确保4个手动保险块全部卡入锁定杆的锁定孔内(应在同一位置的孔内)。

(3)下降:按住绿色"上升"按钮,使举升器上升约20mm后,转动解锁手柄使手动保险块退出锁定孔,确保保险块脱出锁定孔后按住红色"下降"按钮,同时不得松开解锁手柄。

(4)将二次举升器滑移至车辆横梁正下方,在举升器与车辆接合处垫上等厚的橡胶块或木块。顶起车辆后用锁止板锁止。

(5)在落下二次举升器时,扳起锁止板,缓慢旋松回油阀手轮,落下二次举升器。落下时,头、手应避开滑动部件以免夹伤。

三、四轮定位操作步骤

提示:此操作步骤适用于定位仪选用4轮8束传感器的优先设置,生产厂商提供优先设定的应按其要求操作。

在进行四轮定位操作前应对举升器平台做水平校准,若已校准,该步骤可不做(平台一般每月校准一次)。

(1)故障再现。询问驾驶人车辆的行驶症状,汽车是否碰撞过或最近是否更换了部件。进行路试以便使故障现象重现。

(2)更换转角盘。用二次举升器举起车辆换上前轮转角盘。

(3)安装传感器(图2-34)。将测量传感器/车轮夹钳总成装到车轮轮辋上,并用保险绳将夹钳捆绑到车轮上,确保传感器不会从车轮上掉落。该夹钳有两种夹爪可供选择,一种为标准装置,另一种用于安装了轮圈罩的汽车。夹爪边缘尖锐,注意不要被划伤。

(4)数据线连接。将数据线分别插到测量传感器及主机柜背面插座上。该数据线、主机柜插座及测量头之间的连接无需对应。

(5)主机通电,打开主机柜进入起始屏,点击"OK"(确认)键进入主菜单界面(主定位屏幕)进行定位操作。

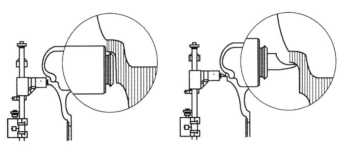

图 2-34 传感器的安装

(6)在主菜单点击"运行"键(图 2-35),启动预先选好的定位程序,开始新的定位操作。该过程由当时指定的智能化搜索程序控制。

这时屏幕给出一个"进行新的定位维修工作"还是"继续定位维修工作"的选择(图 2-36)。如果点击"OK"键,则以前的定位数据将被清除,开始设置新的客户和车辆。如果选择"继续定位维修工作"将保留所有的客户、车辆和定位测量值信息,返回到定位数据屏幕。

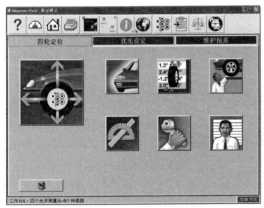

图 2-35 主菜单

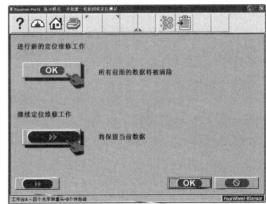

图 2-36 定位选择

(7)车辆选择。在计算机数据库中选择要定位车辆的厂商、年款和车型后(图 2-37、图 2-38),自动进入车辆规格图表,显示选定车辆的标准定位规格。通过点击车辆规格右侧的"扳手"图标可以观看所选车辆的调整动画。点击"OK"键进行下一步。

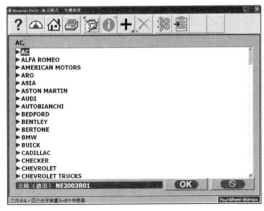

图 2-37 车辆厂商

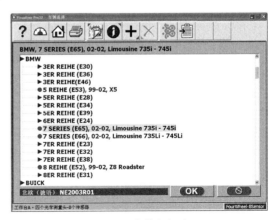

图 2-38 年款和车型

(8)用户信息表(图2-39)。用于输入用户、检测人员和被检车辆信息等资料,点击"OK"键进行下一步。

(9)定位前检查(图2-40)。按照表格给出的项目进行检查,并填写检测结果。符合技术要求的项目在该项目后点击"对钩"图标;经过调整后的项目点击"扳手"图标;对于维修换件的项目点击"更换"图标;检查完成后点击"OK"键进行下一步。

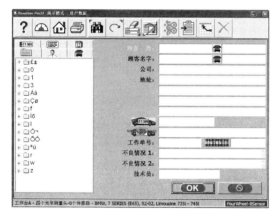

图2-39 用户信息表

图2-40 定位前检查表

(10)轮辋补偿。为了进行车轮轮辋补偿,应将车辆从举升器工作台表面升起,使车轮可以自由旋转。在轮辋补偿界面(图2-41)中的车轮夹钳应按照从图2-42a)到图2-42c)所示的顺序进行操作。完成全部车轮轮辋补偿后,点击"OK"键,进行下一步。

①转动车轮,直到车轮夹钳转至水平位置(图2-42a),调平传感器,将整个总成保持在这个位置,按下传感器键盘上的"轮辋补偿"键。

②转动车轮,直到车轮夹钳反向转动180°至水平位置(图2-42b),调平传感器,将整个总成保持在这个位置,按下传感器键盘上的"轮辋补偿"键。

③转动车轮,直到车轮夹钳转至垂直位置(图2-42c),调平传感器,将整个总成保持在这个位置,按下传感器键盘上的"轮辋补偿"键。

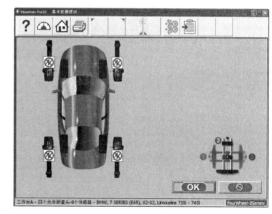

图2-41 轮辋补偿界面

在第一次按下"轮辋补偿"键后,传感器上"轮辋补偿"键旁的一个"红灯"点亮,开始闪烁并从控制柜处发出声音,表示定位仪处于轮辋补偿模式。待该灯停止闪烁后,在图2-42b)位置按下"轮辋补偿"键,灯开始闪烁并会从控制柜处发出声音。待该灯停止闪烁后,在图2-42c)位置按下"轮辋补偿"键,灯会闪烁然后熄灭,表示该车轮的轮辋补偿过程已完成。如果在图2-42c)所示位置灯没有熄灭,表示发生了某些错误。按"轮辋补偿"键,直到灯熄灭,然后重新进行轮辋补偿。剩余车轮重复以上步骤,完成轮辋补偿。传感器图标如图2-43所示。

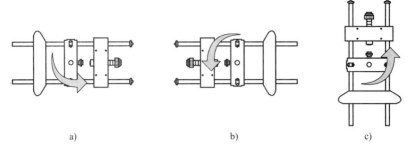

图 2-42　车轮夹钳
a)水平位置;b)反转180°位置;c)垂直位置

在轮辋补偿界面,屏幕上显示汽车每个车轮的状态(图 2-44)。如果轮辋补偿成功完成,每个车轮会变为绿色,并显示"OK"。如果检测到车轮的跳动量为中等(0.75°~1.5°),但对定位结果影响不是很大,会出现一个"?",并且指示器为黄色。在这种情况下,可以继续进行定位。如果检测到跳动量很高(大于1.5°),则为红色,并显示"Cancel"(取消),在继续进行之前必须修正该问题。车轮弯曲或松动,或测量传感器内部故障都会引起跳动量过大。

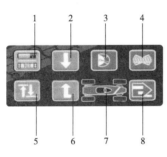

图 2-43　传感器图标

1-蓄电池状态/传感器水平;2-下一个;3-仪表屏幕;4-轮辋补偿;5-跳格键;6-确认键;7-传感器配置;8-返回主界面

图 2-44　测量传感器

操作中要注意的是:

①轮辋补偿过程结束时,车轮夹钳必须位于竖直向上位置。

②不要跳过轮辋补偿过程,它是获得精确四轮定位角度的一个重要步骤。

③如果轮辋补偿需要再进行一次,没有必要从头开始。如果任何时候从汽车上拆下了车轮,或从车轮上拆下车轮夹钳,该车轮必须重新进行轮辋补偿。

(11)降低车身并进行压力弹跳(图 2-45)。在降低车身之前,拔下转角盘及后滑板上的销钉,使其能够自动滑动。降下汽车,并做车身压力弹跳,使悬架、车桥及转向机构恢复到正常行驶状态。然后点击"OK"键进行下一步。

(12)安装制动踏板压紧器(图 2-46)。这是为了防止在主销后倾角/主销内倾角转动测量期间车轮滚动。车轮滚动会引起主销内倾角测量不正确。建议重复转测,除非已知汽车没有主销后倾角或主销内倾角问题。点击"OK"键进行下一步。

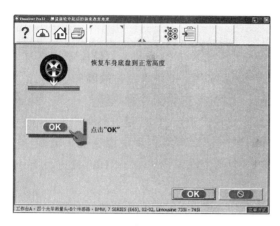

图2-45 降低车身界面

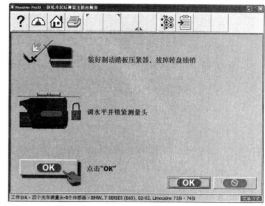

图2-46 安装制动踏板压紧器

(13)调平并锁紧测量传感器(图2-46)。利用每个测量传感器上的LED水平指示灯调平传感器。锁紧传感器同时注意不要锁得过紧。点击"OK"键进行下一步。

(14)转向盘对中(图2-47)。如果前轮没有正直向前,后倾角转测的第一步是将转向盘对中,在观看屏幕仪表的同时,按照提示将方向对中。点击"OK"键进行下一步。

(15)进行后倾角转测(图2-48)。按照定位仪屏幕提示,分别将转向盘向左、向右转动相应角度(一般为10°),进行后倾角转测,车轮转到规定角度且确认后,系统会给出提示音。然后点击"OK"键进行下一步。

图2-47 转向盘对中

图2-48 车轮后倾角测量

造成后倾角重复测量值不同的原因:

①拉/推车轮不一致。这些变化可以通过在后倾角转测时,利用制动踏板压紧器确保车轮在转动时不滚动或振动达到最小化。另外,利用转向盘转动车轮可使操作者的影响最小化。

②没有严格达到10°标记,或在测量完成前没能稳定地保持在10°位置。

③汽车悬架/转向系统变化。如果汽车悬架和(或)转向系统有游隙或松动,会影响车轮转动时的反应或倾斜。

④转角盘/工作台状况。转角盘/工作台所有的轴承必须自由且能在平面内移动。同

样,确保车轮对正转角盘是其平稳转动的保证。

(16) 自动诊断。显示前后轮定位诊断及左右侧零部件变形诊断。

①前轮定位诊断屏幕以表格形式显示导致主销后倾、车轮外倾及前束定位故障的原因。

②后轮定位诊断屏幕以表格形式显示导致车轮外倾、前束、推进角定位故障的原因。

③左、右侧零部件变形诊断屏幕以表格形式显示横臂、工字梁的故障原因。

(17) 检查所有夹钳使其保持垂直,调平并锁紧测量头。点击"OK"键进行下一步。

(18) 汽车尺寸/轴偏角(图2-49)。汽车尺寸的测量结果可以直观地描述汽车轴距、轮距和前、后轴偏角。当一个轴的两个车轮不一致时就会产生轴偏角。点击"OK"键进行下一步。轴偏角和汽车尺寸能有效诊断出汽车是否曾经碰撞过。

(19) 后轮读数表(图2-50)。该屏幕以仪表和数字两种格式显示可调整的角度测量值和信息。显示分为3行:外倾角、前束和推进角。列对应的是汽车的左侧和右侧。外倾角和前束仪表在其顶部有符合汽车规格的最小值和最大值,底部中间为实时读数并以颜色来表示与规范值之间的关系。灰色的仪表表示没有输入汽车规格;红色的仪表表示已经超出了规定值,绿色的仪表表示在规范值之内。选择位于差值右侧的"千斤顶"图标可以看到提升的数值。按"OK"键进入下一步。

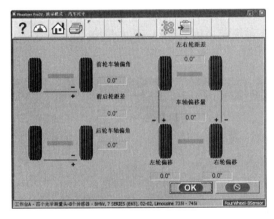

图2-49 汽车尺寸、轴偏角　　　　图2-50 后轮读数表

(20) 差值/总前束。在外倾角仪表之间的数字值表示左侧和右侧之间的差值。在前束仪表之间的数字值表示后轮的总前束(单独前束的和)。按"OK"键进入下一步。

(21) 调平并锁紧转向盘(图2-51)。在前轮读数显示之前,必须调平转向盘并用转向盘锁具将其锁紧在水平位置。另外,所有的传感器必须水平。按"OK"键进行下一步。

(22) 前轮读数表(图2-52)。前轮读数表与后轮读数表类似。顶部仪表显示的是后倾角,但后倾角不是实时读数。中间一行为外倾角读数,底部一行为前束读数。

(23) 测量读数表(图2-53)。这是一个同时显示全部后轮和前轮读数的画面,屏幕上给出了汽车整体定位状态的评估。如果已经输入了汽车参数,数字会显示为红色(超出规定值)或绿色(符合规定值)。在该屏幕上,前、后轮外倾角及前束读数是实时变化的,以便允许进行调整。另外,如果测量了诊断角,也会在该屏幕显示。这些角度包括:包容角、主销内倾角、转向前展和轴偏角。拖动屏幕右侧的滚动条可以看到更多的前后轮诊断角。

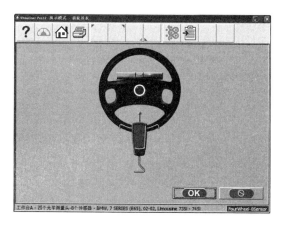

图 2-51 转向盘调平、锁止

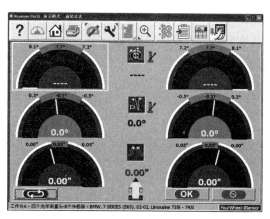

图 2-52 前轮读数表

(24)调整。若定位有问题必须进行调整。调整可在(19)(22)项进行,也可在调整菜单进行。调整时注意以下几点:

①检查汽车和参考材料以确定角度修正的过程。确定修正问题所需要的项目(如市场用的通用工具、专用工具等)。

②进行角度修正时,应将转向盘认真对正,并按下列顺序调整定位。

a. 后轮车轮外倾角。

b. 后轮前束。

c. 前轮主销后倾角。

d. 前轮车轮外倾角。

e. 前轮前束。

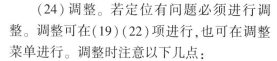

图 2-53 测量读数表

③进行角度修正时,可双击调整项目的测量仪表,使该仪表全屏显示。在该窗口点击"帮助"可显示项目调整画面。

④对需要顶起车辆进行调整的项目,需要注意以下几点。

a. 在定位仪表窗口点击"千斤顶"图标并点击"确认"键,进入顶起车辆窗口后需先顶起车辆再点击"确认"键。

b. 调整完毕先点击"确认"键再放下车辆。

(25)打印报告。测量及调整完成后,选择工具栏上的打印按钮,打印输出测量及调整报告。

(26)关闭仪器,拆下夹钳/传感器,收起电缆;放下举升器,车辆驶下举升器。

(27)进行路试。路试可以验证四轮定位是否正确。

任务实施

安排学生分组练习四轮定位仪的使用,按照任务工单流程和要求,在教师指导下,学生使用四轮定位仪对车轮定位情况进行检测、分析并调整。

一、四轮定位仪的认识

(1)说出传感器各图标的名称及说明。
(2)描述四轮定位操作流程。

二、四轮定位仪的使用

(1)检测教学车辆的四轮定位参数并调整。
(2)使用四轮定位仪完成轮辋补偿操作。
(3)汇总车辆四轮定位操作时的安全注意事项。
完成四轮定位仪的使用操作并填写任务工单。

拓展迁移

随着汽车市场的蓬勃发展,直接促进四轮定位服务向高端发展,3D(三维)四轮定位仪已经成为市场上的主流产品,取代CCD(电荷耦合器件)产品的霸主地位。

1. 第一代3D四轮定位仪产品

目前,国内3D四轮定位仪厂家多达四十余家,虽然都声称自己的产品是真正的3D四轮定位仪,但很少有厂家真正掌握核心技术,大多数只是模仿国外的早期产品,其技术相对落后,与国外发达国家同类产品相比还存在着不小的差距,如果按国外产品的生产年代和技术进步来划分,可以说国内的产品还只是处于第一代的水平。

这一代产品的主要标志是其核心部件——工业照相机,第一代3D四轮定位仪必须在指定位置静止拍照。推车测量的过程就必须按如下步骤进行:

(1)在车辆静止状态下,对标靶进行一次持续3s以上的拍照,向后推车一段距离。
(2)在车辆静止状态下,第二次对标靶持续3s以上的拍照,向前推车让车辆回到开始时的位置。

通过两次静态拍照计算出标靶运动轨迹上的两个空间坐标点,然后用这两个点,根据理论曲线拟合出标靶的运动曲线,用此来计算出车辆轮胎定位的相关参数。这种方法的优点是对相机和计算机的硬件要求低,软件计算简单,生产成本低。但缺点也非常明显,由于它仅用两点拟合出运动曲线,用拟合出的曲线充当标靶的真实运动曲线,则不可避免地基于一系列的假设。如:整个推车过程是在一个理想的车体平面内进行的,整个推车过程没有发生蛇行或滑动;两个静止拍摄的点必须准确,车辆没有发生晃动,如果上述假设不能完全成立,则理论曲线与实际运动曲线的吻合性就会差,必然带来误差大,重复性差,甚至测量失败。

因此,可以看出,被国内厂家大力推广的3D四轮定位仪其实只是在两个静止位置拍摄,还没有实现动态测量,只能算是初级、简陋的3D产品,按照行业内被反复强调的真3D的这个"真"的程度到底有多少,是值得商榷的。

2. 第二代3D四轮定位仪产品

经过十几年的技术发展和积累,新一代白金版产品主要特点为:相机像素大幅提升至

500万。其优点是图像清晰很多,单张可用于计算,而不需要通过在某一位置连续拍很多图片来拟合,这样就可以用动态下拍摄的图片来进行参数计算。

相机内有帧缓存器。每张图片可以单张存储在一个存储页面内,并且可以完整传送至电脑。基于这个技术,标靶运动过程中连续拍照的照片传送至电脑就不会畸变,用此计算出标靶运动轨迹上一系列的点,由几十个点拟合的曲线自然比仅由两点拟合的曲线要准确得多。而且,个别出现晃动的、明显偏离正常轨道的点就可以被有效剔除,这就大大提高了测量精确度,重复性好,测量效率和测量成功率也高很多。

反思提升

通过任务引领,让学生使用四轮定位仪对维修车辆进行检测与调整,多次强化训练,培养学生精益求精的工匠精神。

任务工单

任务名称		四轮定位仪的使用	
班级		姓名	
地点		日期	
小组人员		工作效果	

Step1: 四轮定位仪的认识

(1)在下图的表格中填写传感器各图标的名称。

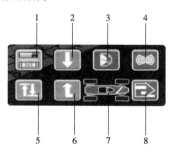

编号	名称及说明
1	
2	
3	
4	
5	
6	
7	
8	

续上表

(2) 整理四轮定位操作流程图。

Step2：四轮定位仪的使用

(1) 测试车辆四轮定位数据名称及数值。

名称	数值

(2) 四轮定位前的准备工作有哪些？

(3) 轮辋补偿如何操作？

(4) 描述车辆四轮定位仪使用的安全注意事项。

续上表

自我总结
经过学习,你是否已经掌握了四轮定位仪的功能和使用方法,还有哪些不足?

项目三
汽车发动机故障诊断

发动机是汽车的"心脏",组成部件众多,无论哪一部分出现故障,都会直接影响发动机的正常工作,进而影响汽车的正常运行。

发动机常见故障现象有:

(1)发动机不能起动或起动困难。故障表现为:起动机运转正常但发动机不能起动,发动机热车不易起动、发动机冷车不易起动等。

(2)发动机怠速不良。故障表现为:发动机怠速不稳、易熄火,怠速忽高忽低,没有怠速等。

(3)发动机运转不稳或动力不足。故障表现为:汽车加速不良,发动机在运转过程中突然熄火或逐渐熄火等。

(4)发动机油耗过大,排放超标。故障表现为:车辆油耗超标,常常伴随排气管冒黑烟、冒蓝烟、冒白烟、回火、放炮等。

(5)发动机有异响。故障表现为:发动机运转时有活塞敲缸声、活塞销响、气门响、连杆轴承响、曲轴主轴承响、爆震声、回火、放炮等非正常响声。

(6)发动机润滑系统工作不良。故障表现为:机油压力过高、过低,机油消耗量过大等。

(7)发动机冷却系统故障。故障表现为:发动机过热、过冷、缺水等。

上述故障现象是发动机故障的外在表现,导致发动机出现故障的原因主要是零部件变形、损坏,配合关系不良,电器元件损坏或线路断路、短路、接触不良。部分故障是零部件正常磨损所致,更多的故障是由于缺少维护、操作不当引发,也有一些故障是由以往维修作业或车辆发生事故所致。

同一故障现象可能有多种原因,同是某一部件失效或损坏也可能导致不同的故障现象出现,有时一个系统发生故障可能会导致其他系统甚至整个发动机不能正常工作。在车辆维修前分析故障原因,查找故障部位,确定维修方案,是汽车维修中一项非常重要的工作。

在对发动机进行故障诊断时,首先要对发动机结构组成和功能配置进行分析,全面搜集故障现象,总结故障特征,确定在什么情况、什么条件下故障现象最为明显,故障现象是逐渐出现、还是突然出现,车辆是否进行过维修等。在条件允许的情况下,可以通过改变汽车工作状况来观察故障现象的各种变化,进而缩小故障可能发生的区域,便于分析故障原因,确定故障部位。

任务 1　发动机动力不足故障诊断

情境导入

张先生反映,自己驾驶的 2018 款大众迈腾 2.0T 汽车,最高行驶速度下降,加速无力,且耗油量增加。经维修技师检查:发动机管理系统没有重大故障。需要根据此情况做进一步诊断分析,找到具体故障原因。

任务描述

发动机是汽车的动力装置,它将燃料燃烧产生的热能转变成机械能。人们常常把发动机比作汽车的心脏,由此可见发动机在整个汽车中的重要性。随着汽车行驶里程和使用时间的增加,以及使用条件、驾驶习惯的影响,汽车性能发生变化,汽车发动机故障时有发生,轻则怠速运转不稳、加速性能下降、输出功率降低、燃料消耗增大、排气污染超标,重则无法起动、不能正常运转。若发动机故障不能及时发现并修复,会导致故障恶化,增加维修成本,严重时会引发机械事故,导致发动机提前大修甚至报废。

学习目标

知识目标

1. 掌握汽车动力性指标及影响因素;
2. 掌握汽车动力下降、油耗增加可能的原因;
3. 掌握发动机功率损失的检查方法;
4. 掌握发动机气门间隙补偿装置功用及原理。

能力目标

1. 能分析汽车动力下降、油耗增加的原因;
2. 能制定发动机功率损失的检测方案;
3. 能制定汽缸压力检测工作计划,实施并分析故障可能原因;
4. 能制定气门更换的工作计划,并进行维修。

素养目标

1. 培养学生仔细观察的习惯,具备透过现象看本质的逻辑思维;
2. 培养学生终身学习的理念,提高汽车故障诊断技术能力;
3. 培养学生大环保理念,营造绿色汽车氛围;
4. 培养学生团队协作、沟通交流、共同承担的能力,并解决实际问题。

知识学习

一、汽车动力性指标及影响因素

汽车动力性是指汽车在良好的道路上直线行驶时所能达到的平均行驶速度,由汽车所受的纵向外力决定。汽车是一种高效的交通工具,运输效率的高低在很大程度上取决于汽车的动力性。这是因为汽车行驶的平均技术速度越高,汽车的运输生产率就越高,而影响平均技术速度的最主要因素就是汽车的动力性。

随着我国公路路况与汽车性能的不断改善,汽车行驶车速越来越高,但在用汽车随使用时间的延续其动力性将逐渐下降,不能达到高速行驶的要求。这不仅降低了汽车应有的运输效率及公路应有的通行能力,而且构成交通事故、交通堵塞的潜在因素。

1. 汽车动力性指标

1)最高车速

最高车速 V_{max}(km/h)是指汽车以厂定最大总质量状态在风速小于等于 3m/s 的条件下,在干燥、清洁、平坦的混凝土或沥青路面上,能够达到的最高稳定行驶速度。

2)加速时间

加速时间 t(s)是指汽车以厂定最大总质量状态在风速小于等于 3m/s 的条件下,在干燥、清洁、平坦的混凝土或沥青路面上,由某一低速加速到某一高速所需的时间。

(1)原地起步加速时间,亦称起步换挡加速时间,指用规定的低挡起步,以最大的加速度(包括选择适当的换挡时机)逐步换到最高挡后,加速到某一规定的车速所需的时间。原地起步加速时间越短,动力性越好。

(2)超车加速时间,亦称直接挡加速时间,指用最高挡或次高挡,由某一预定车速开始,全力加速到某一高速所需的时间。超车加速时间越短,其高挡加速性能越好。

3)最大爬坡度

最大爬坡度 I_{max}(%)是指汽车满载,在良好的混凝土或沥青路面的坡道上,以最低前进挡能够爬上的最大坡度。

对于新车的动力性评价,人们基本上认可上述 3 个指标。最高车速主要是从车速方面反映发动机额定功率的工况;加速时间主要是从功率方面反映发动机外特性曲线各点的状况;最大爬坡度主要是从驱动力方面反映发动机额定转矩的工况。

在用车辆动力性的评价指标与新车有所不同。在用车辆的动力性在新车定型时便已确立,由于车辆用途和使用条件的差异,在动力性评价方面,不同车型的在用车辆之间不具备横向比较的条件,也缺乏可比性,其量值的高低并无意义。因此,对于在用车辆的动力性评价,《汽车动力性台架试验方法和评价指标》(GB/T 18276—2017)选取车辆自身的实际动力性与额定动力性的差值作为评价指标。

2. 汽车动力性影响因素

汽车动力性主要受发动机参数、主减速器传动比、传动系统齿数和传动比、汽车流线、汽车质量、轮胎尺寸和形式、汽车行驶条件等因素的影响。

（1）发动机参数的影响。包括发动机最大功率、发动机最大转矩、发动机外特性曲线的形状。

（2）主减速器传动比的影响。减速器传动比的选择主要考虑汽车的用途和经常使用的路况。

（3）传动系统齿数的影响。无副变速器和分动器时，传动系统的齿数为变速器前进挡的齿数。当传动齿轮数增加时，发动机接近最大功率工作的机会增加，发动机的平均功率增加。

（4）传动比的影响。包括变速器的最小传动比和最大传动比以及各挡传动比的比例关系。

（5）汽车流线的影响。汽车的空气阻力系数对汽车的动力性有影响。流态对高速车辆的动力性和经济性影响显著，但对车辆所能克服的最大道路阻力影响不大。

（6）汽车质量的影响。当汽车总质量增加时，功率因数会降低，而道路阻力和加速阻力会增加。因此，对于具有一定额定载荷质量的汽车，在保证足够刚度和强度的前提下，应尽量减小自身质量，以提高动力性。

（7）轮胎尺寸和形式的影响。汽车的驱动力、滚动阻力和附着性都受到轮胎尺寸和形式的影响，因此，合理选择轮胎的花纹和形式对汽车的动力性具有重要意义。

二、汽缸压力检测的流程和方法

（1）发动机运转至正常温度，冷却液的温度为 85～95℃。

（2）拆除全部火花塞，断开喷油器电源线束。

（3）踩下加速踏板使节气门全开。

（4）把汽缸压力表（图3-1）的锥形橡胶接头压紧在被测缸的火花塞孔内，或把螺纹管接头拧在火花塞孔上。

（5）起动发动机 2～3s，指针稳定后读取读数，然后按下止回阀使指针复位。每个缸测量次数不少于 2 次。

汽缸压力表是用来检测发动机静态时汽缸压力的仪表。静态的压力是指发动机在只依靠外力（起动机）的作用下在发动机正常的工作温度时所测得的汽缸压缩压力，静态的压缩压力相对于爆发压力要小得多。缸压表由表头和表带两部分组成，表头与表带采用快速接头进行连接，表带的另一头是旋入汽缸的部分，上面有一个橡胶圈，起密封作用。缸压表属于检验计量设备，使用一段时间后，需要进行校正，表带的胶圈也要定期进行更换。

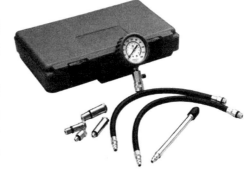

图 3-1 机械式汽缸压力表

任务实施

一、故障原因分析

汽车最高行驶速度下降,耗油量上升主要受动力产生与传递的影响。

(1)理论分析,该故障可能原因涉及以下几个方面。

①进气多少,即充气效率下降,涉及发动机进排气系统、配气机构、燃油供给系统。

②燃烧相关性能降低,涉及点火系统、发动机管理系统、燃烧室及汽缸密封性。

③附加消耗增加,涉及驱动附件,如发电机、空调压缩机等电气设备。

④内部消耗,摩擦磨损加剧,涉及润滑及冷却系统。

(2)结合实际故障情况,故障原因归纳如下。

①发动机功率损失——汽缸密封性下降,涉及以下部件。

a. 缸套、活塞、活塞环。

b. 气门密封性。

c. 汽缸盖密封垫。

②发动机管理系统故障。

③底盘传动效率降低。

使用诊断设备进行故障信息查询,发动机管理系统无重大故障,考虑汽车使用年限对汽车动力、油耗的影响,故障原因判定为发动机功率损失导致动力下降,最大可能发生在汽缸密封性,应进行汽缸压力检测以进一步确认故障原因。

根据分析,绘制发动机动力不足故障诊断流程图(图3-2)。

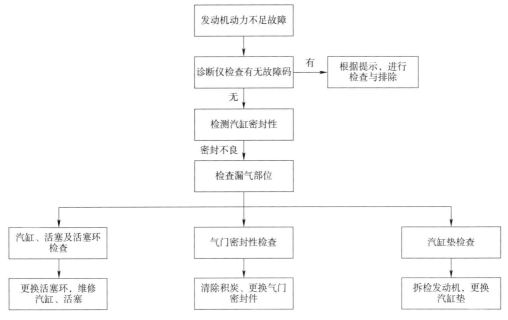

图 3-2 发动机动力不足故障诊断流程图

二、操作注意事项

1. 前期准备

(1) 起动发动机,热车至正常状态。
(2) 断开蓄电池,拔下燃油泵熔断丝或断开其插接器,并拔下各个喷油器插接器。
(3) 拆下空气滤清器。
(4) 断开点火模块插接器,拆卸点火模块,拆卸全部火花塞。

2. 测量

起动发动机,观察汽缸压力表读数,直到压力不再上升,记录测量数据,汽缸压力表卸压后,再测2次;依次测试各个汽缸。

3. 安装复原

(1) 与拆卸顺序相反,安装各部件。
(2) 起动汽车并检查。

三、故障诊断操作

(1) 测量汽缸压力,确认汽缸密封性。
① 制订汽缸压力检测的工作计划。
② 说明汽缸压力检测的工作步骤,并制订一份故障表。
③ 汽缸压力检测实操,分析故障可能原因。
(2) 汽缸密封性不良,需进一步确认漏气部位。
(3) 如果在机油加注口或机油标尺口听到排气噪声,可知漏气部位在活塞环与汽缸之间,故需检查并更换活塞环。
(4) 如果漏气部位发生在气门处,需拆检气门机构以排除故障。
检索气门更换的工作步骤,并进行维修。

拓展迁移

积炭导致气门关闭不严,影响汽车动力输出和燃油消耗。气门所产生的影响还远不止于此,现代汽车气门机构的功能已拓展延伸。例如,宝马在气门升程控制上独辟蹊径,Valvetronic系统(图3-3)取消了传统发动机的节气门,取而代之的是一套通过步进电动机控制的电子气门,其具有全可变进气门升程控制功能的气门驱动系统,它替代了传统的节气门机构,发动机动力输出由全可变进气门升程控制,真正实现可变气门的无极变换。

反思提升

发动机动力不足、耗油量上升,既浪费燃油、降低汽车使用的经济性,也会加剧排放污染,对我国环境保护造成影响,必须予以重视。另外,该故障不仅发生在达到一定行驶里程和使用时间的老旧车型上,一些使用时间较短的汽车,由于使用条件、驾驶人驾驶习惯等也会造成汽缸过度积炭,从而出现类似故障。

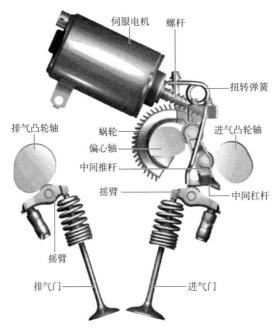

图 3-3　Valvetronic 电子气门结构

作为汽车医生,请同学们认真对待"病人",认真维修,延长老旧车辆使用寿命,这是大环保理念;一般维护检查时,注意观察车辆使用情况,早发现,早预防,将危险、故障消除在萌芽状态,切实提高车主的用车感受;提醒驾驶人平稳驾驶,既可提高行车安全性,又有利于保证爱车良好工作状态。同时,应谨记,任何技术的发展、创新都离不开其本质要求,在学习新技术、新工艺的同时,坚持"守正创新",变基础理论为基本常识,刻苦钻研,全面提升个人职业能力。

任务工单

任务名称		发动机动力不足故障诊断	
班级		姓名	
地点		日期	
小组人员		工作效果	
Step1:制订汽缸压力检测的工作计划			
(1)在汽缸压力测试过程中为保证测量数据准确,应注意哪些前提条件?			

续上表

(2)认识汽缸压力表。

(3)说明起动机转速和压缩压力之间的关系。

(4)通过汽缸压力表测试压力过程中,可能会产生哪些影响?必须采取哪些安全措施?

危险	采取措施

| Step 2:说明汽缸压力检测的工作步骤,并制订一份故障表 ||

(1)填写机械式压缩压力检测的详细步骤和所需工具。

工作步骤	所需工具

续上表

(2) 根据测量结果填写下表。

汽缸号	测量结果	平均值	标准值	最大允许偏差	是否正常
汽缸 1	第一次				
	第二次				
	第三次				
汽缸 2	第一次				
	第二次				
	第三次				
汽缸 3	第一次				
	第二次				
	第三次				
汽缸 4	第一次				
	第二次				
	第三次				

(3) 根据下列数据分析可能的故障原因。

汽缸号	测量结果(MPa)	平均值(MPa)
汽缸 1	0.98	0.98
汽缸 2	0.97	0.97
汽缸 3	0.84	0.84
汽缸 4	0.97	0.97

故障原因：

(4) 汽缸压力不足会导致那些故障现象？

(5) 使用汽缸漏气率表测量汽缸的漏气率以检测漏气部位，在检测时活塞必须处于何种状态？

续上表

(6) 填入压力损失检测工作步骤的正确序号。

序号	工作步骤	辅助材料
	读取压力损失百分比,与标准数据进行比较并进行评价	标准数据
	将仪器与气源连接,校正仪器	校正附件
	将要检测的活塞保持在上止点处	上止点探测器
	查明空气出口位置	仔细监听,目视检查
	将橡皮软管拧入火花塞螺纹并与仪器连接	橡皮连接管
	校正仪器,显示无压力损失	校正附件

(7) 在下表中填入各种噪声的故障原因。

噪声来源	故障原因
进气总管口	
排气管口	
机油加注口或者机油标尺口	
打开的火花塞通气口	

Step3:检索气门更换的工作步骤,并进行维修

(1) 根据检测和分析发现2缸进气门故障,对2缸进气门进行维修和更换。

①上图中是气门的哪种故障?

②如何进行修复,写出使用工具和修复方案。

续上表

(2)如果气门损坏严重,必须更换,根据维修手册,查找气门的更换步骤,在发动机上更换气门。
自我总结
在发动机动力不足故障诊断工作中,个人的收获和不足有哪些?

任务2 发动机机油报警灯亮故障诊断

情境导入

王先生的2017款迈腾B8汽车,行驶里程约8万km,因在热车状态下,机油报警灯亮,到店维修,请技师诊断故障并予以排除。

任务描述

润滑系统的主要作用是减少运动件的摩擦和磨损,同时兼有清洗、冷却、密封、防锈作用。汽车发动机润滑系统一般采用复合润滑方式,主要由机油集滤器、机油泵、机油滤清器、机油管和油道、限压阀、机油尺、机油压力监测装置组成。润滑系统必须保证各工作表面得到良好的润滑,机油压力不能过高或过低,机油要有合适的黏度,避免变质或消耗过大,润滑系统要有过滤杂质、磨料的能力,以保持机油清洁。

润滑系统常见故障有:机油压力过低、机油压力过高、机油消耗过大、机油变质、机油泄漏。

在发动机正常工作情况下,机油压力应为196~392kPa,不同车型略有差异。当机油压力报警灯点亮时,表明系统压力过低,必须查明原因,排除故障后方可继续行驶。

学习目标

知识目标

1.掌握发动机机油的功用及要求;

2.掌握机油压力的影响因素;
3.掌握机油报警灯亮的可能原因;
4.掌握机油量及油质的检查方法;
5.掌握机油压力过低故障的排除方法。

能力目标
1.能分析机油压力的影响因素;
2.能制订机油报警灯亮的检查方案;
3.能制订机油压力低故障排除的工作计划并予以实施;

素养目标
1.培养学生严谨求实的工作作风,锻造精益求精的职业精神;
2.培养学生的环保理念与责任担当意识,贯彻落实"绿色环保,人人有责";
3.培养学生仔细观察的工作习惯,具有透过现象看本质的逻辑思维,找到故障本源,彻底解决问题。

知识学习

一、发动机机油消耗的影响因素

发动机机油存放于发动机油底壳内,通过机油泵输送到发动机各个润滑部位。现代发动机对机油的使用更多,从而导致影响机油消耗的因素较多且更为复杂。归纳起来,发动机机油消耗包括如下几个方面:

(1)发动机存放、传送、使用机油的部位密封性下降,出现渗漏,导致机油减少。

(2)活塞与汽缸壁间的润滑与密封,使得一部分机油会被烧掉,如果汽缸、活塞磨损加剧、活塞环损坏,机油消耗会异常增加。

(3)VVT(可变气门正时)、涡轮增压器润滑冷却、活塞冷却喷嘴、曲轴箱强制通风(PCV)装置等系统的性能下降或出现故障,可能会导致机油消耗异常。

二、发动机机油变质的检查流程和方法

1.常见现象

机油呈深黑色或黄褐色、机油油面升高、泡沫多或出现乳化现象,无黏稠感,发涩或有异味,滴在白试纸上呈深褐色,无黄色浸润区或黑点很多,这就表明机油已变质,需及时更换机油。

2.可能原因

发动机长时间过热,汽缸窜气严重,汽缸套漏水,活塞、活塞环与缸壁、曲轴与轴承、凸轮轴与轴承、凸轮与挺柱等运动副磨损严重,机油品质不良。

3.检查流程

机油在发动机使用过程中会逐渐变质,表现为颜色变黑、黏度下降或上升,杂质含量升

高。正常情况下,汽车每行驶10000km需要更换机油,合理的机油更换时间应由机油的品质决定。若换油周期很短,排除使用条件恶劣、操作不当的情况,就是发动机有故障。

(1)检查机油是否使用时间过长,未定期更换。

(2)若机油呈浑浊乳白色且油面增高,说明汽缸内进水。

(3)检查机油滤清器滤清效果是否良好。

(4)检查曲轴箱通风阀是否失效。

(5)检测缸压,判断汽缸活塞组是否漏气窜油。

三、发动机机油压力过低的检查流程和方法

1. 常见现象

发动机在正常工作温度和转速下,机油压力表读数低于规定值或发动机工作时机油压力报警灯点亮。

2. 可能原因

(1)机油压力表或机油压力传感器失准,传感器线路接触不良或有断路。

(2)机油变质,黏度过低,机油中混入汽油、水。

(3)机油油面过低。

(4)机油泵磨损严重,供油能力下降。

(5)机油集滤器、机油滤清器堵塞。

(6)机油限压阀调整不当、关闭不严或弹簧折断。

(7)机油管路有泄漏之处。

(8)曲轴主轴承、连杆轴承或凸轮轴承磨损松旷、轴承松动、轴承合金脱落或烧损。

机油压力过低的故障诊断

3. 检查流程

(1)检查机油油面是否过低、机油是否变质,黏度是否过低。

(2)检查机油压力传感器是否正常。

(3)检查机油滤清器的滤芯、旁通阀是否堵塞,机油滤清器是否漏油等。

(4)对于外装式限压阀,进行必要检查和调整。

(5)拆检机油泵,检查机油泵齿轮副的端面间隙、径向间隙和啮合间隙,并进行油压、泵油量等性能检测。

(6)检查曲轴主轴承和连杆轴承、凸轮轴轴承等配合间隙。

四、发动机机油压力过高的检查流程和方法

1. 常见现象

发动机在正常工作温度和转速下,机油压力表读数高于规定值,或机油滤清器易出现密封垫损坏、渗漏机油现象。

2. 可能原因

(1)机油压力传感器失准,传感器线路有搭铁。

(2) 机油限压阀卡滞或调整不当。
(3) 机油池油面过高。
(4) 机油变稠或新换机油黏度过大。
(5) 机油道内有堵塞,或大修后发动机主轴承、连杆轴承、凸轮轴承等间隙过小。

3. 检查流程

(1) 检查油面是否过高,机油黏度是否过大,机油牌号是否符合要求。
(2) 检查机油压力传感器有无故障。
(3) 拆检机油泵,检查限压阀。
(4) 拆检发动机,检查、清洗润滑油道,并用压缩空气吹通;同时检查曲轴主轴承、连杆轴承和凸轮轴轴承等各配合间隙是否过小。

五、发动机机油消耗过大的检查流程和方法

1. 常见现象

机油消耗超过 0.1~0.5L/100km,排气管冒蓝烟,积炭增加,火花塞油污现象严重。

2. 可能原因

发动机有渗漏机油之处、PCV 阀损坏、活塞与缸壁间隙过大或活塞环方向装反导致窜油、气门油封损坏等。

发动机润滑不良,常常伴随异响。排气管排蓝烟、火花塞积炭严重是发动机烧机油的重要特征。

机油消耗过大的故障诊断

3. 检查流程

检查发动机前、后、上、下及侧部有无明显漏油痕迹,若排气管排蓝烟,说明机油被吸入燃烧室。

(1) 检测缸压,若缸压过低,同时机油加注口也脉动冒烟,说明汽缸活塞组磨损过大、密封不良导致汽缸窜油。向汽缸内注入少量机油,再次测量汽缸压力,若缸压明显升高,可确诊是汽缸活塞组密封不良。

(2) 若排气管排蓝烟,机油加注口无脉动冒烟现象,表明故障可能在气门导管处,应检查气门与气门导管间隙是否过大、气门油封是否失效等。

(3) 检查 PCV 阀是否损坏。

任务实施

一、故障原因分析

针对 2017 款迈腾 B8 汽车,行驶里程约 8 万 km,在热车状态下,机油报警灯亮故障现象,首先对该车故障进行实际验证,在冷起动情况下,机油压力正常,热车后稍踩加速踏板,机油报警灯就闪烁,确实存在故障。

该车发动机润滑系统的结构特点是:机油泵是由曲轴正时齿轮通过链条驱动的,而链

条的松紧度是由张紧轮上的弹簧控制的;油路则是从油底壳→集滤器→机油泵→机油散热器→机油滤清器→分多路至曲轴轴承、连杆轴承、凸轮轴轴承、增压器浮动轴承、液力挺柱。

经过分析认为,造成机油压力低的原因有:

(1)机油量偏少。

(2)机油黏度有问题或机油变质。

(3)机油泵磨损或机油泵限压阀故障。

(4)机油滤清器堵塞。

(5)润滑油道有堵塞。

(6)机油散热器堵塞。

(7)曲轴轴承、连杆轴承、凸轮轴轴承等处配合间隙过大等。

根据分析,绘制发动机机油报警灯亮故障诊断流程图(图3-4)。

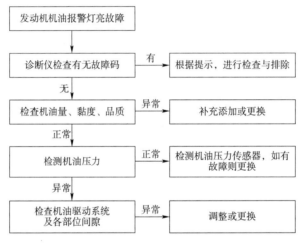

图3-4　发动机机油报警灯亮故障诊断流程图

二、操作注意事项

1. 机油检查要点

(1)检查机油时,应在发动机达到正常温度后,熄火等待5~10min,让绝大部分机油回流到油底壳内,才能准确测得机油量。

(2)先将油尺抽出,用干净布或纸擦干,再重新把油尺轻缓插入到底。稍等一会,再次抽出查看机油在机油尺留痕迹位置,正确痕迹位置在最高位与最低位之间。

(3)把机油尺插回发动机前,一定记住用白色干净纸在机油尺有油的地方擦一下,让机油留在白纸上,看看是什么颜色,金黄色最正常,刚换完机油时颜色是黄色有点黑则是正常现象。若机油发黑只有点黄或没有黄色应该立即换机油并检查发动机。

(4)机油是否变质可根据机油颜色和特征判断,也可利用机油污染快速分析仪、机油黏度检测仪测定机油的黏度、颜色,有无汽油、水分或其他杂质等。

2. 机油压力测试

(1)拔下机油压力传感器的线束插头,拆下机油压力传感器。
(2)将机油压力表的软管接头拧入安装机油压力传感器的螺孔内,并拧紧接头。
(3)将机油压力表放置在不会接触到发动机旋转部件及高温部件的地方。
(4)起动发动机,检查机油压力表接头处有无漏油。
(5)运转发动机使之达到正常的工作温度,分别在急速和2000r/min时检查油压表的读数,并与标准压力值进行比较。

3. 曲轴箱通风系统检查

检查曲轴箱通风系统(图3-5)相关管路、阀是否正常。

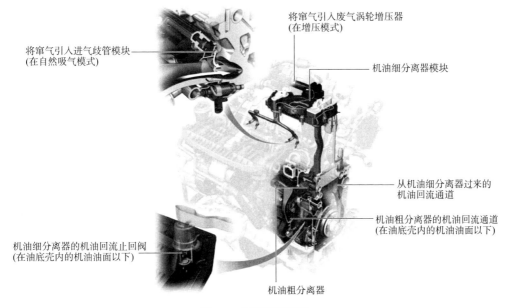

图3-5 曲轴箱通风系统

三、故障诊断操作

(1)检查发动机机油量、机油黏度、品质。

检查机油量正常,机油黏度未见异常,机油中也未见有机械杂质和胶质等。润滑油黏度、质量以及油道堵塞等问题基本可以排除。

(2)检测发动机机油压力。

实际检测发动机机油压力,冷车急速时,机油压力显示为180kPa,发动机转速为2000r/min;机油压力仅为200kPa、发动机转速为4000r/min时,机油报警灯点亮。热车后在急速时,机油压力仅为140kPa、发动机转速为2000r/min时,报警灯点亮。正常值应该是:发动机转速为2000r/min时,机油压力为350~450kPa。这样,也就排除机油压力低的电气方面的原因。

最后,机油压力低的原因应该在提升压力的泵,以及保持不了压力的各部位间隙方面。

(3)检查机油驱动系统及各部位间隙。

拆开油底壳,检查、清洗集滤器及油底壳,清洗时发现有极少量的金属屑,顺便检查曲轴轴承和连杆轴承。连杆轴承有少量磨损,但不会严重影响机油压力。处理连杆轴承,更换轴瓦,更换机油泵。

最后试车时,故障现象未见变化,仍然是热车时出现机油报警灯亮现象。进一步询问车主得知,之前行车时发生油底壳托底事故,发动机不能转动。随后,就近修理,更换油底壳和曲轴。在修理后的一个多月时间内,未见异常,最近才出现机油报警灯亮的故障。

机油泵是新的,其泵油能力毋庸置疑,机油压力低的原因应该是机油泵的驱动问题。再次拆下油底壳,检查发现机油泵驱动链条有相对转动,说明故障在此,使得实际驱动机油泵的动力下降,才导致机油压力低。

(4)检查驱动链条并重新紧固驱动链轮,故障排除。

拓展迁移

机油报警灯亮起,说明机油压力不足,故障原因主要有:缺机油、机油泵滤网堵塞、泄压阀故障、机油滤清器堵塞、发动机汽缸盖和汽缸体机油道堵塞或开裂以及发动机机油异常消耗。

该类故障诊断思路是首先进行外观检查,排除机油的量、黏度、胶质等问题;再从监测机油压力的电气方面进行检测,排除电气类故障;检查配合间隙和更换机油泵,排除泵压不足和泄漏导致的压力低;最后,问题归结到机油泵的驱动装置。所以,机油压力低的原因有黏度、堵塞、内部泄漏、泵压以及驱动问题等。

另外,PCV阀故障、废气涡轮增压器油封漏油也会导致发动机机油异常消耗。废气涡轮增压器油封漏油的故障,既受油封自身材料老化、性能下降影响,也与发动机高温、润滑系统缺少机油等有关,还与车辆维护有着相当大的关系。如果空气滤清器不及时更换或清洁,增压器在高转速吸气时产生较强的真空度,增压器转子轴承使用浮动轴承,浮动介质就是润滑油,润滑油有压力,油封外部与真空度就迫使机油压出油封。对其维修处理时,应彻底清洗中冷器内部的机油,避免后续汽缸内继续产生积炭,火花塞上附着积炭而影响燃烧质量等。

反思提升

在进行机械维修、检查部件时,一定要注意检查部件紧固及相互配合情况,否则会导致出现传动问题。再者,一定选择有质量保证的汽车配件,以免造成人力、财力浪费,切不可贪小便宜而吃大亏。这里再次提醒汽车维修服务人员,必须保持高度负责的工作态度和良好的职业精神,用高超技能排除故障,做新时代"有温度、有技术、有情操"的"汽车医生"。

任务工单

任务名称	发动机机油报警灯亮故障诊断		
班级		姓名	
地点		日期	
小组人员		工作效果	

续上表

Step1:按规范流程检查发动机机油
(1)发动机润滑系统可能的故障类型有哪些?
(2)说出下图每个编号对应的名称,并介绍基本工作原理。 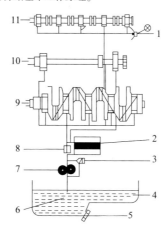
(3)分析机油异常减少的原因(具体到部位)。

泄露	燃烧

(4)在实训教学车上找到曲轴箱通风系统,画出示意图,并分析什么部件、如何损坏会造成机油异常消耗。

续上表

(5)如何找到机油异常消耗(烧机油)的根源？请制订合理的方案。

烧机油原因如下：

检查方案：

(6)检查发动机机油量、黏度及品质。

Step2：制订并实施发动机机油压力检测工作计划，分析机油报警灯亮的具体故障原因并予以排除

(1)制订机油压力检测工作计划，并进行压力检测，记录测量结果，最终判断机油压力及机油压力传感器是否符合要求。

小组检测的车辆为：

①工作计划。

续上表

②测试结果及判定。

a. 测试条件：

_____

_____。

b. 检查仪器连接完成后机油报警灯是否点亮：□是　　□否。

c. 起动发动机，机油报警灯点亮时刻(压力值)为_____bar。

d. 发动机转速为2000r/min时，系统压力为_____bar，是否符合要求：□是　　□否。

e. 系统最高压力为_____bar。

(2) 说明发动机机油压力过低的可能原因。

(3) 如何找到造成机油压力低的"罪魁祸首"？

请按照以下顺序进行：

①检查机油量。

②检查机油品质(过稀/有水/有燃油)。

③用诊断仪读取机油压力信息，并用机油压力表测试机油压力；若油压确实低，则进行下一步。

④拆卸油底壳，检查集滤器。

续上表

⑤检查喷嘴、堵头是否漏装。
⑥检查机油泵工作性能。
(4)思考、讨论发动机机油过热的原因并小组汇报。 ①散热功能不足：
②产生热量过多：
(5)小结从哪些方面检查发动机润滑系统的功能？并排除其可能故障？
(6)实训时,使用的车辆及发动机的润滑系统有哪些特点？易出现哪些故障？
自我总结
在发动机机油报警灯亮的故障诊断工作中,个人的收获和不足有哪些？

任务 3 发动机冷却液报警灯亮故障诊断

情境导入

客户李先生的 2018 款迈腾 B8 汽车,行驶 7.6 万 km,行车中发动机冷却液报警灯点亮。到店维修,请技师诊断故障并予以排除。

任务描述

发动机冷却系统的作用是保持发动机始终处于理想的工作温度,防止出现过冷、过热情况。具体包括:将发动机的冷起动工作温度尽快提高到正常工作温度;在高负荷和高转速下将多余的热量尽快释放。另外,发动机冷却系统还为空调系统提供暖水,供应暖风的需要,还对其他高温部件进行冷却降温,如废气涡轮增压器。

汽车发动机大多采用强制循环水冷却系统,由散热器、水泵、节温器、水套、风扇、水温表、冷却液温度传感器、冷却液报警灯等组成。汽车采用全封闭式冷却系统,发动机工作时系统压力大于大气压力,冷却液在110℃以上也不会沸腾,水温表指示超过100℃,只要指针不过红线,冷却液报警灯不亮都是正常的。

冷却系统常见故障主要有:发动机过热、过冷、漏水等。

学习目标

知识目标

1. 掌握发动机冷却系统功能要求;
2. 掌握发动机冷却系统常见故障及其现象;
3. 掌握发动机冷却液的检查方法;
4. 掌握冷却液报警灯亮故障的排除方法。

能力目标

1. 能分析冷却液报警灯亮的故障原因;
2. 能制订发动机冷却系统故障的检测方案;
3. 能安全规范检查冷却液及冷却系统部件;
4. 能排除冷却液报警灯亮故障。

素养目标

1. 培养学生严密的逻辑思维,对发动机故障原因细致全面分析,加以解决;
2. 培养学生安全规范操作的理念,提高工作效率,同时必须保证安全生产;
3. 培养学生团队协作意识与责任担当,营造人人争先、迎难而上的工作、学习氛围。

知识学习

一、发动机冷却系统功能要求

1. 减少发动机负荷变化引起的功率损失

随着发动机采用更加紧凑的设计和具有更大的比功率,发动机产生的废热密度也随之明显增大。一些关键区域,如排气门周围散热问题需优先考虑,冷却系统即便出现小的故障也可能在这样的区域造成灾难性的后果。发动机冷却系统(图 3-6)的散热能力一般应满足发动机满负荷时的散热需求,因为,此时发动机产生的热量最大。然而,在部分负荷时,冷却系统会发生功率损失,水泵所提供的冷却液流量超过所需的流量。我们希望发动机冷起动时间尽可能短,因为发动机怠速时排放的污染物较多,油耗也大。冷却系统的结构对发动机的冷起动时间有较大的影响。

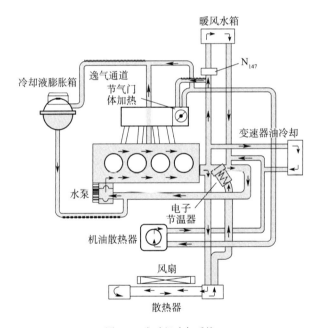

图 3-6 发动机冷却系统

2. 可靠地保护发动机并具有改善燃料经济性和降低排放的作用

由于冷却系统设定的冷却温度是以满负荷时最大散热率为基础,因此,传统发动机的冷却系统在部分负荷时处于不太理想状态,如市区行驶和低速行驶时,会产生高油耗和排放。

措施:通过改变冷却液温度设定点,可改善发动机和冷却系统在部分负荷时的性能。

研究表明,在部分负荷(市区行驶和低速行驶)时,提高冷却液温度设定点,将冷却液温度保持在 90~115℃ 范围内,使发动机机油的最高温度为 140℃,则油耗下降。

在大负荷或全负荷时,降低冷却系统的工作温度,可降低进气温度,提高发动机充气效率,这对燃烧过程、燃烧效率及排放有利。降低温度设定点亦可以节省发动机运行成本,提高部件使用寿命。

二、发动机精确冷却系统

所谓精确冷却系统中,热关键区(如排气门周围)冷却液有较大的流速,热传递效率高,冷却液的温度梯度变化小。这样的效果来自缩小这些地方冷却液通道的横截面,提高流速,减少流量。

理想的发动机热工作状态是:汽缸盖温度较低而汽缸体温度相对较高。

(1)汽缸盖温度较低可提高充气效率,增大进气量。温度低且进气量大可促进完全燃烧,降低 CO、HC 和 NO_x 的形成,也提高输出功率。

(2)较高汽缸体温度会减小摩擦损失,直接改善燃油效率,间接地降低缸内峰值压力和温度。

分流式冷却系统可使缸盖和缸体温度相差 100℃。汽缸温度可高达 150℃,而缸盖温度可降至 50℃,减少缸体摩擦损失,降低油耗。较高的缸体温度使油耗降低 4%~6%,在部分负荷时,HC 降低 20%~35%。节气门全开时,缸盖和缸体温度设定值可调到 50℃ 和 90℃,从整体上改善燃油消耗、功率输出和排放。

三、发动机过热的检查流程和方法

1. 常见现象

发动机运转过程中,水温表经常超过红线,冷却液报警灯点亮,散热器伴随有"开锅"现象,发动机易出现爆燃或早燃现象。

2. 可能原因

(1)冷却系统中冷却液不足,冷却系统有泄露之处。
(2)电动风扇工作不良或故障。
(3)节温器主阀门打不开或打开过迟,散热器下部出水管堵塞。
(4)散热器和水套内沉积水垢、锈污过厚。散热器上部回水管凹瘪或堵塞。分水管锈蚀,分水能力丧失。
(5)水泵效能不佳或水泵轴与叶轮脱开。
(6)点火时间过迟,混合气过稀或过浓。燃烧室积炭过多,发动机爆燃或早燃。
(7)汽缸垫损坏或缸体、缸盖损坏、变形。
(8)缺机油、机油过稀、机油老化变质,致使润滑性能、散热性能降低。

水温过高的故障诊断

3. 检查流程

(1)检查冷却液液面高度,确定其规格、牌号是否符合要求。检查冷却液是否变质,有无铁锈。
(2)检查水温表及冷却液温度传感器技术状况,确认其技术状况是否良好。
(3)检查冷却风扇。发动机达到正常工作温度,若其不转,应检查线路熔断器、继电器、风扇电动机等是否损坏。

(4)检查散热器有无变形、漏水,水垢是否过多;检查其各部件温度是否均匀。

(5)触摸散热器及上下水室,若温度较低,表明节温器有故障,应拆检节温器。

(6)检查水泵皮带是否过松、轴承有无松旷、水泵是否漏水等,再就车检测水泵的泵水能力。检查时,用手握住发动机顶部至散热器的通水管,然后由怠速加速到某一高速,如感到通水管内的流速随发动机转速的增加而加快,说明水泵工作正常;否则说明水泵工作不良,应拆检水泵。

(7)检查发动机点火系统、供给系统、机械方面、润滑系统及使用方面的故障。

四、发动机冷却系统密封性的检查流程和方法

1. 常见现象

冷却液消耗量较大,严重时停车后可以看到地面有水滴,有时会发现油底壳内有水或排气管冒白烟。

2. 可能原因

(1)缸盖、缸体变形或有裂纹。

(2)缸盖螺栓松动或未按规定紧固。

(3)汽缸垫损坏。

(4)散热器上下水室、芯管破裂或开焊。

(5)橡胶软管破裂或管卡松动。

(6)水泵衬垫损坏、螺钉松动或水封失效。

(7)湿式缸套下端封水不佳或密封条损坏。

(8)机体上的水堵封水不严。

3. 检查流程

检查冷却系统密封性就是检查是否有冷却液泄漏。

由于防冻液往往加有燃料着色,外部渗漏部位较为明显,应着重检查各管接口、节温器处、储液罐、水泵结合处、散热器等部位是否有渗漏防冻液的迹象。

(1)加压测试冷却系统密封性。

除了用眼观察,还可以用压力法进行更有效的测试,操作流程如下:

①将冷却系统检测设备 VAS 1274 连同冷却系统检测设备的适配接头 V.A.G1274/8 安装在冷却液补偿罐上(图3-7);

②用检测设备的手动泵产生约 100kPa 的过压。

③如果压力下降,则检查水管、散热器和水泵是否泄漏。

(2)检查膨胀箱盖中的安全阀。

①将冷却系统检测设备 VAS 1274 连同冷却系统检测设备的适配接头 V.A.G 1274/9 安装在膨胀箱盖上。

②按动手动泵。

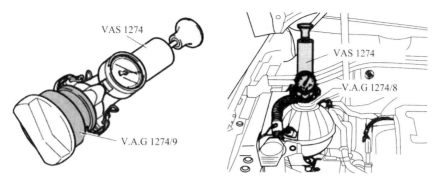

图 3-7 冷却系统检测设备

③当过压达到 140～160kPa 时，安全阀必须打开。

如果外部无液体泄露现象，则检查散热器芯、汽缸体和汽缸盖。一般内部渗漏时，会伴随有发动机加速无力、排气管冒白烟、散热器有气泡、机油液面升高、机油呈乳白色等现象。

五、电子节温器的检查流程和方法

1. 常见现象

无论冷却液温度高低，车辆起动后，电子风扇就高速运转，故障指示灯点亮。

2. 可能原因

如果冷却风扇不论温度高低始终高速运转，一是冷却液温度传感器有故障，始终报告其温度高；二是说明冷却风扇电路及其控制电路或系统有故障。正常情况下，发动机冷却液温度高到一定程度后，冷却风扇才高速运转。对于电子控制的节温器，应结合故障码分析。根据电子节温器的原理得知，发动机电控单元根据发动机转速传感器、进气温度传感器、冷却液温度传感器等信号进行计算，实行相应控制，即激活加热电阻，打开大循环，调节冷却液温度，并激活冷却风扇，迅速降低冷却液温度等。电控单元对节温器加热线圈的控制方式是控制通电的占空比，即通过控制加热线圈的平均电流来实现。电子节温器的外形如图 3-8 所示。

加热电阻位于膨胀式节温单元的石蜡中，它不是加热冷却液，而是加热石蜡，使大循环打开。发动机控制单元根据内部储存的特性图，发出脉冲信号加载在加热电阻上加热石蜡，其加热程度由脉宽和时间决定，使膨胀单元的升程销发生一定量的位移，节温单元通过此位移机械调节冷却液的流量和流向。

3. 检查流程

（1）电子节温器有 2 个端子，分别为常电源供电和计算机占空比控制信号。线束检测结果正常，说明线圈导通。

（2）检测节温器电阻值，与正常的节温器电阻值（20Ω 左右）比较，根据阻值比较结果，判断节温器是否损坏。

(3)使用汽车万用表的 DUTY(占空比挡)来检测。红表笔接正极,黑表笔接占空比信号。冷却液温度低和冷却液温度高的时候,它显示的占空比数值是不一样的。如果有信号,节温器打不开,就表示节温器损坏,如图3-9所示。

图3-8　电子节温器

图3-9　测量电子节温器控制电路的占空比

任务实施

一、故障原因分析

针对行驶里程7.6万km的2018款迈腾B8汽车,行车中冷却液报警灯点亮的故障现象,进行试车检查,确认冷却液报警灯点亮,该车确实存在故障。

根据车辆相关信息资料,运用所学知识,系统分析冷却液报警灯点亮故障可能的原因,概括起来有如下几个方面。

1. 冷却液不足或液位传感器故障

导致冷却液不足的原因主要有正常损耗及异常泄漏。由于冷却液液位传感器是通过监测冷却液的电阻感知冷却液位,当冷却液成分有问题时,必然会导致冷却液的电阻发生变化,从而使得冷却液在低温时的电阻出现异常,导致仪表报警。

液位传感器故障可能是因为传感器自身故障或线束、插头故障。

2. 冷却液温度异常导致报警灯亮

冷却液温度异常,即发动机过热,其原因多样,需进一步分析,从而逐一排除,如散热不良、水泵损坏、管路堵塞、循环不畅等,以及发动机点火系统、燃油供给系统、机械方面、润滑系统及使用方面的故障。

3. 冷却液温度传感器信号错误或无信号

冷却液温度传感器信号错误或传感器损坏,导致发动机ECU接收冷却液温度信息不准确或未接收到温度信息,故而触发报警灯点亮,提示驾驶人停车检查或送修,以避免更大损失。

根据分析,绘制发动机冷却液报警灯亮故障诊断流程图(图3-10)。

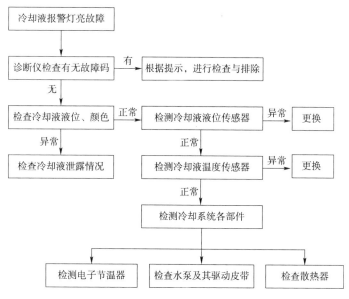

图 3-10 冷却液报警灯亮故障诊断流程图

二、操作注意事项

1. 冷却液液位检查要点

(1)发动机冷却液液位的检查须等待发动机冷却后,检查储液罐中发动机冷却液液位是否在"MIN"到"MAX"的范围内(图 3-11)。

(2)冷却液清澈、无铁锈等杂质,且其规格、牌号应符合型号要求。

2. 冷却液泄漏检查的要点

(1)观察冷却液液位。打开发动机罩盖,在发动机冷却液储液罐上找到最低液位线。如果液位低于最低液位线,这表明冷却液有可能泄漏。但需要注意的是,在发动机工作后,液位会有所上升,因此,最好在发动机冷却时检查液位。

(2)观察冷却液颜色。正常的冷却液应该是透明或者略微带有颜色的,通常是绿色、

图 3-11 冷却液储液罐

红色或橙色。如果发现冷却液呈现混浊的白色、黄色或棕色,这可能是因为冷却液与发动机内部的机油混合,表明冷却系统有泄漏。

(3)检查发动机工作状态。当冷却液泄漏时,发动机可能会过热并出现一些异常症状,如水温表突然升高、发动机运行不稳定、冷却风扇持续运转、发动机报警灯亮等,这些都是发动机冷却液可能泄漏的迹象。

三、故障诊断操作

1. 检查发动机冷却液及液位传感器

检查冷却液液位是否正常；如液位正常，需进一步确定冷却液规格、牌号是否符合要求，检查冷却液是否变质，有无铁锈；检测冷却液冰点；检查冷却液液位传感器是否正常。

2. 检查冷却液泄漏情况

如冷却液不足，则应进一步检查冷却系统是否有外部泄漏；观察冷却液颜色、发动机工作状态，以判断发动机内部是否有冷却液渗漏。

检查冷却系统各管接口是否有冷却液外漏的迹象。

发动机冷却液泄漏的检查，通常采用检视的方法，即冷却液从哪儿漏出来就说明故障部位在哪儿。如发现水泵壳体下部的泄水孔处漏水，说明水封损坏。当发现机油池内有水时，如汽缸垫完好，缸盖螺栓也未松动，则为湿式缸套下端封水不佳或水封损坏。若排气管冒白烟，则可能是汽缸垫密封不好。有些渗水故障在发动机热车时才表现出来，因渗水量较小，会很快蒸发以至不留痕迹，检查时要多加注意。若经常需要补充冷却液，而散热器又没有开锅，发动机一定有漏水故障。

3. 冷却系统部件检测与诊断

（1）节温器检测。

检测机械节温器时，首先应确保节温器全闭，阀门弹簧压紧。如果弹簧不紧，则应更换节温器。加热，检查节温器开启情况，节温器在规定的温度下应能开启，如果不能正常开启，判断为节温器故障，应予以更换。电子节温器检测操作按本任务"电子节温器的检查流程和方法"操作实施。

（2）水泵及其驱动皮带检测。

水封密封圈及与缸体结合的密封垫检查；内部叶轮叶片的检查；热车情况下，有无哨声等不正常异响；水泵螺栓是否均匀紧固，紧固力矩是否符合要求。

（3）散热器检测。

用溶液清洗散热器的水垢，然后对散热器进行压力检查；检查散热器表面脏污情况。

（4）冷却液温度传感器检测。

冷却液温度传感器的敏感元件是负温度系数的热敏电阻，即发动机冷却液温度越高，其自身阻值越小，电压信号就越大。可通过检测其受热后，电阻变化情况判断其是否损坏。对冷却液温度传感器进行加热处理，然后测量其阻值，与常温下阻值对比；或用万用表测试冷却液温度传感器的电阻值，用电吹风对其加热，再次测试，电阻值应减小，否则，判定为冷却液温度传感器损坏，应予以更换。

更换损坏的电子节温器部件，更换冷却液，试车，确认故障排除。

拓展迁移

该任务是因为节温器损坏导致无大循环、发动机冷却液报警灯点亮的典型故障，以往也用经验法快速判断，即发动机温度高，而散热器温度低，则为没有大循环，而控制大循环的就是节温器。任务中车型使用的电子节温器,其与传统的蜡式节温器比较,打开程度由发动机电控单元根据负荷、转速、温度控制,若出现故障可以代码的形式表现出来。这是发动机温度智能调节系统中的一部分,另一部分是冷却风扇的控制。

反思提升

引起发动机冷却液报警灯亮的原因是多方面的,可能是电控部件故障,可能是机械部件性能下降或损坏,首先应从冷却液检查这一基础工作入手,通过观察冷却液液位、观察液体颜色、检查地面污渍、检查管道和连接件以及检查发动机工作状态确认或排除冷却系统是否存在外部泄露或发动机内部渗漏问题。另外,结合部件性能检测结果,能更加准确地判断故障部位和原因。

这里特别提醒大家,定期检查冷却系统并保持冷却液的适当液位,可以帮助我们及时发现并解决冷却液泄漏问题,从而保证发动机的正常工作。

在车辆维护过程中,首先观察冷却液储液罐内液面是否正常,若不正常应重点检查冷却系统是否有渗漏。

在维护过程中,检查底盘相应易渗漏点:水泵、水箱、下水管。如果发现冷却液严重缺失或异常消耗,我们要做的绝不仅是添加、补充冷却液,应该查找、确认冷却液泄露或缺失的根本原因,以彻底解决问题,保证客户对车辆的正常使用,提升客户服务体验感和满意度。

随着汽车新四化进程的不断推进,越来越多的故障将由车载自诊断系统预先检测、分析,使得汽车维修技师的工作更加的便捷、高效,这也制约了维修技师理论提升的积极性和需求。作为新时代的"汽车医生",同学们应具有坚持学习、终身学习的学习理念,顺利完成工作任务的同时,坚持提升个人职业能力,追求个人职业价值,实现人生职业理想。

任务工单

任务名称	发动机冷却液报警灯亮故障诊断		
班级		姓名	
地点		日期	
小组人员		工作效果	

Step1:按规范流程检查发动机冷却液

(1)结合下图,说明冷却系统的结构,各部件的作用和工作原理是怎样的?

续上表

(2)制定冷却液检查的工作计划,并予以实施,计划中应包括检查的内容、使用工具、检查结果记录。
Step2:发动机冷却液报警灯亮故障排除
(1)冷却系统常见故障有哪些?   (2)写出冷却液消耗异常的可能原因。   (3)发动机突然过热的原因有哪些?   (4)发动机经常过热的原因有哪些?   (5)对冷却液温度传感器进行性能测试,说明检测过程、记录测试结果并确定是否正常。   (6)对节温器性能进行检查,请说明检测过程、使用工具,并确定其性能是否正常。

续上表

（7）写出发动机冷却液指示灯亮时检查发动机的步骤和方法。
（8）写出使用诊断仪检测故障：冷却液指示灯亮起的步骤和方法。
自我总结
在发动机冷却液报警灯亮的故障诊断工作中，个人的收获和不足有哪些？

任务4 发动机异响故障诊断

情境导入

陈先生的2017款迈腾B8汽车，已行驶12万km。近期发现，发动机在怠速运转时，发动机舱发出哨鸣声，暖机的时候最明显。到店维修，请技师诊断其故障并予以排除。

任务描述

发动机异响是指发动机在正常工作时发出的各种不正常响声。发动机异响可分为气体冲击金属发出异响和金属与金属撞击发出异响。气体冲击金属发出异响主要源自不正常的燃烧或不正常的进排气，主要表现有：发动机爆燃、排气管放炮、活塞环窜气、气门漏气。金属与金属撞击发出异响主要源自配合间隙过大、轴承损坏、润滑不良或某些机件损坏，常见异响有：主轴承响、连杆轴承响、活塞敲缸响、活塞销响、活塞环响、气门响、气门脚响、气门座圈响、气门弹簧响、气门挺杆响、凸轮轴响、正时齿轮响、正时链条响以及水泵、发电机等附件响。

学习目标

知识目标

1. 掌握发动机异响原因；
2. 掌握发动机异响具体特征；
3. 掌握发动机异响的检查方法；
4. 掌握发动机异响故障的排除方法。

能力目标

1. 能分析发动机异响可能的原因；
2. 能制订发动机异响故障的检测方案；
3. 能安全规范检查发动机相关部件；
4. 能排除发动机异响故障。

素养目标

1. 培养学生严肃认真、仔细观察的工作态度，养成缜密细心的工作习惯；
2. 培养学生终身学习的理念，保持奋力拼搏的学习状态；
3. 培养学生团队协作与责任担当意识，全心全意为客户服务，体现个人价值。

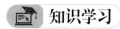 **知识学习**

一、发动机异响的特征

发动机异响与其转速、负荷、温度、润滑条件等多种因素有关，异响部位不同，其声响特征、伴随现象、发生时间各不相同，许多异响具有明显的声调特征，可以帮助我们确定故障部位。

（1）音频特征。发动机异响有不同的声调，如主轴承响为沉闷的"铛铛"声，而气门脚响为清脆的"嗒嗒"声。通过对声响波形记录，可以对各声响的频率、振幅、连续性进行观察。

（2）转速特征。一般情况下，异响会随发动机转速变化而改变，异响不同，异响最明显的转速范围也不同。如活塞敲缸响、活塞销响、气门脚响在怠速时较明显，连杆轴承响、气门座响在中速时较明显，主轴承响、连杆轴承响、活塞环响在急加速时较明显。

（3）负荷特征。有些异响与发动机负荷有关，负荷变化时异响加重或减弱，如曲轴主轴承响、连杆轴承响、活塞敲缸响和点火敲击响等均随负荷增大（爬坡、加速、满载等）而增强，随负荷减小而减弱；而有些异响与负荷无关，如气门响，负荷变化时异响不变。

（4）温度特征。有些异响与发动机温度有关，而有些异响与发动机温度无关或关系不大。如活塞敲缸响在低温时响声明显，温度升高后异响减弱或消失；发动机过热引起的早燃突爆声，活塞因变形、配合间隙过小引起的敲缸异响等在低温时响声不明显，温度升高后异响明显或加重；主轴承响、连杆轴承响和气门脚响等受温度影响较小。

（5）缸位特征。单缸断火或复火时有明显变化的异响称为发动机上缸或响声上缸。如连杆轴承响、活塞环响以及因汽缸配合间隙过大造成的活塞敲缸异响等，在单缸断火时响声减轻或消失;活塞销窜出或松旷响、连杆轴承盖螺栓松动响造成的敲缸,在单缸断火时响声明显加重;曲轴主轴承响在单缸断火时响声变化不明显,在相邻两缸断火时响声减轻或消失;气门脚响在单缸断火时响声不变或变化不明显。

(6)工作循环特征。发动机异响与工作循环有很大关系,如一般曲柄连杆机构异响每工作循环响2次,配气机构异响每工作循环响1次。

(7)异响听诊部位和振动区域。常见异响在发动机上引起振动的区域为汽缸盖部位、汽缸体中上侧部位、汽缸体下侧部位、油底壳与曲轴箱分界面部位及正时齿轮室部位和机油加注口部位(或曲轴箱通风管口部位)。

(8)伴随现象。发动机出现异响时,常常伴随有其他故障现象出现。如机油压力降低、排气管排烟颜色异常、功率下降、运转无力、燃油消耗过大、个别缸不工作或工作不良、振抖、运转不稳定、回火、放炮、机油变质、排气管有"突突"声以及机油加注口脉动冒烟等。

二、发动机常见异响分析

技术状况良好的发动机在运转过程中仅能听到均匀的排气声和轻微的噪声,当发动机运转过程中出现异常响声时,就表明相关部位出现故障。对于有异响的发动机,重要的是找出异响的特征和规律,分析产生原因,找出异响部位。发动机常见异响的主要特点、分析要点及处理方法见表3-1。

发动机常见异响分析　　　　　　　　　　表3-1

异响名称	听诊部位	异响特征描述	与各要素的关系					处理
			转速(或负荷)	单缸断火(或断油)	温度影响	节奏	其他	
曲轴轴承响	下部	沉重的"铛铛"声	急加速明显,随负荷增加而增加	无明显变化,相邻两缸断火(或断油)响声明显减小	无关	间响	曲轴主轴承松旷时,会伴有机油压力下降,高速时机体振动	立即停车
连杆轴承响	中部	清脆的"嗒嗒"声,响声较短,轴承严重松旷,发出"哗啦"声	急速运转响声清晰,急加速时响声明显,随负荷增加而增大	异响变化明显,发动机复火的瞬间,响声迅速恢复	无关	间响	机油压力有时有下降现象,从机油加注口处听诊,响声为连响	立即停车
活塞敲缸响	上部	清脆的"嗒嗒"声,若纵向敲缸,音调较低	中速以下明显,纵向敲缸高速时声音不减	单缸断火响声减小或消失,但纵向敲缸无变化	冷机响声明显,热车响声减小或消失	一般为间响,纵向敲缸为连响	—	及时检修

续上表

异响名称	听诊部位	异响特征描述	与各要素的关系					处理
			转速（或负荷）	单缸断火（或断油）	温度影响	节奏	其他	
活塞销响	上部	清脆、响亮有节奏的"嗒嗒"声，响声较尖锐，如钢球撞击的声音	怠速及中速明显，中速以下响声随速度变化灵敏，随负荷增加而增大	发动机负荷变化时，响声随负荷增加而加剧；单缸断火，响声明显减弱或消失，但复火时又能立即出现。高速时响声仍较严重，响声易发生变化	有时随温度增加响声增大	间响	—	及时排除
汽缸漏气响	中部	较轻微的"呲呲"声	大负荷时才能听到	发动机负荷变化时，响声随负荷增加而加剧	无关	间响	机油加注口处与响声对应出现冒烟	不处理
气门脚响	上部	清脆的"嗒嗒"声	怠速时响声最明显，高速则声音杂乱，随负荷增加而增大	不上缸	一般与温度无关，有些车辆热车后响声自动消失	间响	气门间隙调整正常后响声消失	检查液力挺柱
气门挺杆响	中部	清脆的"嘎嘎"声	怠速明显，中速以上减弱或消失	不上缸	无关	间响	钩住发出响声的挺杆，响声消失	调整
正时齿轮响	前部	原因较多，有因干摩擦导致的"叽叽"声，又有间隙过大的"哗哗"声	中速以下较明显	不上缸	无关	既有间响又有连响，有时又无节奏	—	响声轻微可继续使用，若响声很高应及时排除
凸轮轴响	中部	音调沉重的"铛铛"声	中速明显，高速响声减小或消失	不上缸	无关	间响	凸轮轴附近有振动	及时排除
点火过早响	上部	类似金属敲击声	高挡位、低速、大负荷比较明显	不上缸	温度易升高	—	—	检测点火部件

三、发动机机体内异响检查流程和方法

发动机机体内异响包括：曲轴主轴承响、连杆轴承响、活塞销响、活塞敲缸响等。

1. 曲轴主轴承响检查流程和方法

1）常见现象

发动机突然加速时会发出沉重而有力的"铛铛"的金属敲击声，严重时机体发生很大振动；响声随发动机转速的提高而增大，随负荷的增加而增强，产生响声的部位是在缸体下部的曲轴箱内；单缸断火时响声无明显变化，相邻两缸同时断火时，响声会明显减弱或消失，温度变化时响声不变化，响声严重时机油压力明显降低。

2）可能原因

(1) 主轴承盖固定螺栓松动。

(2) 主轴承减摩合金烧毁或脱落。

(3) 主轴承和轴颈磨损过甚，轴向推力装置磨损过甚，造成径向和轴向间隙过大。

(4) 曲轴弯曲。

(5) 机油压力过低或机油黏度过低。

曲轴检测

3）检查流程

(1) 改变发动机转速，转速增高，响声增大，中速向高速过渡时响声明显，急加速时异响明显。低速时，用手微微抖动并反复加大节气门，仔细听察异响，如响声随转速升高而增大，在加速的瞬间响声较明显，一般是主轴承松旷。如果在急速或低速时响声较明显，高速时杂乱，可能是曲轴弯曲；如果在高速时有较大振动，油压显著降低，一般是主轴承松旷严重、烧损或减摩合金脱落。

(2) 负荷增大（如爬坡、重载时），响声加大，负荷变化时响声变化较明显。

(3) 发动机温度变化时，异响变化不明显。

(4) 单缸断火时，响声不变（若头道或末道主轴承响，则响声减弱）；相邻两缸均断火时，响声明显减弱。

(5) 每工作循环响 2 次。

(6) 润滑不良时，响声加重，一般有明显的油压降低现象。

(7) 反复抖动节气门，从机油口（或曲轴箱通风管口）处听诊，可听到明显的沉重有力的金属敲击声。将听诊器触在油底壳或曲轴箱与曲轴轴线齐平的位置上听诊，响声最大的部位即为发出异响的主轴承。

(8) 伴随现象：主轴承异响往往会伴随有油压降低的现象，严重时发动机振抖，尤其是在高速或大负荷时。

2. 连杆轴承响检查流程和方法

1）常见现象

当发动机突然加速时，有"铛、铛"连续明显、轻而短促的敲击声，这是连杆轴承响的主要特征；轴承严重松旷时，急速运转也能听到明显的响声，且机油压力降低；发动机温度变化时，响声不变化；发动机负荷变化时，响声随负荷增加而加剧，单缸断火时，响声明显减弱或

消失,但复火时又立即出现。

2)可能原因

(1)连杆轴承盖的固定螺栓松动或折断。

(2)连杆轴承减摩合金烧毁或脱落。

(3)连杆轴承或轴颈磨损过甚,造成径向间隙过大。

(4)机油压力过低或机油黏度过低。

3)检查流程

(1)改变发动机转速,怠速时声响较小,中速时较为明显,稍微加大节气门就有连续的敲击声,急加速时敲击声随之增加,高速时因其他杂音干扰而不明显。诊断时使发动机怠速运转,然后由怠速向低速、由低速向中速、再由中速向高速加大节气门进行试验,同时结合单缸断火法,并在机油口处听诊,响声随转速的升高而增大,抖动节气门时,在加油的瞬间异响突出。响声严重时,在任何转速下均可听到清晰、明显的敲击声。

(2)负荷增大,响声增大。

(3)发动机温度变化时,响声通常不变,但有时也受机油温度的影响。

(4)单缸断火时,响声明显减弱或消失,但复火时又能立即出现,即响声上缸。但当连杆轴承过于松旷时,单缸断火响声无明显变化。

(5)点火1次,发响2次,即每工作循环响2次。

(6)连杆轴承响声在油底壳侧面较大。用听诊器触在机体上听诊,响声不十分清晰,若在机油口处或曲轴箱通风管口处直接听察,可清楚听到连杆轴承敲击声。

(7)伴随现象:连杆轴承响伴随有油压明显降低的现象,严重时机体振抖,这有别于活塞销响和活塞敲缸。可用手将螺丝刀或听诊器抵住缸体下部或油底壳处,当触试相应的故障缸位时,有明显振动感。

3. 活塞销响检查流程和方法

1)常见现象

发动机在怠速、低速和从怠速向低速抖动节气门时,可听到清脆而又连贯的"嗒、嗒"的金属敲击声;响声严重时,随转速的升高而增大,随负荷的增大而加重;发动机温度变化时,对响声稍有影响但影响不大;机油压力不降低;单缸断火时,响声明显减弱或消失,复火瞬间响声又出现或连续出现两个响声。

2)可能原因

(1)活塞销与连杆小头衬套配合松旷。

(2)衬套与连杆小头孔配合松旷。

(3)活塞销与活塞上的销座孔配合松旷。

3)检查流程

(1)转速变化时,响声也随之周期性变化,加速时声响更大,在发动机转速稍高于怠速时比较明显,比轴承响清脆。抖动节气门,从怠速向低速加速时,响声能随转速的变化而变化,且在转速升高的瞬间,发出清脆、连续而有节奏的响声。

(2)温度上升,响声不但没有减弱,反而更加明显。有时冷车时响声小,而热车时响声大。

(3) 单缸断火时,响声减弱或消失,复火时响声会明显出现 1 响或连续 2 响。严重时,在响声较大的转速下进行断火试验时,往往响声不消失且变得杂乱。

(4) 用螺丝刀或听诊器抵触在发动机上侧部或汽缸盖上察听,同时变换转速,在汽缸壁上部听诊比在下部明显。若响声不明显,将点火时间提前,这时响声会较前明显,特点是上下双响,声音较脆。

(5) 根据不同征兆具体诊断为:

①若转速越高,响声越大,单缸断火时响声反而杂乱,则故障为活塞销与衬套间隙过大。

②怠速运转时,响声为有节奏而较沉重的响声,提高转速声响不减,同时伴有机体轻微抖动,断火试验响声加重,则说明活塞销自由窜动。

③若急加速时声响尖锐而清晰,断火试验响声减轻或消失,则很可能是活塞销折断。

4. 活塞敲缸响检查流程和方法

1) 常见现象

发动机在怠速或低速运转时,汽缸的上部发出清晰而明显的"嗒、嗒"的金属敲击声,在中速及中速以上运转时响声减弱或消失;发动机温度变化时响声亦变化;在多数情况下,响声在冷车时明显,热车时减弱或消失,也有个别情况,活塞敲缸响在温度升高后加重;负荷越大响声也越大,但机油压力不降低;单缸断火时,响声减弱或消失。

2) 可能原因

(1) 活塞与汽缸壁配合间隙过大。

(2) 活塞与汽缸壁间润滑条件过差。

(3) 活塞在常温时反椭圆或椭圆度过小。

(4) 活塞销与活塞销座孔装配过紧。

(5) 活塞销与连杆小头衬套装配过紧。

(6) 连杆轴承装配过紧。

(7) 活塞圆柱度过大。

3) 检查流程

(1) 怠速或低速时异响比较清晰,中速以上运转时,异响减弱或消失。

(2) 负荷加大,响声加大。

(3) 一般冷车时响声明显,热车后响声减弱或消失,即冷敲缸;严重时冷热均敲缸,并伴有振抖。

(4) 将发动机置于异响明显的转速下,进行单缸断火试验,响声明显减弱或消失。

(5) 曲轴转 1 圈,发出响声 1 次,且有节奏性,转速提高响声加快。

(6) 润滑不良时响声加重。

(7) 将听诊器或听诊杆触在机体上部两侧进行听诊。若响声较强并稍有振动,再结合断火试验,即可确定出异响汽缸。

(8)伴随现象:排气管排蓝烟、缸压降低等。用手将螺丝刀或听诊器抵紧汽缸侧部触试,有明显振动感。

四、配气机构异响检查流程和方法

配气机构异响包括:气门响、液压挺柱响、正时齿轮响、汽缸漏气响等。

1. 气门响检查流程和方法

1)常见现象

发动机怠速运转时,发出连续不断而且有节奏的"嗒、嗒"(在气门脚处)或"啪、啪"(在气门座处)的敲击声;转速增高时响声亦随之增高,温度变化和单缸断火时响声不减弱;若有数只气门响,则声音显得杂乱。气门脚响和气门落座响统称为气门响。

2)可能原因

(1)气门脚响。

①气门间隙过大。

②气门间隙调整螺钉松动或该间隙处两接触面不平。

③配气凸轮过度磨损,造成缓冲段效能下降,加重了挺杆对气门的冲击。

④气门润滑不良。

(2)气门落座响。

①气门杆与其导管配合间隙过大。

②气门头部与其座圈接触不良。

③气门座圈松动。

④气门脚间隙过大。

3)检查流程

(1)转速增高响声增大,节奏加快。怠速、低速时响声明显,中速以上变得模糊杂乱。

(2)负荷、温度、缸位对气门脚响无影响,断火试验异响无变化。

(3)怠速下在气门室或气门罩处听诊异响非常明显,气门脚响清脆有节奏,在发动机周围就能听到较为清晰的响声。

(4)将气门室盖拆下,在怠速时用适当厚度的塞尺插入气门间隙处,若响声消失或减弱即可确诊为该气门间隙过大。也可用塞尺检查或用手晃试气门间隙,间隙最大的往往是最响的气门。为进一步确诊是气门脚响还是气门落座响,可在气门间隙处滴入少许机油,如瞬间响声减弱或消失,说明是气门脚响;如响声无变化,说明是气门落座响。

(5)插入塞尺后,气门没有间隙,若响声不变,可用螺丝刀撬动气门杆,若响声消除,说明气门杆与导管磨损过度。

2. 液压挺杆响故障诊断

1)常见现象

(1)发动机怠速运转时,发出有节奏的金属敲击声,中速以上响声减弱或消失。

(2)用听诊器察听,凸轮轴附近响声明显,断火试验,响声无变化。

2）可能原因

(1) 挺杆与导孔配合面磨损严重。

(2) 挺杆液压偶件磨损。

(3) 润滑油供油不足。

3）检查流程

(1) 改变发动机转速并用听诊器察听响声的变化。

(2) 怠速时发动机顶部响声明显,中速以上响声减弱或消失,断火试验响声无变化,即为液压挺杆响。具体部位可用听诊器根据响声变化来判断。

(3) 在起动时,液压挺杆有不大的响声是正常的(润滑油未充分进入液压挺杆),发动机转速达到 2500r/min 后继续运转 2min,若挺杆仍有响声,应先检查调整机油压力。若机油压力正常,则应更换液压挺杆。

3. 正时齿轮响故障诊断

1）常见现象

发动机运转时,在其前部发出一种连续的或节奏明显的响声。一般情况下,转速越高响声越大;温度变化时,响声不变化;单缸断火时,响声不减弱。

2）可能原因

(1) 齿轮啮合间隙过大或过小。

(2) 曲轴主轴承孔与凸轮轴轴承孔的中心距在使用或修理中发生变化。

(3) 齿轮的齿形加工不准、热处理时变形或齿面过度磨损。

(4) 齿轮啮合间隙松紧不一或齿轮发生根切。

发动机正时检查

3）检查流程

(1) 如果发动机冷车时响声较大,而温度升高后响声逐渐消失,则是温度太低造成的,可继续运行。

(2) 如发动机热车后响声仍存在,可按图 3-12 所示流程检查。

4. 汽缸漏气响检查流程和方法

1）常见现象

发动机运转时,从机油加注口处听到曲轴箱内发出"嘣、嘣"的漏气声;负荷越大响声越强,转速越高响声越小;当抬起加速踏板或单缸断火时,响声减弱或消失。随着响声的出现,机油加注口处脉动地向外冒烟,冒烟次数与发响次数相同。

2）可能原因

(1) 活塞环和汽缸壁严重磨损。

(2) 活塞环卡死在环槽内。

(3) 活塞环开口间隙过大或活塞环开口重合。

(4) 活塞环弹力过弱或侧隙、背隙过小。

(5) 汽缸壁拉伤,出现沟槽。

汽缸检测

3）检查流程

(1) 提高发动机转速至响声最明显处并保持转速,打开加油口盖观察,若有烟向外冒出,可能是汽缸漏气响;否则是其他异响。

(2)用逐缸断火法检查,若某缸断火后响声减弱或消失,表明该缸可能存在汽缸漏气响。

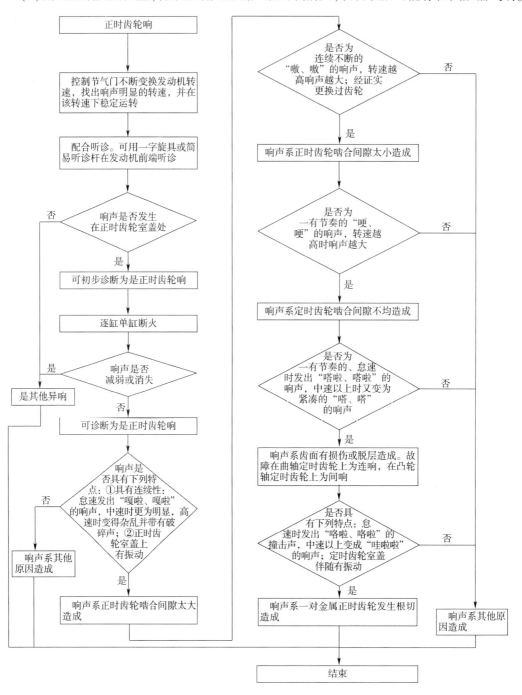

图 3-12　正时齿轮响诊断流程图

(3)拆下可能存在漏气的汽缸的火花塞,向汽缸内注入少量机油,转动发动机数圈后,装好火花塞,重新起动发动机,若响声明显减小,则可确定是该缸漏气响。

任务实施

一、故障原因分析

2017款迈腾B8汽车,行驶里程12万km,怠速运转时,发动机舱发出哨鸣声,暖机的时候最明显,针对这一故障现象,进行试车检查,确认暖机时哨声非常明显,该车确实存在发动机异响故障。

根据车辆相关信息资料,运用所学知识,系统分析怠速时发动机异响故障可能的原因。由于声音来自发动机的上部、进气管和涡轮附近,初步判断为进气系统密封性不良漏气以及进气歧管上连接的各类真空软管等(如真空助力器、燃油蒸发控制系统、废气再循环控制系统、曲轴箱二次回风管等部位)漏气。因该车装有增压器,而增压器到节气门之间的压力比外界高,所以排除此部位的漏气。

二、操作注意事项

发动机异响故障的准确诊断与排除,是极具挑战性的工作,需要扎实的汽车知识和丰富的实践经验,二者缺一不可。

检查发动机异响可采用人工直观检查法,就是通过看、摸、试、听等直接感观,或借助简单工具,以确定机件技术状况和故障点的方法。其特点是不需要专用设备,诊断结果的准确性依赖于诊断人员的技术水平和实践经验。

(1)一看:即观察有故障疑点的机构、总成和零件的状况,如各仪表指示数值、机体裂痕和变形、尾气的颜色、滴漏的油迹和水迹,再结合其他有关情况分析、判断发动机的工作情况。

(2)二摸:即用手触试可能故障部位的温度、振动情况等,从而判断出诸如配合的松紧度、轴承间隙的大小、零件配重的平衡等。

(3)三试:通过各种试验方法,使故障现象充分地显现出来,如按喇叭、打开点火开关或灯光开关、火花塞"断火"、使发动机转速迅速升高或降低等,必要时还可换装好的总成或零件进行对比试验。

(4)四听:就是根据发动机在不同工作情况、不同部位发出的声响及声响的规律,判断哪些是正常的,哪些是异常的,如汽缸内有无爆震声、排气消声器有无放炮声或"突突"声等。

由于人工经验听诊法的准确率较低,因此,常用一些仪器设备来辅助听诊与分析,常用的仪器主要有听诊器、噪声器、振动分析仪等。

三、故障诊断操作

起动发动机,打开发动机舱盖,声音不明显;随着暖机的过程,可以听到明显的哨鸣声;声音来自发动机的上部、进气管和涡轮附近。如果坐在驾驶室中,听到的像是金属研磨或者皮带传动类似的声音。

(1)对发动机外围部件进行系统的检查;没有发现问题,初步怀疑故障为进气系统漏气。

(2)拆装进气系统并严格密封,试车后,故障依旧;进一步怀疑是废气涡轮增压器故障。

(3)怀疑可能是涡轮内部出现了问题,对涡轮进行拆卸,在拆下涡轮检查时发现,涡轮及内部很脏,有油污、积炭、杂质等。据此,判定涡轮内漏油故障,需要更换整个涡轮系统,故障依旧。

(4)全面复盘检查时,打开了机油加注口盖,发现声音发生了明显的变化;盖好机油加注口盖后,声音又恢复如初;又多试了几次,都是一样,至此,判定为PCV阀故障。

(5)更换曲轴箱通风模块,故障排除。

拓展迁移

发动机敲缸包括冷态敲缸、热态敲缸和冷热态均敲缸。发动机冷起动后活塞敲缸较重,热车后响声减轻或消失称为冷态敲缸,其原因主要是配缸间隙过大或活塞变形所致。发动机冷态不响,热车后怠速发响,并伴有机体轻微抖动,且温度越高,响声越大,即为热态敲缸。热态敲缸要及时排除,否则会转化成拉缸事故。热态敲缸的故障原因为由于连杆轴颈与主轴颈不平行、连杆弯曲、连杆衬套轴向偏斜等造成的活塞偏缸,活塞配合间隙过小、椭圆度过小或反椭圆、活塞变形等造成的活塞过紧,活塞环端隙、背隙过小造成的活塞环卡滞等。冷热态均敲缸的故障原因为活塞销与连杆衬套或与连杆小头装配过紧、连杆轴承装配过紧、活塞裙部圆柱度超标等,冷态敲缸或热态敲缸较为严重时也会导致冷热态均敲缸。

点火敲击响与气门响的区别:气门响可发生在任何转速下(包括空转转速),而点火敲击响发生在汽车加速行驶、爬坡和满载等情况下。发动机偶然产生点火敲击响后,管理系统自动推迟点火正时,发动机继续运行。如果异响声仍不消除,应进一步查明原因,检查是否有机体过热或积炭过多等现象。

路试是诊断点火敲缸响常用的可靠方法。热车后以最高挡最低稳定车速行驶,然后将加速踏板急速踩到底,如在急加速中发出"哒、哒"的强烈响声并长时间不消失,而当稍抬加速踏板时响声又会立即减弱或消失,再加速时又重新出现,即可确诊为点火敲击响。

零件的表面状况、温度、相对运动零件的材料特性、表面纹理等,这几个条件综合在一起,满足特定条件时才会出现旋转零件摩擦噪声故障,改变任何一个,都会让噪声消失。

在更换皮带时,一定要注意皮带轮的磨损情况。否则,因皮带轮与皮带接触面达不到要求而出现异响,更会造成皮带的早期损坏。

反思提升

这是一个典型的异响故障,中间错误地更换了涡轮总成,浪费了大量的时间。那为什么曲轴箱通风模块会造成发动机异响(进气量大)?为什么在暖机时更明显(暖机怠速高,加之有额外的进气,导致怠速更高)?

发动机工作时,在发动机内部因为热和燃烧会生成很多油气,而这些气体通过曲轴箱通风模块进行油气分离,让油流回曲轴箱,而气体通过PCV阀控制其通路和压力的大小,然后引入到进气道继续燃烧掉。

对于异响的故障,需要首先分清楚是什么位置和什么阶段发生的;所以在维修前,需要问自己几个为什么,然后按照从简入繁的步骤,往往会事半功倍。

(1)在暖机的过程中,废气旁通阀是不动作的,首先就是可以排除的故障。

(2)由于声音只在暖机时明显,也可以排除涡轮转动本身的故障。

(3)如果进气道外部漏气,往往会有涡轮增压气压低的故障。

(4)进气和涡轮部位的内部漏气,应该检查曲轴箱通风和炭罐通风系统。

汽车异响故障需要维修技师不断提升理论、增强实践经验。作为新时代的"汽车医生",同学们应始终坚持学习,培养终身学习的理念,顺利完成工作任务的同时,坚持提升个人职业能力,追求个人职业价值,实现人生职业理想。

任务工单

任务名称		发动机异响故障诊断	
班级		姓名	
地点		日期	
小组人员		工作效果	

Step1:发动机异响的特征分析

(1)发动机常见异响都受哪些因素影响?在哪些方面有不同的特征?

(2)举例说明三种典型异响,并分析其特征以及处理方式。

异响名称	听诊部位	异响特征描述	与各要素的关系					处理
			转速(或负荷)	单缸断火(或断油)	温度影响	节奏	其他	

续上表

Step2:发动机机体内异响故障排除
(1)发动机机体内异响包括故障有哪些?各自有哪些具体表现?
(2)检索曲轴主轴承或连杆轴承异响的原因及检查流程和方法。
(3)检索活塞敲缸异响的原因及检查流程和方法。

Step3:配气机构异响故障排除
(1)说明气门异响的原因及检查流程和方法。
(2)说明液压挺杆异响的原因及检查流程和方法。
(3)说明汽缸漏气异响的原因及检查流程和方法。

续上表

Step4:发动机异响故障排除			
(1)发动机异响检查常采用的方法为"看、摸、试、听",具体应如何实施?			
(2)根据所学知识和方法,制订实训车辆发动机异响故障诊断的工作计划并予以实施。			
序号	步骤	使用的工具	注意事项
1			
2			
3			
4			
5			
6			
7			
8			

自我总结
在发动机异响故障诊断工作中,个人的收获和不足有哪些?

项目四
发动机电控系统故障诊断

汽车发动机技术日新月异,尤其是其逐渐向着电气化方向发展,汽车电子控制的内容不断增加,目前已经普及的发动机电控系统已涵盖了燃油喷射控制、电子点火、怠速控制、进气控制、增压控制、尾气排放控制及诊断、数据通信等内容。

在发动机电控系统中,发动机控制单元通过接收曲轴位置传感器、冷却液温度传感器等各种传感器传来的信号,进行数据的处理、计算、分析,并进一步输出指令给喷油器等执行器,用于控制发动机的正常运转。同时,发动机控制单元随时都在监测各传感器数据的准确度,如果超出标准范围,则会点亮发动机故障指示灯。

发动机电控系统常见的故障现象有:

(1)发动机无法起动(起动机不转)。其故障表现为起动机不转导致发动机无法起动等。

(2)发动机无法起动(起动机响)。其故障表现为起动机运转正常但发动机不能起动、发动机热车不能起动、发动机冷车不能起动等。

(3)发动机运转不良。其故障表现为发动机怠速不稳、汽车加速不良、在发动机运转过程中转速忽高忽低、突然熄火或逐渐熄火等。

上述故障现象是发动机电控系统故障的外在表现,导致发动机电控系统出现故障的原因主要是电器元件损坏或线路断路、短路、接触不良;部分故障是零件使用时间过久导致老化,更多的故障是由于缺少维护、操作不当引发;也有一些故障是以往维修作业或车辆发生事故所致。

同一故障现象可能有多种原因,同是由于某一部件失效或损坏也可能导致不同的故障现象出现,有时一个系统发生故障可能会导致其他系统甚至整个发动机不能正常工作。在车辆维修前分析故障原因,查找故障部位,确定维修方案,是汽车维修中一项非常重要的工作。

在对发动机电控系统进行故障诊断时,首先要对发动机电控系统结构和工作原理进行分析,全面搜集故障现象,总结故障特征,确定在什么情况、什么条件下故障现象最为明显,故障现象是逐渐出现、还是突然出现,车辆是否进行过维修等。在条件允许情况下,可以通过改变汽车工作状况来观察故障现象的各种变化,进而缩小故障可能发生的区域,便于分析故障原因,确定故障部位。

项目四 / 发动机电控系统故障诊断

任务1　发动机无法起动(起动机不转)故障诊断

📀 情境导入

李先生反映其2017款大众速腾汽车(1.4T四缸汽油发动机),按下起动按钮,车辆起动机不工作,车辆无法起动。经维修技师检查,发动机控制单元无法通信。根据此情况需要进一步诊断分析,找到具体故障原因。

📝 任务描述

发动机控制单元(ECU)是发动机电控系统的核心,它是一块集成电路芯片,负责控制和监测发动机的各项功能。ECU根据传感器的反馈信号和预设的算法,实时调整发动机的燃油喷射量、点火时机、进气量等参数,以保证发动机的高效工作。如果发动机控制单元无法通信,车身控制单元将无法与发动机进行通信,因此导致按下起动按钮,车辆起动机不工作。

 学习目标

知识目标

1. 掌握起动机工作控制流程;
2. 掌握起动机组成结构及工作原理;
3. 掌握起动继电器安装位置及检测方法;
4. 掌握发动机控制单元功能。

能力目标

1. 能够分析影响起动机工作性能的因素;
2. 能够制订起动继电器损坏检测方案;
3. 能够对发动机控制单元无法通信故障进行检测诊断。

素养目标

1. 培养学生养成细心和耐心的态度,对发动机故障保持严谨的分析和解决的工作态度;
2. 培养学生的团队合作和沟通能力,在故障诊断过程中能够与团队成员进行有效的合作和交流;
3. 培养学生解决问题的能力和创新思维,能够灵活应用已学知识和技能,解决复杂的发动机故障问题。

知识学习

一、起动和关闭发动机

1. 起动发动机

发动机起动(接线端50)的前提是接线端S和15已通电。当ELV(电子转向柱锁)解锁后,这些接线端被接通。

(1)根据车辆配置情况,必须满足下列前提条件才可以起动发动机。

①对于手动挡汽车,必须操纵离合器踏板开关(联锁信号)。

②对于DSG(双离合变速器)和自动挡汽车,换挡杆必须置于P/N挡位。此外,对于安装有自动变速器的车辆还必须踩下制动踏板。

③起动发动机时,有效的钥匙必须位于车厢内。

(2)发动机起动过程分为两种方式:手动起动(没有起动/停止系统)与自动起动(具备起动/停止系统)。

①手动起动逻辑。手动起动时,接线端50的请求由ELV传送至车载电网控制单元(J519)。车载电网控制单元对起动机继电器进行控制。起动机在按下点火起动按键(D)时激活,激活时长与按键按下的时间相等。必须按下点火起动按键,直到发动机起动。车载电网控制单元(J519)对换挡杆信息和离合器信号进行监控。发动机控制单元(J623)提供制动信号。

②自动起动逻辑。通过短暂按下点火起动按键(D)进行自动起动,因为在此情况下,发动机控制单元(J623)将激活起动机并监控发动机的自动运行过程。在此情况下,发动机控制单元(J623)同时还监控离合器踏板开关和换挡杆的位置。

2. 关闭发动机

关闭发动机的前提条件是发动机处于运行状态,同时车速低于2km/h。按下点火起动按键(D)后,ELV控制单元(J764)向接线端15返回一个信号。发动机控制单元(J623)将停止发动机的运行。

紧急关闭操作:如果在车速高于2km/h的情况下,必须关闭发动机,必须在1s之内连续两次按下点火起动按键(D)或是按下时间超过1s。

二、起动机组成结构及工作控制逻辑

1. 起动机安装位置及功能

起动系统由蓄电池、点火开关、起动继电器、起动机等组成。起动系统的功用是通过起动机将蓄电池的电能转换成机械能,起动发动机运转。起动机安装位置如图4-1所示。

2. 起动机组成结构及工作原理

起动机结构如图4-2所示,其由直流电动机、传动机构和控制机构三大部分组成。直流电动机的作用是将电能转换成机械能,产生电磁力矩。传动机构的作用是将驱动齿轮啮合

进入发动机飞轮齿圈,将直流电动机的电磁力矩传递给曲轴,并及时切断曲轴与直流电动机间的动力传递,防止曲轴反拖。

图 4-1　起动机安装位置

图 4-2　起动机解剖结构图

起动机用三个部件来实现整个起动过程,起动机的结构原理如图 4-3 所示。

(1)直流电动机引入来自蓄电池的电流,并且使起动机的驱动齿轮产生机械运动。

(2)传动机构将驱动齿轮啮合进入飞轮齿圈,同时能够在发动机起动后自动脱开。

(3)起动机电路的通断则由一个电磁开关来控制。

3. 起动装置工作逻辑图及分析

起动装置工作逻辑如图 4-4 所示,起动装置工作流程如下:

(1)起停按钮 E378 将起动请求传给 J764。

(2)J764 在相关条件(如防盗)满足后将起动信号端子 50 传给 J519。

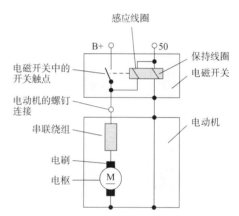

图 4-3　起动机结构原理

(3)J519 在附加信号(P/N 挡信号)满足后控制起动继电器 J907 工作。

(4)起动继电器 J907 闭合,并将 50 电传递给起动机电磁开关中的线圈,控制起动机工作,同时将反馈信号传递给 J764。

(5)起动机电磁开关中触点搭铁,电流从蓄电池流向起动机,完成起动过程。

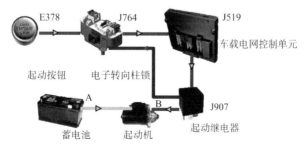

图 4-4　起动装置工作逻辑图

4. 起动继电器作用及安装位置

起动继电器的作用是作为控制开关，实现对起动机的控制；用小电流来控制大电流，避免点火开关端子 50 直接流经大电流。

起动继电器安装在仪表板下方继电器支架 2 号位置，如图 4-5 所示，继电器编号为 507。

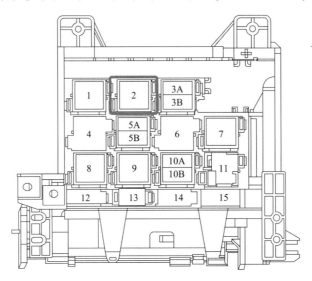

图 4-5　起动继电器安装位置图

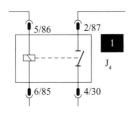

图 4-6　起动继电器电路图

5. 起动机继电器工作原理

（1）继电器控制端 85、86 针脚通电，线圈产生磁场，吸合执行端常开触点（图 4-6）。

（2）执行端开关触点动作，电流经过 30 和 87 针脚。

（3）当线圈两端无电流流过或电流小于一定值时，机械反力大于电磁吸力时，常开触点断开。

任务实施

一、故障原因分析

根据发动机无法起动（起动机不转）的故障现象，并结合起动机工作的控制逻辑图进行分析，发动机无法起动（起动机不转）故障可能的原因有：

（1）起动按钮 E378 故障。

（2）防盗系统故障。

（3）起动继电器故障。

（4）起动机本身故障。

（5）发动机控制单元、车载电网控制单元、转向柱锁控制单元等故障。

（6）线路等其他故障。

二、操作注意事项

在进行发动机电控系统故障检测诊断之前,应对车辆进行故障确认、基本检查等操作。

1. 车辆安全防护

布置车辆五件套,保护车身安全,防止操作过程中剐蹭车身。

2. 故障确认

根据客户描述的故障现象进行验证,确保车辆的实际故障与客户描述一致,进行下一步诊断。

3. 基本检查

检查车辆蓄电池电压、机油、冷却液等是否满足要求,导线接头、插接件等是否有松动或脱落等情况。

三、故障诊断操作

(1)检查蓄电池电压。蓄电池的静止电压不能低于12.3V,在起动的瞬间,蓄电池的电压不能低于9V。

(2)检查起动按钮。

(3)检查起动继电器。

(4)检查防盗系统。

(5)检查起动机本身。

(6)检查发动机控制单元、转向柱控制单元、车载网络控制单元(主要包括计算机电源线、搭铁线等)。

蓄电池性能检测

拓展迁移

发动机自动起停功能就是在车辆行驶过程中临时停车(如等红灯)的时候,自动熄火;当需要继续前进的时候,系统自动重起发动机的一套系统。它是通过在传统发动机上植入具有怠速起停功能的加强电机,使汽车在满足怠速停车条件时,发动机完全熄灭不工作。当整车再需要起动前进时,怠速起停电机系统迅速响应驾驶人的起动命令,快速起动发动机,瞬时衔接,从而大大减少油耗和废气排放。

反思提升

当面临处理汽车发动机无法起动的情况时,我们必须以极高的细心程度和仔细的态度来分析故障现象。只有这样,才能够准确地找到故障的根源,更加有效地解决问题。

在这个过程中,需要通过仔细观察发动机的表现来获取线索。我们应该用心地研究发动机起动时的细节,包括声音、振动、排放的情况以及任何异常的状况,每一个细节都可能是解决问题的关键。

在分析故障现象时,细节是非常重要的。需要注意发动机起动前是否有任何异常声音或异味,还需要留意发动机起动后是否能够正常运转,是否有任何明显的振动或不寻常的颤动。此外,还应该观察发动机排放的颜色和量是否与正常情况一致。

当观察到可能有问题的细节时,我们应该立即采取行动。使用专业工具进行测试,以验证我们的怀疑。同时,详细地检查发动机的各个组成部分,包括燃油供应系统、点火系统、冷却系统、润滑系统等。我们需要确保这些部件没有损坏或出现任何故障。

在解决发动机无法起动的问题时,我们需要根据收集的信息和分析的结果制订合理的检测诊断方案。可能需要更换损坏的零部件,重新调整某些参数,或进行其他必要的检测工作。维修后,还需要测试发动机是否已经恢复正常工作,以确保问题得到彻底解决。只有这样,我们才能够确保车辆的安全和顺畅运行。

任务工单

任务名称	发动机无法起动(起动机不转)故障诊断		
班级		姓名	
地点		日期	
小组人员		工作效果	
Step1:制订发动机无法起动(起动机不转)的工作计划			

(1)如要保证发动机能够正常起动,需满足哪些基本条件?

(2)概述起动机运转的控制逻辑。

(3)说出起动机不转的原因可能有哪些?

续上表

(4)通过前面的资料搜集等工作,了解在发动机起动过程中,需要哪些基本信号?其作用分别是什么?

信号	作用

Step 2:说明进行发动机无法起动(起动机不转)故障排除的工作步骤,并制订一份故障表

(1)填写发动机无法起动(起动机不转)故障排除详细步骤和所需工具。

工作步骤	所需工具

(2)根据测量结果填写下表。

项目	实测值	标准值	结果分析
蓄电池电压			
发动机转速			
机油量			
冷却液量			
故障码			
数据流			

(3) 起动继电器的检测。

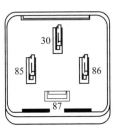

① 开路检测,用万用表欧姆挡检查 85 脚与 86 脚的电阻应为 60~140Ω;而 30 脚与 87 脚间电阻应为无穷大。如结果与上述规律不符,说明继电器有问题。

② 加电检测,如果上述检查无问题,可在 85 与 86 脚间加 12V 电压,用万用表导通挡检查 30 脚与 87 脚应导通(或者用欧姆挡,测得电阻接近为 0)。如不符合上述规律,说明其已损坏。

(4) 根据故障码和数据流等关键信息分析可能的故障原因。

(5) 分析以下起动机工作电路图。

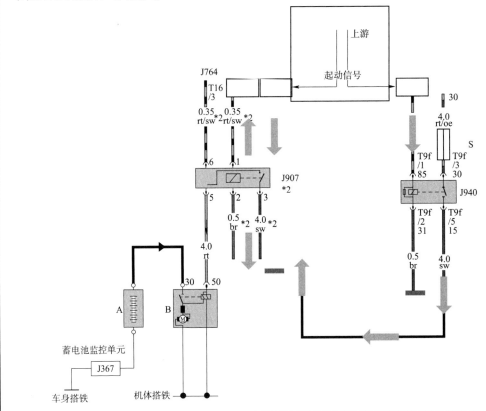

续上表

起动机工作过程：
①车载电网控制单元 J519 收到上游＿＿＿＿信号后，为 15 号电继电器 J940 线圈供电。
②15 号电继电器 J940 吸合后对下游电路输出＿＿＿＿电。
③车载电网控制单元 J519 收到上游＿＿＿＿信号后，为 50 继电器＿＿＿＿线圈供电。
④J907 获得来自＿＿＿＿的供电，当 J907 线圈通电，触点吸合后，输出＿＿＿＿电。
⑤50 电一方面供给起动机，起动发动机；另外一方面反馈＿＿＿＿状态至 J764，判断 50 电继电器 J907 工作状态。
⑥起动机 B 被接通＿＿＿＿电后开始运转起动，发动机起动。
（6）根据对电路图的分析，并结合发动机控制单元无法通信的故障现象，对相应器件进行有针对性的检测和排查。

Step3：部件、线路等测量
（1）线路测量。 ①起动机电源线、搭铁线。 ②控制单元电源线、搭铁线。 ③继电器线圈控制线、开关线路测量。
（2）部件测量。 ①电磁开关测量。 ②电动机内部故障。 ③电动机其他故障。
（3）最终锁定故障点，进行排除。

自我总结
在发动机无法起动（起动机不转）故障诊断工作中，个人的收获和不足有哪些？

任务 2 发动机无法起动(起动机响)故障诊断

🔧 情境导入

李先生反映其 2017 款大众速腾汽车(1.4T 四缸汽油发动机),按下起动按钮,车辆起动机运转,但车辆无法起动。经维修技师初步检查,起动系统和点火系统无故障,在检查燃油系统时,发现在接通电源时听不到轻微的正常工作时的振动声,初步认定燃油泵不工作。根据此情况需要进一步诊断分析,找到具体故障原因。

📝 任务描述

如果起动系统和点火系统工作正常,发动机机械系统没有故障,但汽油发动机不能起动时,就应重点检查燃料供给系统。燃料供给系统包括供油、供气和废气排放。油路不畅,会使发动机熄火;供气不畅,会影响发动机的怠速稳定性;废气排放不畅,会影响发动机的功率发挥。对于此类故障,一般应先检查油路,如燃油泵是否工作等。

🎯 学习目标

知识目标
1. 掌握燃油泵工作条件;
2. 掌握燃油泵控制逻辑;
3. 掌握燃油泵检修方法。

能力目标
1. 能够分析影响燃油泵工作性能的因素;
2. 能够根据燃油泵的控制逻辑,分析故障原因;
3. 能够对燃油泵的相关故障进行检测诊断。

素养目标
1. 培养学生的工匠精神,注重细节和精确性,在故障诊断过程中保持耐心和细致的态度;
2. 培养学生开拓创新的精神,不断学习和研究新的技术和解决方案,以提高故障诊断的效率和准确性;
3. 培养学生解决问题的能力和创新思维,能够灵活应用已学知识和技能,解决复杂问题,并提出新的解决方案。

知识学习

一、燃油系统组成及控制策略

1. 燃油系统组成结构

燃油系统根据需要可分为低压和高压燃油系统两部分。其优点是，电动燃油泵和高压燃油泵只输送发动机当下所需的燃油量。这可减少燃油泵的电力驱动功率和机械驱动功率，并节省燃油。燃油系统组成结构如图4-7所示。

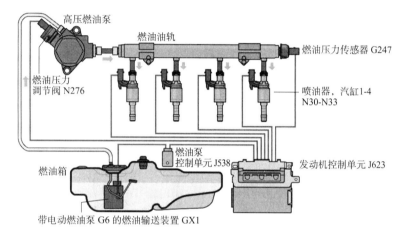

图4-7　燃油系统组成结构

2. 低压燃油系统

在低压燃油系统中，根据发动机运行情况，压力介于200～600kPa。

当冷起动时，在起动过程中使用更高的压力，以便尽快地建立起燃油压力。

当热起动时，在起动过程中使用更高的压力，以防止在高压燃油泵中产生气泡。发动机控制单元所计算的高压燃油泵中的温度是决定性因素。

燃油压力测试

3. 高压燃油系统

在高压燃油系统中，根据负荷和发动机转速，1.2TSI发动机内的压力介于12～20MPa，1.4TSI发动机内的压力介于14～20MPa。高压能够使所喷出燃油的汽化性能更好，以形成更佳的混合气，减少废气排放和煤烟的形成。此外，喷油器的喷射形态经过优化，以确保喷射燃油时不接触到燃烧室中的任何组件。

二、低压燃油泵检测

1. 低压燃油泵控制逻辑分析

低压燃油泵控制逻辑如图4-8所示，发动机控制单元根据发动机负荷情况将低压油路供油需求提供给燃油泵控制单元J538，J538再控制燃油泵G6工作，将燃油提供给高压泵。

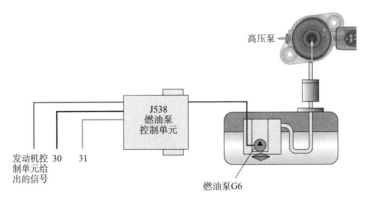

图 4-8 低压燃油泵控制逻辑图

2. 低压燃油泵电路图分析

低压燃油泵电路如图 4-9 所示。

（1）J538 发出 PWM（脉冲宽度调制）信号，对电动燃油泵的转速进行调节，从而改变低压燃油系统内的压力。

（2）燃油位置传感器与燃油泵为一体。

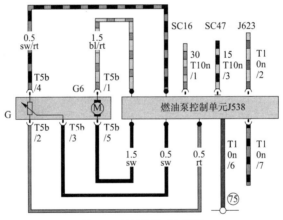

油泵及控制电路检测

图 4-9 低压燃油泵电路图

J623-发动机控制单位；J538-燃油泵控制单元；G6-燃油泵；G-燃油位置传感器；SC47-30 供电熔断丝；SC16-15 供电熔断丝

3. 低压燃油泵的作用及安装位置

低压燃油泵作用如下：

（1）低压燃油泵根据发动机需求，将发动机所需要的燃油输送给高压燃油泵。

（2）燃油泵与燃油存量显示传感器一起组成一个部件，因此，也需要将油位信号传递给燃油泵控制单元 J538，J538 再将给此信号传递给组合仪表。

低压燃油泵安装在车辆的燃油箱内，如图 4-10 所示。

4. 低压燃油泵结构与拆卸方法

低压燃油泵组成结构包含燃油回油接口、燃油供油接口、油位传感器、电动燃油泵、传感器浮子等，如图 4-11 所示。

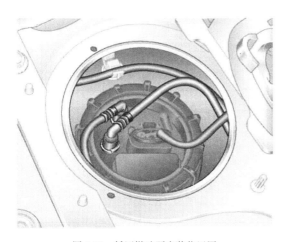

图 4-10　低压燃油泵安装位置图

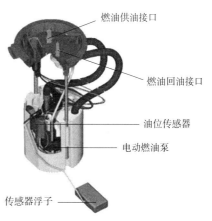

图 4-11　低压燃油泵组成结构

当从燃油箱上拆卸燃油泵时,必须使用专用工具 T10202,如图 4-12 所示。不可野蛮操作！安装时注意燃油泵位置及密封环必须安装到位。

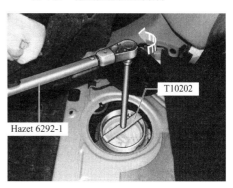

图 4-12　燃油泵拆装专用工具使用方法

5. 低压燃油泵失效影响

当低压燃油泵失效时,发动机因无法获得燃油而停止运行,发动机故障灯报警,发动机控制单元内会存储相应故障码(图 4-13)。如出现燃油泵机械故障或者电路故障时,发动机控制单元提示“燃油泵模块促动,对地短路”。

0001 - 发动机电控系统 (UDS / ISOTP / 04E906027CQ / 0808 / H22 / EV_ECM

故障代码	SAE 代码	故障文本
03925 [14629]	P025C00	燃油泵模块促动, 对地短路

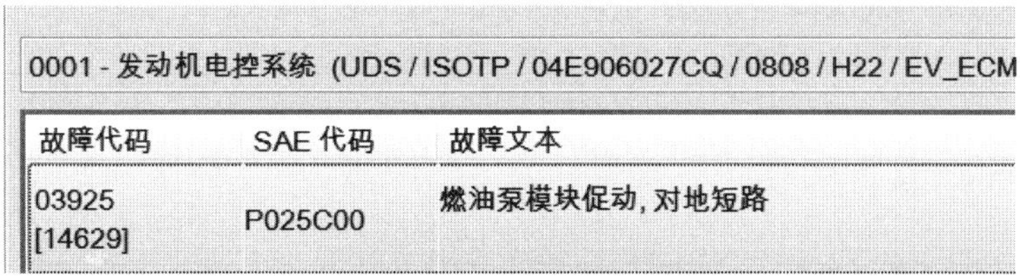

图 4-13　燃油泵故障码

6. 检测低压燃油泵故障——电路检测

发动机无法起动,若怀疑低压燃油泵故障,请先使用诊断仪进入发动机控制单元读取相关故障码与燃油压力数据流。

若发动机控制单元中有燃油泵的故障码,则再使用万用表对燃油泵供电线路进行检测,如图 4-14 所示,若电压正常,则燃油泵故障。

7. 检测低压燃油泵故障——压力检测

若怀疑低压燃油泵供油压力不足,可使用专用工具 VAS6550 对低压燃油泵的供油压力进行检测,如图 4-15 所示。标准值为 200 ~ 600kPa。

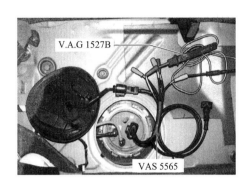

图 4-14 燃油泵供电线路测量

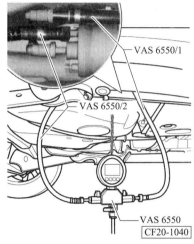

图 4-15 低压燃油压力测量

任务实施

一、故障原因分析

根据发动机无法起动（起动机响）的故障现象，通过诊断仪读取故障码及数据流分析，发动机无法起动（起动机响）故障可能的原因有：

（1）燃油泵故障。

（2）燃油泵控制单元故障。

（3）燃油泵控制线路故障。

（4）燃油控制单元供电故障。

（5）燃油控制单元工作。

（6）线路等其他故障。

喷油器检测

二、操作注意事项

在进行发动机电控系统故障检测诊断之前，应对车辆进行故障确认、基本检查等操作。

1. 车辆安全防护

布置车辆五件套，保护车身安全，防止操作过程中剐蹭车身。

2. 故障确认

根据客户描述的故障现象，进行验证，确保车辆的实际故障与客户描述一致，进行下一步诊断。

3. 基本检查

检查车辆蓄电池电压、机油、冷却液等是否满足需求，导线接头、插接件等是否有松动或脱落等情况。

三、故障诊断操作

（1）检查蓄电池电压。蓄电池的静止电压不能低于12.3V，在起动的瞬间，蓄电池的电压不能低于9V。

（2）检查燃油泵工作供电电压。

（3）检查燃油泵控制单元供电。

（4）检查燃油泵控制单元控制信号。

（5）检查低压燃油系统油压。

（6）更换低压燃油泵。

拓展迁移

燃油效率是汽车行业中一个重要的关注点，而新一代发动机的科技突破正为提升燃油效率作出重要贡献。

（1）直喷技术。直喷技术是一种将燃油直接喷射到发动机汽缸内的技术。与传统的多点喷射系统相比，直喷技术可以更精确地控制燃油的喷射量和喷射时机，提高燃油的燃烧效率和动力输出。

（2）缸内直喷和涡轮增压。结合缸内直喷技术和涡轮增压系统，可以实现更高的压缩比和更大的进气量。这种组合可以提供更强劲的动力输出，并在相同动力输出下减少燃油消耗。

（3）高压缩比设计。通过提高发动机的压缩比，可以提高燃油的燃烧效率，从而提高动力输出和燃油效率。然而，高压缩比设计需要更高的燃油品质和更精确的控制系统来避免产生爆震。

反思提升

在处理发动机无法起动的问题时，需要确认起动机是否能正常运转。如果起动机能够运转，那么很可能说明车辆的多线路和功能都是正常的，这一点非常重要。通过观察现象并缩小故障范围，可以更有效地进行故障排除工作。通过识别起动机是否正常工作，可以将可能的故障范围限定到其他系统或部件。

正确判断起动机的工作状态并不能单纯依靠观察或者猜测，更需要维修人员对于部件原理的深入了解和充足的知识储备。只有了解起动机的工作原理，我们才能准确地判断它是否运转正常。这种专业知识的储备在故障排除中起着关键的作用，它可以指导维修人员定位故障的根本原因，并采取相应的解决措施。

只有对部件原理知识的深入研究和积累，才能够更好地理解车辆的工作情况及各部件间合理的关系。这不仅能够帮助维修人员准确地判断起动机的工作状态，还可以帮助维修人员在其他故障排除工作中更快速地找到问题的所在，并采取有效的解决方案。

处理发动机无法起动的问题是一项复杂而重要的任务。应该认真观察故障现象，仔细分析故障原因，逐步缩小故障范围，从而提高故障排除的效率。汽车故障检测诊断工作离不开对部件原理知识的储备,只有掌握了足够的专业知识,维修人员才能够更好地分析和解决问题。因此,我们应当不断学习和积累,以提升我们的专业能力和解决问题的水平。

任务工单

任务名称	发动机无法起动(起动机响)故障诊断		
班级		姓名	
地点		日期	
小组人员		工作效果	
Step1:制订发动机无法起动(起动机响)的工作计划			

(1)如要保证发动机能够正常起动,需满足哪些基本条件?

(2)概述燃油泵运转的控制逻辑。

(3)说出发动机无法起动的原因可能有哪些?

(4)通过前面的资料搜集等工作,了解在发动机起动过程中,需要哪些基本信号?其作用分别是什么?

信号	作用

续上表

Step 2：说明进行发动机无法起动(起动机响)故障排除的工作步骤,并制订一份故障表	
(1)填写发动机无法起动(起动机响)故障排除详细步骤和所需工具。	
工作步骤	所需工具

(2)根据测量结果填写下表。

项目	实测值	标准值	结果分析
蓄电池电压			
发动机转速			
机油量			
冷却液量			
故障码			
数据流			

(3)低压燃油泵的检测(图4-9)。
①测量燃油泵控制单元J538常电供电电压值：_____。
②测量燃油泵控制单元J538 IG供电电压值：_____。
③按下起动按键,测量燃油泵T5b/1与T5b/5之间的供电电压值：_____。
(4)根据故障码和数据流等关键信息分析可能的故障原因。

续上表

(5)结合对电路图的分析,以及低压燃油系统控制逻辑的判断,对相应器件进行有针对性的检测和排查。
Step3:部件、线路等测量
(1)线路测量。 ①低压燃油泵供电线路。 ②低压燃油泵控制单元电源线、搭铁线。 ③低压燃油泵信号线路测量。   (2)燃油泵测量。   (3)低压燃油压力测量。   (4)最终锁定故障点,进行排除。
自我总结
在发动机无法起动(起动机响)故障诊断工作中,个人的收获和不足有哪些?

项目四 发动机电控系统故障诊断

任务 3　发动机运转不良故障诊断

情境导入

李先生反映其 2017 款大众速腾汽车（1.4T 四缸汽油发动机），按下起动按钮，车辆起动机运转,发动机起动正常,但是发动机怠速运转抖动。经维修技师初步检查,判定点火系统故障,初步认定 2 缸点火异常。根据此情况需要进一步诊断分析,找到具体故障原因。

任务描述

如果发动机存在怠速抖动情况,初步判断为发动机点火异常,有关点火系统失火的影响因素也非常复杂,火花塞有故障一定会引发失火问题,但失火问题未必都是火花塞因素导致。如燃油供给问题、混合气浓度问题、缸压问题等都可能引发失火故障。请进一步分析点火系统对发动机运转的影响,并对发动机运转不良故障进行检测诊断。

学习目标

知识目标

1. 掌握点火系统组成结构及工作原理;
2. 掌握点火系统控制逻辑;
3. 掌握点火系统检修方法。

能力目标

1. 能够分析影响点火系统工作性能的因素;
2. 能够运用点火系统的控制逻辑分析故障原因;
3. 能够对点火线圈与火花塞的相关故障进行检测诊断。

素养目标

1. 培养学生理论联系实际的能力,能够将所学的理论知识应用于实际故障诊断中,解决复杂的现代发动机故障;
2. 培养学生持续改进和追求卓越的精神,不断提高故障诊断准确性,促进汽车维修行业的发展;
3. 培养学生的持久耐心和毅力,面对复杂的发动机故障,能够坚持不懈地进行分析和排查,直至找到正确的解决方案。

知识学习

一、点火系统

点火系统的基本功用是在发动机各种工况和使用条件下,在汽缸内适时、准确、可靠地产生电火花,以点燃可燃混合气,使发动机作功。点火系统的发展经历了传统点火系统、电子点火系统、电控点火(ECU 控制)系统三个阶段。目前,汽车都采用集中控制的电控点火系统,即集点火、喷油、排放控制、防盗、自诊断等功能于一体的发动机管理系统,能对点火和喷油同时进行精确控制。

在电控点火系统中,发动机 ECU 对点火系统的控制主要包括点火提前角控制、闭合角控制和爆燃控制三项内容。

1. 点火提前角控制

缸内混合气燃烧有一定的速度,即火花塞跳火到汽缸内的可燃混合气完全燃烧时需要一定时间,但是由于发动机的转速很高,在这样短的时间内曲轴却可以转过很大的角度,所以应在活塞到达上止点前提前点火。点火提前角就是从点火时刻起至活塞到达压缩上止点,这段时间内曲轴转过的角度。能使发动机获得最佳动力性、经济性和最佳排放时的点火提前角,称为最佳点火提前角。

点火提前角过大(点火过早),活塞上行受阻,会造成发动机爆震。点火提前角过小(点火过迟),有效做功行程变短,排气温度升高,功率降低。最佳点火提前角应随发动机转速升高而增大,随负荷增大而减小,同时还受到燃料性质、温度、空燃比、大气压力等因素的影响。

点火提前角的计算和控制首先根据曲轴位置信号和凸轮轴位置信号确定初始点火提前角,然后根据发动机转速和负荷确定基本点火提前角,最后再根据有关传感器的信号确定修正点火提前角,即:最佳点火提前角 = 初始点火提前角 + 基本点火提前角 + 修正点火提前角(或点火延迟角),计算控制过程如图 4-16 所示。

发动机处于怠速工况时,发动机 ECU 根据节气门位置信号、发动机转速、空调开关等负荷信号确定基本点火提前角。发动机处于非怠速工况时,ECU 根据发动机转速和节气门位置(负荷)信号,从预置在存储器中的点火特性三维脉谱图中查出相应的基本点火提前角,如图 4-17 所示。

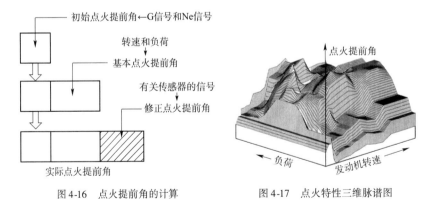

图 4-16 点火提前角的计算　　图 4-17 点火特性三维脉谱图

2. 闭合角控制

闭合角是点火线圈初级线圈电路导通期间,发动机曲轴转过的角度,闭合角控制也称通电时间控制。

当点火线圈的初级电路接通后,其初级电流是按指数规律增长的。初级电路断开瞬间,初级电流所能达到的值(即断开电流)与初级电路接通的时间长短有关,只有通电时间达到一定值时,初级电流才可能达到饱和。而次级电压最大值与断开电流成正比。为了获得足够的点火能量,必须保证通电时间能使初级电流达到饱和。但通电时间过长,点火线圈会发热并使电能消耗增大。因此,要控制一个最佳通电时间,兼顾上述两方面的要求。

闭合角控制的主要依据是发动机转速和蓄电池电压。为了保证在不同的蓄电池电压和不同的转速下都具有足够的点火能量,ECU根据蓄电池电压和发动机转速信号,从预置的闭合角三维脉谱图中调出相应的数值,对闭合角进行控制,如图4-18所示。

发动机转速高时,应适当增大闭合角,以防止初级线圈通过的电流值下降,造成次级电压下降,点火困难。蓄电池电压下降时,也应适当增大闭合角。

3.爆燃控制

发动机爆燃是由于气体的压力和温度过高,可燃混合气在没有点燃的情况下自行燃烧,且火焰以高于正常燃烧数倍的速度向外传播。这种燃烧将会发生剧烈的压力增高,继而发生迅速的压力波动,压力波撞击汽缸壁、活塞顶部,造成尖锐的敲缸声和发动机振动。若发动机持续产生爆震现象,火花塞电极或活塞可能产生过热、熔损,造成严重故障,因此必须防止爆震的产生。

当发动机工作在爆燃的临界点或有轻微爆燃时,发动机热效率最高,动力性和经济性最好。消除爆燃最有效的方法就是推迟点火,利用点火提前角闭环控制系统能够有效地控制点火提前角,从而使发动机工作在爆燃的临界状态,如图4-19所示。

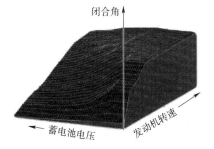

图4-18 闭合角三维脉谱图

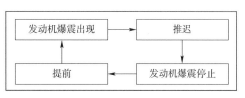

图4-19 爆燃闭环控制过程

二、独立点火系统

独立点火系统中每个汽缸都配有一个点火线圈,即点火线圈的数量与汽缸数相等,且直接安装在火花塞上方,各缸火花塞按照做功顺序独立进行点火。此种点火系统省去了高压导线,能量损失和电磁干扰小,结构灵活,被广泛使用。

独立点火系统的工作原理如图4-20所示,发动机ECU根据凸轮轴位置信号、发动机转速信号及发动机做功顺序控制三极管VT1、VT2、VT3、VT4的导通与截止,从而在各缸点火线圈二次绕组中感应出高压电,直接导入火花塞跳火。

带点火器的独立点火线圈如图4-21所示,点火线圈与点火器采用一体式结构。点火器的功能是根据发动机 ECU 提供的点火正时信号,定时接通和切断点火线圈一次绕组的电流,以便在点火线圈二次绕组中感应出高电压,实现点火。

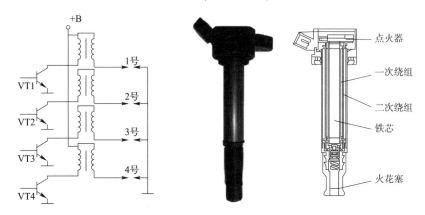

图 4-20 独立点火系统的工作原理　　图 4-21 带点火器的独立点火线圈

三、点火线圈

1. 点火线圈控制逻辑分析

发动机控制单元采集发动机转速传感器和凸轮轴位置传感器以及其他相关输入信号,以此作为后续动作方案决策依据;发动机控制单元依据上述输入信息以及内部存储的四冲程发动机点火规则来判断各汽缸的工作位置,进而适时、准确、可靠地产生电火花,以点燃可燃混合气,使发动机运转做功。点火线圈控制逻辑图如图 4-22 所示。

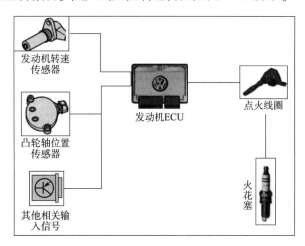

图 4-22 点火线圈控制逻辑图

2. 独立点火线圈电路分析

如图 4-23 是 EA211 系列发动机点火线圈控制系统电路图,大众车系点火线圈控制电路基本原理都是一致的;依据车型不同,线路连接可能略有差异,详细信息可以依据车辆底盘号通过大众 Elsa 信息查询系统查到对应电路的准确信息。

项目四 发动机电控系统故障诊断

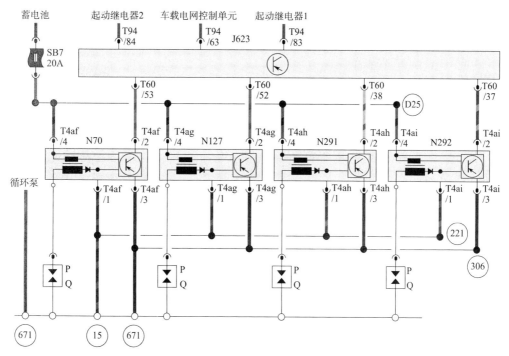

图 4-23 EA211 系列发动机点火线圈控制系统电路图

J623-发动机控制单元;N70-带功率输出级的点火线圈 1;N127-带功率输出级的点火线圈 2;N291-带功率输出级的点火线圈 3;N292-带功率输出级的点火线圈 4;P-火花塞插头;Q-火花塞;T60-60 芯插头连接;T94-94 芯插头连接;15-汽缸盖上的搭铁点;83-搭铁连接 1,在右前导线束中;221-搭铁连接(发动机搭铁),在发动机导线束中;306-搭铁连接(点火线圈),在发动机预接线导线束中;671-前左纵梁上的搭铁点 1;D25-正极连接(15),在发动机预接线导线束中

3. 独立点火线圈失效影响

独立点火线圈失效后,对汽缸内混合气不能进行有效点火,会导致该汽缸不能正常工作,产生许多不利影响,包括如下内容:

(1)因单缸不正常工作引起发动机抖动,发动机加速无力。

(2)发动机控制单元因监控到汽缸不正常工作而产生失火故障记忆码。

(3)因该故障会导致废气排放指标恶化,故仪表上 OBD 灯报警。

4. 检测独立点火线圈相关故障

独立点火线圈如图 4-24 所示。

(1)线路故障。

①检查供电线路端子状态 T4af/4。

②检查主搭铁线路端子状态 T4af/3。

③检查发动机 ECUJ623 触发信号端子 T4af/2。

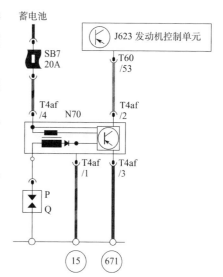

图 4-24 独立点火线圈功能原理图

15-汽缸盖上的搭铁点;671-前左纵梁上的搭铁点 1

如果独立点火线圈发生故障无法正常工作,则在发动机管理系统中一定会留有失火记忆,通过故障诊断仪即可读取该失火数据,且可以定位到某一汽缸。

如上述检查状态良好,进行下一步。

(2)点火线圈部件检查。

①目视检查外观是否有机械损伤。

②检查接线端子是否有异常,如变形、锈蚀等。

③上述均未发现异常时,一定是内部损坏。

四、火花塞

1. 火花塞的作用及安装位置

火花塞的作用是将点火线圈所产生的脉冲高压电引进燃烧室,利用电极产生的电火花点燃混合气完成燃烧。

火花塞更换里程一般为:TSI(缸内直喷)发动机 20000km;非 TSI(非缸内直喷)发动机 30000km。

2. 火花塞结构及其原理

火花塞有四个核心结构要素十分重要,即绝缘体、中心电极、火花塞壳体、搭铁电极。火花塞基本原理为在中心电极和搭铁电极间施加高压,由此电极间的绝缘状态被破坏,产生电流,放电生成电火花。火花塞结构如图 4-25 所示。

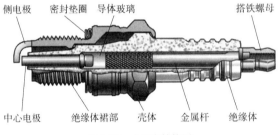

图 4-25　火花塞结构图

3. 火花塞失效影响

火花塞失效后,发动机工作异常,车辆运行状态会有各种不同的表现形式,具体可能会有如下形式出现。

(1)起动困难。

(2)怠速不稳或抖动。

(3)行进中耸车。

(4)加速无力。

(5)油耗增加。

4. 检测火花塞相关故障

通过识别火花塞电极颜色(图 4-26),可以判断火花塞相关故障原因:火花塞发黑有积炭,可能为车辆混合气过浓,或点火能量弱;火花塞发白,说明混合气过稀或烧水;火花塞发红,说明车辆使用劣质汽油;正常颜色应呈褐色。

正常
绝缘体呈白色灰色都是正常现象

积炭过多
经常短途行驶,不好的驾驶习惯所致

提前点火
如果热值太低,点火提前会损坏电极

油污过多
喷油器、气门油封、活塞环有故障

外侧电极折断
装配错误,间隙调整错误都易出现折断

过热
火花塞热值较低,点火提前或者冷却故障

图 4-26　火花塞故障分析图

任务实施

一、故障原因分析

根据发动机运转不良的故障现象,通过诊断仪读取故障码及数据流分析,发动机运转不良故障可能的原因有:

(1) 点火线圈故障。
(2) 火花塞故障。
(3) 喷油器故障。
(4) 凸轮轴位置传感器故障。
(5) 曲轴位置传感器。
(6) 线路等其他故障。

二、操作注意事项

在进行发动机电控系统故障检测诊断之前,应对车辆进行故障确认、基本检查等操作。

1. 车辆安全防护

布置车辆五件套,保护车身安全,防止操作过程中剐蹭车身。

2. 故障确认

根据客户描述的故障现象,进行验证,确保车辆的实际故障与客户描述一致,进行下一步诊断。

3. 基本检查

检查车辆蓄电池电压、机油、冷却液等是否满足需求,导线接头、插接件等是否有松动或脱落等情况。

三、故障诊断操作

(1)检查蓄电池电压。蓄电池的静止电压不能低于12.3V,在起动的瞬间,蓄电池的电压不能低于9V。

(2)检查点火线圈供电电压。

(3)检查火花塞。

(4)检查缸压。

(5)更换点火线圈。

(6)更换火花塞。

拓展迁移

在内燃机点火系统的153年进化史中,变化最大的是点火线圈:最早的磁电机点火—振动线圈—分电器—现今的一体式点火线圈。虽然点火线圈经历了多次更新迭代,但其最根本的作用依旧是为火花塞提供跳火电源,只不过发展到现今一体式点火线圈已经集成了火花塞导电(导电杆)、接收发动机ECU信号控制点火正时(芯片)、逆变器(将12V蓄电池电压升压到火花塞所需的跳火电压)。点火线圈为火花塞提供的电压越高便能更好地提升火花塞的跳火能量,使得可燃混合气的燃烧更加充分。

反思提升

发动机运转不良故障是指发动机在正常运行过程中出现了异常情况,导致运行效果不佳的一种故障。与前两个发动机无法起动故障不同的是,发动机已经运转起来,这意味着我们可以使用故障诊断仪来获取大量的相关数据。

使用故障诊断仪可以帮助我们准确地诊断和分析发动机的问题,包括但不限于故障码、数据流、动作测试等。有了这些数据,我们可以更深入地了解发动机的工作状态和运行参数,可以减少拆卸检修,并对发动机进行更精确的故障诊断。这些数据不仅可以提供给技术人员进行诊断,还可以用于建立数据库以便今后的研究和分析。

使用故障诊断仪查询的数据,维修人员可以追踪和分析发动机在故障期间的运行状况。这有助于我们快速定位故障原因,并采取相应的措施排除故障。此外,这些数据也可以用于监测发动机的健康状况,预测可能出现的故障并采取相应的预防措施。

因此,我们要巧用工具和检测仪器,通过科学的诊断和检修,确保发动机的工作性能,以保证汽车可靠的运行和使用。

任务工单

任务名称		发动机运转不良故障诊断	
班级		姓名	
地点		日期	
小组人员		工作效果	

续上表

Step1:制订发动机运转不良的工作计划
(1)如要保证发动机能够正常起动,需满足哪些基本条件?
(2)概述点火系统的控制逻辑。
(3)说出发动机运转不良的原因可能有哪些。
(4)通过前面的资料搜集等工作,了解在发动机运行过程中,需要哪些基本信号,其作用分别是什么?

信号	作用

Step 2:说明进行发动机运转不良故障排除的工作步骤,并制订一份故障表
(1)填写发动机运转不良故障排除详细步骤和所需工具。

工作步骤	所需工具

续上表

(2)根据测量结果填写下表。

项目	实测值	标准值	结果分析
蓄电池电压			
发动机转速			
机油量			
冷却液量			
故障码			
数据流			

(3)点火线圈的检测。

(4)火花塞的检测。

(5)根据故障码和数据流等关键信息分析可能的故障原因。
故障原因:

(6)结合对点火系统电路图的分析以及控制逻辑的判断,对相应器件进行有针对性的检测和排查。

Step3:部件、线路等测量

(1)线路测量。
①点火线圈供电线路。

②点火线圈信号线路测量。

续上表

(2)火花塞测量。
(3)缸压测量。
(4)最终锁定故障点,进行排除。
自我总结
在发动机运转不良故障诊断工作中,个人的收获和不足有哪些?

项目五
汽车底盘故障诊断

汽车底盘作为汽车重要的组成结构,与发动机、变速器被称为汽车核心"三大件",其重要性是不言而喻的。汽车底盘涉及汽车的结构性、承载性、安全性、稳定性、运动特性和舒适性等因素。

汽车底盘的技术状况直接关系车辆行驶时的操纵稳定性和安全性,也影响发动机动力传递效率和燃料消耗量。因此,及时、准确地判断并排除底盘系统出现的故障是非常重要的。本项目将分别从传动系统、行驶系统、转向系统和制动系统介绍底盘常见故障的现象、分析思路及检测诊断方法。

任务1 汽车在坑凹路面不停摆振故障诊断

情境导入

在上汽大众汽车4S店中,技术专家张工迎来了一位不速之客——2021款330TSI自动两驱R-Line旗舰版的大众途观L汽车,车主高先生反映,在过弯或者加速及减速的时候,车辆上下窜的特别厉害,转向盘发生明显摇晃。张工根据高先生反映的情况对车辆进行故障诊断。

任务描述

根据车主的反映,该现象应该与汽车行驶系统相关。汽车行驶系统的功能是接受由发动机经传动系统输出的转矩,并通过驱动轮与路面间的附着作用,产生路面对汽车的牵引力来保证汽车的正常行驶;传递并承受路面作用于车轮的各向反力及其形成的力矩。此外,行驶系统尽可能缓和不平路面对车身造成的冲击和振动,保证汽车行驶的平稳性,并且与汽车转向系统配合工作,实现汽车行驶方向的正确控制,其由车架、悬架、车轮和车桥四大部分组成。

学习目标

知识目标

1.掌握现代汽车行驶系统功能的延伸与改进;

2. 掌握汽车行驶系统常见的故障现象及原因;
3. 掌握汽车行驶系统故障的判断方法及规律。

能力目标

1. 能分析汽车行驶系统故障现象及成因;
2. 能够细致全面地检查行驶系统各部件工作状况;
3. 能够规范安全地完成故障检测诊断工作。

素养目标

1. 培养学生专业、敬业的工匠精神;
2. 培养学生协作共进的团队精神;
3. 培养学生追求卓越、不断进取的服务意识。

知识学习

行驶系统包括车架、车桥、车轮、悬架,其特点是:车架、车身为一体的承载式车身居多;悬架一般前为麦弗逊式、后为横向双摆臂式,弹性元件一般为螺旋弹簧,也有的为油气或空气弹簧;车轮一般为子午线轮胎、平底轮辋等。另外,行驶系统除有前轮定位参数外,还有后轮定位参数(后轮外倾和后轮前束),统称为"四轮定位"。

一、行驶系统的常见故障现象及原因

行驶系统的常见故障有:行驶跑偏、摆振、轮胎异常磨损、轮毂发热及异响等。行驶系统的故障与系统中各组成部分的技术状况有关,也与各组成部分之间的相对位置关系有关,另外还与行驶系统有关联的其他系统的工作状况有关。表 5-1 所示为行驶系统的常见故障现象及原因。

行驶系统的常见故障及原因　　　　表 5-1

类型	故障现象	故障本质所在	主要原因
行驶跑偏	车辆在直线行驶过程中,需要不断校正方向,如果轻握转向盘,车辆会向一侧行驶	两侧车轮在行驶过程中的线速度不等	①两侧车轮行驶的线速度不同,如轮胎气压不同、轮胎滚动直径和花纹不同、轮毂轴承的预紧度不等、一侧车轮制动器不复位等; ②四轮定位不准,如车身倾斜、四轮定位参数不准、车桥移位等
摆振	当车速超过一定值后,整个车身出现严重振动	外力对车辆的冲击振动与车辆的自有振动发生共振	①车轮动不平衡量超标; ②悬架和转向系统各部件之间的连接间隙过大
摆振	当车辆低速行驶,遇到路面坑凹时,整个车身会出现严重振动		①减振器漏油或失效; ②车辆转向系统各部间隙过大
轮胎磨损 (图 5-1)	胎肩磨损	"桥式磨损"	①轮胎长时间气压不足; ②长期超载

续上表

类型	故障现象	故障本质所在	主要原因
轮胎磨损（图 5-1）	正中磨损	接触面积过小	①轮胎长时间气压过高；②车轮制动器拖滞；③转向轮参数失准；④转向梯形机构变形
	单侧磨损	有横向滑移	①前轮外倾角超差；②前束调整不当；③轮毂轴承间隙过大
	胎面开裂	胎温过高	轮胎充气不足、超速或质量问题
	羽状磨损	侧滑量过大	多为前束调整不当所致
	锯齿状磨损	不规则磨损	长期超载情况下频繁使用制动而未按期换位
	波浪状磨损	轮胎横向、径向圆跳动量过大	①车轮旋转质量不平衡；②轮毂、轴承等原因使轮胎端面圆跳动过大；③转向、悬架系统松旷
	胎肩碟片状磨损	轮胎横向、径向圆跳动量大	①车轮动不平衡量大；②轮毂、轴承等原因使车轮径向圆跳动超差；③转向、悬架系统连接松旷等
轮毂发热	车辆行驶一定里程后，轮毂轴承外侧发烫，严重时会出现轴承润滑脂熔化流出	摩擦生热	①轴承预紧度过大或间隙过小、油封过紧；②轮毂轴承外圈走外圆（与承孔配合无过盈量）；③使用的润滑脂不符合要求；④车轮制动器拖滞

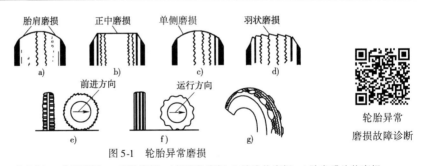

图 5-1 轮胎异常磨损

a) 胎肩磨损；b) 正中磨损；c) 单侧磨损；d) 羽状磨损；e) 锯齿状磨损；f) 波浪状磨损；g) 胎肩碟片状磨损

轮胎异常磨损故障诊断

二、行驶系统的常见故障部位

熟知行驶系统的常见故障部位，可加快故障的诊断，提高诊断的准确性。行驶系统的常见故障部位有：悬架系统中的弹簧、减振器、拉杆及胶套，车桥及车轮部位的轮胎、轮辋、轮胎螺栓、轮毂、轴承，车身车架机构中的变形、断裂、前束及四轮定位不准等。表 5-2 列出了行驶系统各主要部件的损伤形式及表现出的故障。

行驶系统各主要部件的损伤形式及表现出的故障 表5-2

部件名称		损伤形式	故障类型
悬架系统	弹簧	弹力下降	车身偏斜而行驶跑偏
	减振器	漏油或无油	车身摆振、异响
	拉杆	变形或松旷	行驶跑偏、轮胎磨损或车身摆振
	胶套	破损	异响、轮胎磨损、车身摆振
车轮及车架	轮胎	如图5-1所示	滑行性下降或加速打滑;方向不稳或车身摆振、振动等
	轮辋及轮胎螺栓	轮辋变形	轮胎异常磨损、方向不稳或车身摆振
	轮毂及轴承	轮毂螺栓松旷	轮胎异常磨损、螺栓断裂而发生交通安全事故
		轮毂轴承孔磨损	轮毂发热
	车架	轴承磨损或间隙调整不当	异响、发热或车轮发摆
		变形	车轮定位失准
		局部断裂	车轮定位失准、异响
四轮定位	行驶系统各部件之间的配合技术状况(仅限于与行驶系统有关的参数)	前后轮前束(同时反应前后轮外倾)	轮胎磨损、行驶跑偏
		前后车桥不平行	行驶跑偏
		前(后)两车轮不同轴	行驶跑偏、轮胎磨损

三、行驶系统常见故障的检测与诊断方法

1. 行驶跑偏

行驶跑偏的故障现象是:车辆在直线行驶过程中,如不握紧转向盘,车辆就会偏离原来的行驶方向。故障的根本问题是两侧车轮的旋转线速度不相等。具体的故障诊断方法如图5-2所示。

2. 子午线无内胎轮胎故障

故障现象:胎侧裂口、胎层起鼓、轮胎的气密性达不到要求等。分析时,应考虑轮胎气压、操作技术及轮胎质量几个方面。子午线无内胎轮胎的故障诊断方法如图5-3所示。

3. 车轮动不平衡故障

由于车轮动不平衡会造成振动,从而使汽车的附着力减小,车轮的跳动又会损坏减振器及其他零件,如果车轮动平衡不好会造成轮胎的异常磨损,也会影响车辆的稳定,造成车辆在行驶中出现车轮抖动、转向盘振动的现象。特别是前轮,振动会通过转向系统传到转向盘,不仅影响驾驶人对车辆的操控,严重的还会导致转向系统松旷,影响转向操作,甚至发生危险。

车轮动不平衡的检测方法如下。

车轮动不平衡检测

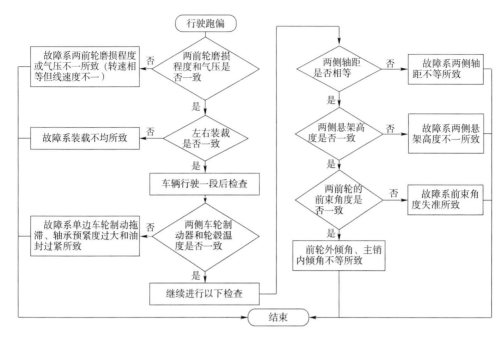

图 5-2　行驶跑偏故障的诊断方法

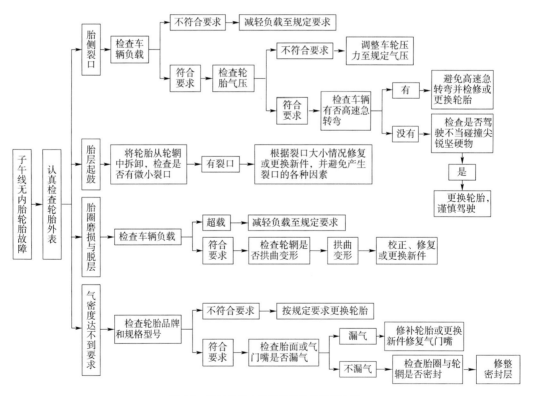

图 5-3　子午线无内胎轮胎的故障诊断方法

（1）检查轮胎。

①检查轮胎外观,去掉旧平衡块。

②检查轮胎气压,并充气至规定气压值。

(2)选择合适的锥体并安装锥体,如图5-4所示。

(3)测量轮辋到仪器的距离,在平衡机中输入轮辋到仪器的距离,如图5-5、图5-6所示。

(4)测量轮辋的宽度,输入轮辋的宽度。

(5)在轮胎上查找轮辋的直径(R后面的数值)。在平衡机上输入轮辋直径,如图5-7所示。

(6)按下起动键,开始测量。

(7)当车轮自动停转后,从显示器中读出车轮内、外动不平衡量。

图5-4 安装合适的锥体

(8)用手慢慢旋转车轮,当动平衡机右侧所有指示灯亮起时,停止转动车轮。

(9)根据动平衡机显示的动不平衡量,在轮辋外侧上部(时钟十二点位置)的边缘加装平衡块,如图5-8所示。

图5-5 测量轮辋到仪器的距离

图5-6 输入轮辋到仪器的距离

图5-7 在平衡机上输入轮辋直径

图5-8 在轮辋外侧上部的边缘加装平衡块

(10)用手慢慢旋转车轮,当动平衡机右侧所有指示灯亮起时,停止转动车轮。根据动平衡机显示的动不平衡量,在轮辋内侧上部(时钟十二点位置)的边缘加装平衡块。

(11) 重新起动动平衡机,进行动平衡试验,直至动不平衡量 <5g,机器显示"00"时为止。

(12) 取下车轮,关闭电源,测试结束。

4. 减振器的拆装方法

(1) 从减振器上拧下连接杆的六角螺母,如图 5-9 中箭头所示,将连接杆拔下。

(2) 拧出控制臂上的螺母,如图 5-10 所示。从控制臂中拔出带主销的车轮轴承支座,从轮毂中拔出传动轴的外侧万向节。

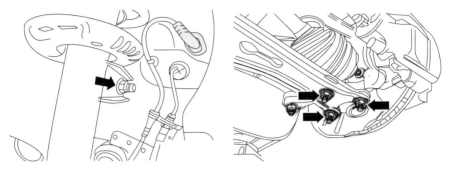

图 5-9 拆卸连接杆螺母　　图 5-10 拧出控制臂上的螺母

(3) 重新将转向节主销和控制臂安装在一起,将车轮螺栓定位件 T10149 安装到轮毂上,并用发动机和变速器举升装置 V.A.G 1383 A 支撑。

(4) 拆卸车轮轴承支座/减振器的连接螺栓,如图 5-11 所示。

(5) 将扩张器插入车轮轴承支座的开口内,如图 5-12 所示,将扩张器旋转 90°。用手将制动盘向减振器方向按压,使其相对减振器不得歪斜。

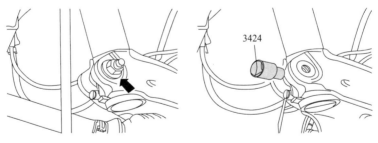

图 5-11 拆卸连接螺栓　　图 5-12 扩张器的使用

(6) 将发动机和变速器举升装置 V.A.G 1383 A 降下,从减振器上向下拔出车轮轴承支座,直至减振器与车轮轴承支座分离。

(7) 拧下减振器上部的固定螺栓,取出减振器。

任务实施

一、故障原因分析

汽车在凹凸不平的路面上行驶时,车身不停的摆振,可能是由于以下这几个方面的原因导致。

1. 车轮动不平衡

产生车轮动不平衡的原因有：

(1) 前轮定位不当,尤其是前束和主销倾角。

(2) 轮胎和轮辋以及轮辐等因变形或质量不均匀而先天形成的重心偏离。

(3) 因轮毂和轮辋定位误差使安装中心与旋转中心难以重合。

(4) 维修过程的拆装破坏了原有的重心。

(5) 轮胎磨损不均匀。

2. 减振器损坏

减振器所受压力超出设计标准,在越野和其他环境中,当车轮撞击路边岩石或车身发生跳跃时,就有可能发生此类情况,可能发生的结构损坏包括活塞杆弯折或断裂、悬架系统损坏、减振器外壳弯曲或破损以及内部部件的损坏。

3. 悬架损坏

当汽车悬架损坏时,会对车辆的操控性产生明显的负面影响。良好的悬架系统可以确保车辆稳定平衡地行驶在道路上,而损坏的悬架则会导致车辆不稳定,容易出现晃动和摇摆。汽车悬架的损坏还会影响车辆的悬架高度和行驶舒适性。悬架系统无法根据当前道路状况调整车辆的悬架高度,以保持良好的通过性和减振效果。

此外,正常工作的悬架系统可以缓解道路不平对车辆的振动和冲击,从而减轻其他部件的磨损。但当悬架损坏时,振动和冲击将直接传递到车辆的其他部件上,导致它们更容易受到损坏。

二、操作注意事项

(1) 穿着干净整齐的工作服,根据需要,正确佩戴手套、护目镜等个人安全防护用品。

(2) 遵守场地安全规定,保证操作规范安全。

(3) 正确使用悬架弹簧压缩器及扒胎机、车轮动平衡机等工具和设备。

三、故障诊断操作

(1) 车辆车胎的检查。目测胎压,若轮胎看起来软、贴地面比较多,则胎压低;如果只有轮胎中间部分贴地面,则说明胎压高。检查轮胎胎面磨损情况,详细记录。找到轮胎胎面的磨耗三角指示,顺着凹纹槽找到小凸块,磨损和小凸块若平行应尽快更换轮胎。

(2) 对车轮的动平衡进行检测。

(3) 对悬架系统中的减振器进行拆解并检测,观察其是否存在减振器失效(漏油)、悬架机构连接部位松旷(减振胶套损坏)情况。

拓展迁移

空气悬架系统是一种现代化的车辆悬架系统,它使用了空气泵和气囊来支撑车辆。考虑到其高效性和舒适性,越来越多的车辆采用了这种悬架系统。

电控悬架控制器(ECU)通过传感器和 CAN 总线采集高度、速度、转向盘转角、制动轮缸压力、驾驶模式等作为输入信号,经过算法处理,得出使系统控制性能最佳的控制信号,经由驱动电路控制电磁阀通断电时间或电流大小,进而调节对空气弹簧的充气、放气,或调节减振器阻尼力,达到调节悬架刚度和阻尼的作用。

反思提升

轮胎对汽车行驶安全很重要,轮胎的异常磨损、损坏、动不平衡等都有可能导致事故发生。随着汽车行驶里程和时间的增加,轮胎不可避免地会出现磨损甚至更严重的情况,对于这类车辆,除了正常维护检查以外,还应提醒驾驶人时常检查轮胎,查看是否有异常情况,及早发现隐患并排除隐患,这是一种居安思危的精神意识,任何人都应具有。

忧患意识是一个民族、一个国家发展的潜在动力,是民族振兴不可或缺的精神品格。我们作为"汽车医生",在检查轮胎状况时要仔细认真,将汽车潜在的安全隐患消灭于萌芽状态。

任务工单

任务名称	汽车在坑凹路面不停摆振故障诊断		
班级		姓名	
地点		日期	
小组成员		工作效果	
Step1:制订进行轮胎检测的工作计划			

(1)车辆轮胎外观检测。

(2)车辆轮胎气压检测。

(3)轮胎各项参数说明。

续上表

Step2:制订进行减振器检测的工作计划
（1）减振器部件识别。  （2）减振器的拆装。
自我总结
在汽车行驶摆振故障诊断工作中,个人的收获和不足有哪些?

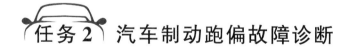 汽车制动跑偏故障诊断

情境导入

在上汽大众汽车4S店中,技术维修专家张工迎来了一位不速之客——2021款330TSI自动两驱R-Line旗舰版的大众途观L汽车,车主李先生反映,该车在制动过程中出现了向右跑偏的现象。张工根据李先生反映的情况对车辆进行故障诊断维修。

任务描述

汽车制动系统是汽车底盘的一个重要组成部分,直接影响汽车的行驶安全。制动系统能

够使行驶中的汽车按照驾驶人的要求减速至停车；使已停驶的汽车在各种道路条件下（包括在坡道上）稳定驻车；使下坡行驶的汽车速度保持稳定。在汽车行驶过程中，驾驶人需要频繁操作制动踏板，使用制动系统，从而导致制动器总成和液压系统的磨损甚至损坏，出现制动不灵、制动失效、制动拖滞、制动跑偏和侧滑等故障现象。作为汽车维修技师，应根据具体故障现象，分析可能原因，并根据需要对车轮制动器、驻车制动系统及液压传动装置进行检测诊断。

学习目标

知识目标

1. 掌握汽车制动跑偏的故障实质；
2. 掌握汽车制动系统常见的故障现象及原因；
3. 掌握汽车制动跑偏的故障诊断与排除。

能力目标

1. 能够根据故障现象制订正确的检测诊断计划；
2. 能够正确选用工具设备对制动系统进行检修；
3. 能够独立进行制动系统基本的检测、诊断操作。

素养目标

1. 培养学生精益求精、追求极致的职业品格；
2. 培养学生安全高于一切的责任意识；
3. 培养学生内心笃定且着眼于细节的耐心、执着、坚持的精神。

知识学习

一、汽车制动系统常见故障

汽车制动系统由行车制动和驻车制动两大部分组成。行车制动的传力属于液压式，驻车制动的传力为机械拉索式或电动式。车轮制动器的形式主要有两种，即前盘后鼓式和四轮钳盘式。

制动系统的常见故障有：制动能力下降、制动跑偏、制动异响、制动拖滞、制动失灵等。同样，故障现象是识别故障类型的依据，也是判断和排除故障的第一步。表5-3列出了制动系统常见故障现象及原因。

制动系统常见故障现象及原因　　　　表5-3

类型	故障现象	故障本质所在	主要原因
制动效能下降（制动不灵）	汽车制动时，制动减速度不足；在紧急制动时，制动距离过长	地面对车轮的摩擦力不足	①制动传力机构故障，如液压系统漏油、油不足、气阻、管道不畅、助力器或增压器失效、皮碗磨损或发胀、缸筒磨损及制动踏板调整不当等； ②车轮制动器故障，如进油、进水、调整不当、磨损严重等； ③车轮与地面的附着系数低

续上表

类型	故障现象	故障本质所在	主要原因
制动拖滞	松开制动踏板后,全部或个别车轮制动不能完全解除;车辆加速困难,松开加速踏板后有"坐车"现象;制动拖滞的车轮发烫	车轮制动器制动力不能解除或解除时间过长	①四轮或同一制动腔控制的两个车轮制动拖滞的主要原因是制动传力机构有故障,如制动踏板无自由行程、制动主缸故障引起的回油不畅等; ②个别车轮制动拖滞的主要原因是车轮制动器故障,如制动轮缸回位性差、制动蹄复位弹簧弹力弱或制动间隙过小、制动鼓(盘)形状公差超标等
制动跑偏	汽车制动时,车辆行驶方向发生偏斜;紧急制动时,车辆出现掉头或甩尾现象	两侧车轮在紧急制动时,制动距离不等所致	①两侧车轮的制动力不等,如两侧车轮制动器摩擦副的摩擦系数不等、接合面积不等、轮缸推力不等、轮胎花纹或路面附着系数不等、单边管道中有空气等; ②两侧车轮的制动时间不等,如制动间隙大小不等、弹簧弹力不等等; ③感载比例阀失效(阀门常开不关),使后轮的制动力大而出现紧急制动时甩尾; ④车身倾斜或路面有斜坡,如车架变形、悬架故障、轮胎直径不等或在有横坡的道路上制动等
制动异响	车辆在制动时产生非常刺耳的尖叫声(非轮胎与地面的摩擦声)	制动时所产生的异常摩擦	主要原因是制动摩擦片与鼓或盘的表面出现了硬化层,也不排除制动鼓内有异物或铆钉磨出
行车制动失灵	踩下制动踏板,车辆不能制动,即使连续几次制动,也无明显减速作用	制动器上不能产生制动力或制动力很小;附着系数极小	①主要是制动传力机构失效,如制动主缸无油、制动主缸严重泄漏、制动踏板与主缸连接杆松脱等原因; ②车辆涉水后也容易出现制动失灵现象; ③地面附着系数极小,如湿滑路面、积水路面
驻车制动失灵	驻车制动手柄拉不动;在坡道上拉动驻车制动手柄后不能驻车	驻车制动器失灵	①驻车制动拉索卡住或锈死在保护套管内; ②驻车制动拉索断、与制动器连接松脱或调整不当等; ③驻车制动器解除

二、汽车制动系统常见故障部位及故障类型

熟知汽车制动系统的常见故障部位,可加快故障的诊断速度,提高诊断的准确性。制动系统的常见故障部位有:制动液面、制动主缸、助力器、制动轮缸、制动管道及车轮制动器等。表5-4列出了汽车制动系统各主要部件的损伤形式及故障表现。

汽车制动系统各主要部件的损伤形式及故障表现 表5-4

部件或参数名称		损伤形式	故障类型
制动传力机构	踏板自由行程	自由行程过大	制动不灵
		自由行程过小或无自由行程	制动拖滞

续上表

部件或参数名称		损伤形式	故障类型
制动传力机构	真空助力器	助力器膜片破或漏气	制动踏板硬,且制动不灵,伴随发动机怠速不稳
		助力器空气过滤器堵塞	制动不灵或踏板硬
		助力器真空管道堵塞	制动不灵或踏板硬
	液压制动主缸	皮碗磨损	制动不灵
		皮碗发胀	制动不灵且拖滞
		皮碗装反	制动失灵
		油封破损	制动液泄漏,且危及助力器膜片
		活塞上的进油孔堵塞	制动拖滞
		活塞复位弹簧软或折断	制动拖滞
		主缸缸筒磨损	制动不灵
		进油道堵塞	制动拖滞
		补偿孔堵塞	制动拖滞
		皮碗与进油孔、补偿孔之间距离不正确	堵住补偿孔,制动拖滞;堵住进油孔,踏板自由行程大,制动不灵
	感载比例阀	活塞不移动	失去控制后轮制动力的作用而出现制动甩尾
		弹簧弹力过弱或掉落	后轮制动不灵
	制动轮缸	鼓式制动器中的轮缸皮碗磨损或发胀	制动液泄漏、制动力下降甚至车轮制动器失灵;皮碗发胀则会出现制动力下降,制动拖滞
		盘式制动器中的密封圈磨损或失去弹性	制动液泄漏、制动拖滞
	制动管道	活塞、缸筒锈蚀	制动不灵或制动失灵
		破漏、压瘪、堵塞或内径变小	制动失灵或制动不灵
车轮制动器	制动鼓	磨损	制动力下降
	制动盘	端面全跳动超标	制动力下降、制动拖滞
	制动片	磨损	制动力下降、制动异响
	复位弹簧(鼓式)	弹力不足或弹簧过长	制动拖滞
	支撑销环(鼓)	弹簧折断或脱落	行驶有异响,制动拖滞
其他	轮胎气压、花纹	气压过高或花纹磨损过度	制动距离长
		轮胎气压不均	制动跑偏,行驶跑偏
	车架或悬架	车架变形、裂纹或悬架故障	车身倾斜而产生制动跑偏且行驶跑偏
	制动液面、质量	储液罐中的液面过低或无油	制动不灵或制动失灵
		制动液黏稠	制动不灵且拖滞

对制动系统进行故障诊断,首先应掌握制动系统常见故障的确认方法(主要以液压制动为例)。

(1)制动不灵的故障现象:汽车在行驶中制动时,驾驶人感到制动减速度小;在紧急制动时,制动距离过长。

(2)制动失效的故障现象:汽车在行驶中踩制动踏板后车辆不减速,即使连踩几次制动也无明显减速作用。故障实质是全部车轮制动不产生制动力或产生的制动力很小。

(3)制动拖滞的故障现象:当抬起制动踏板后,全部或个别车轮制动器不能立即解除,以致影响车辆重新起步、加速行驶和滑行性能。

(4)制动跑偏的故障现象:在制动时,车辆偏离了原来的行驶方向;在紧急制动时,车辆出现掉头或甩尾现象。

三、制动系统故障的判断规律

制动系统故障的判断,可以参照表5-5初步判定。

制动系统故障的判断　　　　　　　　　　　表5-5

制动现象	故障可能的部件
四轮制动同时出现拖滞(制动鼓或制动盘发烫)	制动主缸
四轮制动均不灵	制动主缸和制动管路中
个别车轮出现拖滞、制动不灵	故障轮的车轮制动器
发动机在熄火状态下,制动踏板踩着有弹性	制动管路(有空气)
发动机在熄火和工作时,踩制动踏板的力一样大	真空助力器、真空管上及止回阀
踩住制动踏板时,踏板慢慢下移	制动主缸、制动管路(有泄漏)
紧急制动时,必须踩两次制动踏板	制动踏板自由行程过大或制动管路堵塞
慢踩制动时有"点头"现象	制动管道接错或感载比例阀调整不当
制动时发出刺耳的尖叫声	制动鼓(盘)、制动摩擦片的表面有硬化层
制动时忽有忽无,节奏感强	制动鼓(盘)严重失圆(端面全跳动超差)
制动时有"甩尾"现象	后轮制动力过大或感载比例阀失效

四、汽车四轮定位的检测与调整

汽车制动操作对象为车轮,故而车轮的定位情况也会影响到汽车制动效果,汽车四轮定位的检测方法在项目二的任务4中已经学习过,此处不再赘述。

任务实施

一、故障原因分析

根据此故障现象,汽车正常制动时,车辆行驶方向发生偏斜,紧急制动时甚至出现掉头或甩尾现象。可能的故障原因及处理方法如下：

（1）制动压力调节器或比例阀失效，应予以更换。

（2）前轮定位不正确，应予以调整或更换部件。

（3）一侧鼓式制动器制动底板松动或盘式制动器制动蹄（钳）固定支架（板）松动，应予以复原紧固。

（4）一侧制动摩擦片有油污，应在排除油污产生原因的前提下予以更换。

（5）左、右轮制动蹄（钳）摩擦片材料、新旧程度或质量不同，应予以更换。

（6）左、右轮制动蹄（钳）摩擦片与制动鼓（盘）的接触面积或制动间隙不同，应予以调整。

（7）左、右轮制动蹄（钳）复位弹簧拉力不同，应予以更换。

液压制动系统的检查

（8）左、右轮轮胎气压、直径、花纹或花纹深度不同，应按规定充气或更换轮胎。

（9）左、右轮制动鼓（盘）的厚度、新旧程度或工作面的表面粗糙度不同，应予以修理或更换。

（10）一侧车轮制动管凹瘪、阻塞、漏油或制动系统内有空气，应予以修理、清洁或排气。

二、操作注意事项

（1）检查汽车轮胎时，仅在轮胎处于冷态时进行检查。

（2）在进行四轮定位之前，要检查汽车轮胎的磨损情况和气压，不符合标准时应当充气或者放气。

制动灯开关的检测

（3）在汽车行驶上平台后，应上下晃动前后轴，使整个悬架系统处于自由放松状态。

三、故障诊断操作

（1）检查轮胎气压是否正常，并未发现异常。

（2）观察轮胎是否时而偏左，时而偏右，未发现该现象，则排除传动机构故障。

（3）在车辆紧急制动时，检测轮胎印记是否同时产生。发现该现象确实存在，然后继续观察轮胎印记轻重是否一致。

（4）检测轮胎印记，若轻重一致，继续检查前轮定位是否准确。通过检测发现前轮定位不准确。

（5）进行四轮定位检测与调整。

拓展迁移

随着汽车的电动化和智能化浪潮，汽车制动产生了新的发展方向。

（1）真空泵的脱离：真空泵存在的缺陷有体积大、响应慢，且由于其固有原理，无法实现对制动力的精确控制；并且真空泵会消耗发动机的能量，这对于车辆的续驶里程不利。对于电动汽车，更没有燃油机的怠速，因此，需要采用新的制动助力源。

（2）节能：传统的制动意味着将动能转化为热能散失，而电动汽车则可以利用电磁感应将动能转化为电能存储,以延长其续驶里程。

(3)制动力的精确控制:制动系统与现代汽车 ESC(电子稳定控制)、ACC(自适应巡航控制)等智能辅助驾驶功能相配合,更进一步地对制动系统进行直接、精确、低延时的制动力控制。

(4)线控化:制动动力源与控制信号解耦,机械传动改为电传动,制动结构更紧凑,集成度更高。

反思提升

制动是保证行车安全的先行官,它是现代车辆危急时刻的救星。为了汽车行驶安全,保证制动系统安全制动,汽车上配备了很多的制动辅助系统,如防抱死制动系统(ABS)、牵引力控制系统、电子制动辅助系统(EBA)、车身电子稳定系统(ESP)、制动助力系统(BA)、制动力分配系统(EBD)等。

作为"汽车医生",请同学们认真对待"病人",认真检查汽车的制动系统,保证车辆制动安全,这是安全理念;在维护检查时,注意观察,早发现,早预防,提早发现问题,将危险、故障消除在萌芽状态,切实提高车辆的使用安全性。

当今时代,大多数人都希望"上车"以后,只踩加速踏板不必制动,可是同学们不要忘记,人生需要制动。人生需要不断地准备制动、及时制动,才能够维持一个稳定的方向,在危险时刻可以让自己停下来,享受一个加速和减速之间平衡感的人生旅途。

任务工单

任务名称		汽车制动跑偏故障诊断	
班级		姓名	
地点		日期	
小组成员		工作效果	
Step1:制订轮胎检查的工作计划			
Step2:制订汽车四轮定位的检测与调整工作计划			

续上表

自我总结
在汽车制动跑偏对故障诊断工作中,个人的收获和不足有哪些?

任务3 汽车行驶中"脱挡"故障诊断

情境导入

在上汽大众汽车4S店中,技术专家接诊了一位"新患者"——行驶里程为15.2万km的2015款大众途安汽车,车主李先生反映,该车在挂4挡行驶时有脱挡现象。技术专家进行了试车,发现车辆的故障现象确实如李先生所说,请分析故障原因,并进一步诊断维修。

任务描述

汽车变速器是一套用于协调发动机的转速和车轮的实际行驶速度的变速装置,以发挥发动机的最佳性能。在汽车行驶过程中,通过变速器在发动机和车轮之间产生不同的变速比。变速器内有多个不同的齿轮,通过不同大小的齿轮组合在一起,就能实现对发动机转矩和转速的调整。用低转矩可以换来高转速,用低转速则可以换来高转矩。

变速器一般不会发生故障,但是随着使用年限和行驶里程的增加,以及不正常的操作,其零件的磨损、变形随之加大,会出现异常的声响、挂挡困难、跳挡、乱挡、发热、漏油等故障。变速器故障会明显影响驾驶的舒适度,严重的情况还会产生驾驶安全隐患。

学习目标

知识目标

1. 掌握变速器的常见故障及其现象特征;
2. 掌握变速器故障的判断方法及规律。

能力目标

1. 能够分析变速器出现故障的原因;
2. 能够按照企业5S管理要求和安全生产规范进行操作;
3. 能运用所学知识,为客户提供变速器日常维护的建议。

素养目标

1. 培养学生对职业的敬畏意识;

2. 培养学生勇于担当的责任意识；
3. 培养学生的忧患意识，锻造强大的身心和体魄，勇敢面对人生路上碰到的艰难困苦。

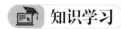知识学习

一、变速器的常见故障现象

变速器的常见故障有：脱挡、乱挡、挂挡困难、异响及漏油。同样，根据故障现象识别故障类型，进而分析、判断并提出排除的方法步骤。表5-6为手动变速器的常见故障类型及相应的现象特征。

手动变速器的常见故障类型及现象特征　　　　　表5-6

故障	故障现象	故障本质所在	主要原因
跳挡（掉挡）	在车辆起步、加速、减速或上下坡时，变速杆自动跳回空挡位置	在非主动操纵力的作用下退出，或齿轮不能保持在啮合状态而自动退出	①齿轮变速机构：齿轮齿面磨成锥形、轴与轴之间不平行、不同轴、齿轮啮合不到位、轴承间隙过大等； ②操纵机构：自锁机构失效、操纵机构调整不当等
乱挡	①在离合器分离彻底的情况下，车辆在起步或行驶中换挡时，挂不上所需的挡位； ②挂上某一挡位后无法退出； ③车辆静止时同时挂上两个挡位	操纵机构不能按意愿动作或互锁机构失效	①齿轮变速机构：齿轮轴向间隙过大、齿轮安装错误、同步器安装错误等； ②操纵机构：互锁机构失效、变速拨叉长度不足、换挡拨叉安装错误、操纵机构调整不当等
挂挡困难	①在离合器技术状况良好的情况下，变速器出现某个或同一换挡轴上的挡位挂挡困难； ②不能按需要挂挡（挡位不清）	操纵机构磨损、变形或挂挡互锁机构失效	①齿轮变速机构：同步器损坏、齿轮端的摩擦锥面磨损严重、齿轮轴向间隙过大等； ②操纵机构：换挡拨叉变形、拨叉轴弯曲、自锁钢球直径过小、弹簧弹力过大、凹槽磨深、互锁机构故障、调整不当等； ③其他：离合器分离不彻底
异响	①在空挡情况下产生异响； ②在挂挡时候出现齿轮啮合撞击声； ③在啮合工况下出现的异响，如齿轮啮合声及轴承运转噪声等	啮合、摩擦、滚动及金属撞击声	①齿轮变速机构：齿轮磨损、断齿、轴承磨损、轴弯曲、同步器故障、变速器壳体变形等； ②操纵机构：换挡拨叉变形、拨叉轴弯曲等； ③润滑油不足或油中有异物，润滑油品质差或标号错误
漏油	①变速器壳体外某处或全部有油迹或油滴； ②飞轮壳内有变速器油	密封性漏油或压力性漏油	①壳体各配合面不平、密封垫破损、油封损坏、未装挡油盘、螺钉松动、壳体裂纹等； ②通气塞堵、油量过多等

二、变速器的常见故障部位

熟知变速器结构、工作原理及各部件常见的损伤形式是判断并排除变速器故障应具备的基本知识。根据发动机的布置形式和车轮驱动形式的不同,变速器有纵向和横向布置之分。其特点是各挡均采用同步器;操纵机构属于远距离形式,有换挡和选挡两个拉杆(拉索,大客车上一般采用单操纵杆及相应的连接机构)。表5-7列出了汽车变速器各主要部件的损伤形式及表现出的故障。

变速器主要部件的损伤形式及表现出的故障　　　　表5-7

部件名称		损伤形式	故障类型
齿轮变速机构	常啮合齿轮	断齿、齿面疲劳剥落	异响
	换挡齿轮	端部锁止锥面破坏	挂挡时发响
	一轴(输入轴)	轴径磨损	低速时有异响,高速时异响减弱
		弯曲	异响、挂挡困难、掉挡、离合器分离不彻底
	二轴(输出轴)	轴径磨损、弯曲	异响、挂挡困难
	倒挡轴	轴径磨损、固定松动	倒挡有异响
	变速器壳体	轴承孔磨损	异响
		壳体裂纹	漏油、异响
	轴承	磨损松旷	异响、挂挡困难、掉挡
		疲劳磨损	异响
		黏着磨损	严重异响(轴承与壳体、轴滑动)
	同步器	锁止锥面损坏	异响(未同步即啮合)
		摩擦锥面损坏	挂挡困难(同步困难)
		传力块磨损	异响、掉挡
操纵机构	内换挡机构	换挡拨叉变形	挂挡不到位、掉挡、异响
		换挡拨叉轴弯曲	换挡困难
		自锁钢球(销)磨损	掉挡
		互锁球(销)磨损	乱挡(挂双挡)
		选挡、换挡装置松旷	挡位不清(找不着挡位)
	外换挡机构	选挡、换挡拉索(拉杆)调整不当	挂挡困难、挂不上需要的挡位
		选挡拉索护套内积污	挂挡沉重
其他	齿轮与齿轮	啮合间隙过小	异响、过热
		啮合间隙过大	异响
		齿轮的轴向间隙过大	挂挡困难、掉挡、乱挡(挂挡后退不出)

续上表

部件名称		损伤形式	故障类型
其他	齿轮与轴、轴承	配合过紧	发热
		配合过松	异响
	润滑油	油量过多	漏油、发热
		油量过少	异响、发热
		混入异物或变质	严重异响、异响、发热
		通气塞堵塞	漏油

任务实施

一、故障原因分析

针对该车脱挡故障现象,其本质表现为在汽车行驶过程中,变速器跳挡,导致汽车脱挡故障。

变速器换挡动作是在操纵力的作用下使两个齿轮相对滑移而进入啮合状态(得到不同的传动比——挡位),并在自锁机构的作用下保持啮合位置。滑移,给退出挡位提供了空间。因此,变速器出现脱挡的主要原因有两个:一是自锁机构失效,使车辆在变速行驶或坡道行驶时自动退出挡位,如自锁弹簧折断、弹力不足、自锁钢球直径过大、自锁凹槽磨损等;二是在齿轮啮合过程中有轴向推力而自动退出挡位,如齿轮啮合长度不足、倾斜啮合、齿轮轴向间隙过大、各轴之间同轴度、平行度、位置度差等,使齿轮产生楔形或锥形磨损,在啮合过程中产生轴向推力也就不难理解了。

变速器跳挡故障诊断可按照图 5-13 所示的诊断流程实施。

二、故障诊断操作

(1)首先排除变速器外机构的原因。

(2)验证变速器的自锁机构是否有效,用手推动变速杆,未发生无阻力或阻力过小的情况,且通过几次试车,发现该车辆在正常道路行驶时前后挡位挂入深度一致,说明换挡操纵机构中长度适当,证明变速器的自锁机构正常有效。

(3)在试车过程中,发现车辆在道路不平的路面行驶时易出现脱挡,说明该脱挡故障不属于自由或者惯性脱挡,而属于非主动力作用下的强力脱挡。

(4)在试车过程中发现脱挡位置发生在 4 挡,当车辆处于静止状态时,仍将变速杆挂入该挡,然后拆下变速器盖察看齿轮啮合情况,发现啮合良好。

(5)接下来检查换挡机构,发现换挡机构工作正常。

(6)检查变速器内部的齿轮是否磨成锥形及轴承是否松旷。分解变速器,重点检查 3-4 挡同步器及常啮合齿轮(掉挡)以及齿轮齿面、轴承等,并不忘记对润滑油、壳体底部杂质的检查。各挡位的自锁机构、4挡换挡拨叉、拨叉轴等均正常。但在4挡齿轮的端面有偏磨痕迹,略呈锥形,并且发现4挡齿轮有较明显的轴向间隙。

(7)更换齿轮,排除汽车脱挡故障。

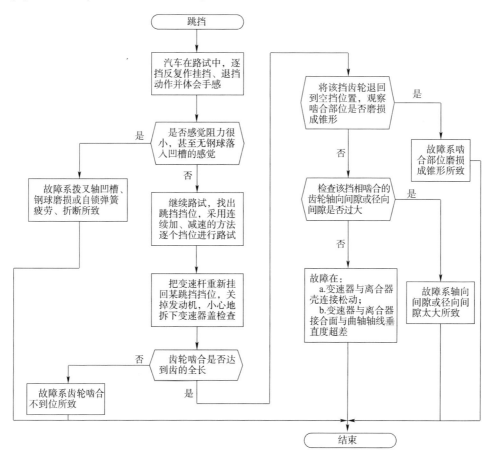

图5-13 变速器脱挡诊断流程图

拓展迁移

自动变速器是汽车产业链高价值量的重要零部件,随着国内重型商用车销量上升的同时,合资自动变速器的装配比例也在逐步提升,合资产品、自主产品取代进口产品为当前及今后的零部件行业带来重要发展机遇。自动变速器的技术含量和产业价值双高,属于国家鼓励发展的重要产业。政府有关部门相继出台《国家重点支持的高新技术领域》等多项鼓励政策,对行业进行扶持。《节能与新能源汽车技术路线图》中已将自动变速器列为重点发展项目。近年来,在国家政策支持以及各大企业共同努力下,国内自动变速器行业发展稳健。

从中长期来看,国际汽车市场趋向于发展三种技术道路。在手动变速器市场逐步萎缩的背景下,AT(自动变速器)、CVT(无级变速器)和DCT(双离合变速器)三种自动变速器的技术路线因具有各自的优势,属于竞相发展的竞争态势。少挡位的AT具有良好的稳定性,但油耗较高。多挡位 AT 具有较高的燃油效率和快速的换挡速度,但是成本较高,高端商用车倾向于配备多挡位 AT 的路线。行星式自动变速器(AT)在全球范围内使用,但市场占有率较低,主要应用于专业用途的整车包括:城市公共汽车、建筑、垃圾、农业、消防和急救、铁路、军事等领域。

尽管 DCT(双离合自动变速器)的燃油经济性突出,并且开发难度相对简单,对整车厂而言研发难度不高,但产品缺乏质量稳定性。从目前来看,DCT 已开始产品布局,未来市场占有趋势不明朗逐渐转变为预期增长(基于"成本效益关系"),主要应用于牵引车、客车等。

CVT 的油耗低且变速平稳,但受到转矩容量的限制,只能应用在部分对动力性要求不高的车型上,通常优先装配至中小排量车型。

反思提升

在汽车传动系统的众多部件中,变速器似乎被赋予了神秘的色彩,它虽然藏在汽车的内部,却对汽车的使用性能产生了举足轻重的影响。变速器通过改变发动机和车轮之间的传动比,就像汽车的魔法棒一样,使汽车能够在不同的行驶场景、不同的速度下自由穿梭。变速器发生故障会影响车辆正常行驶,甚至影响到安全性,所以我们作为"汽车医生",在变速器的检测诊断过程中要对细节严格要求,细节决定了故障诊断的结果,稍有不慎就会导致严重的事故。

现代汽车依靠传动系统接受动力,驱动汽车沿平坦道路一直前行,如同我们当代青年,飞驰人生,一直在路上,想要抵达目的地,就要不断地前行。人生也同样,要想实现目标,就要不断地向前奔跑。

人生的路上没有一帆风顺,也不会平坦舒适,每个时刻都有可能危机四伏,这需要我们谨慎前行,积累充足的经验,掌握应变能力,踏踏实实地走好自己的人生路。

任务工单

任务名称	汽车行驶中"脱挡"故障诊断		
班级		姓名	
地点		日期	
小组成员		工作效果	
Step1:制订变速器外机构检测的工作计划			

续上表

Step2：制订变速器自锁机构检测的工作计划
Step3：制订变速器换挡机构检测的工作计划
Step4：检测变速器内齿轮及轴承的情况
自我总结
在汽车行驶中"脱挡"的故障诊断工作中，个人的收获和不足有哪些？

项目五 汽车底盘故障诊断

任务4 汽车转向沉重故障诊断

情境导入

在一汽大众4S店的维修车间里,停放着一辆2019款迈腾330TSI DSG豪华型国Ⅴ汽车,行驶里程为5.2万km。车主对4S店的技术专家讲述该车在道路上的驾驶情形:车辆在转向过程中,转向沉重,必须用力转动转向盘方可转向,且油耗消耗较大。请你进一步分析该故障原因并进行检测诊断。

任务描述

转向系统是指由驾驶人操纵,能实现转向轮偏转和复位的一套机构。转向系统的功用是按照驾驶人的意愿改变汽车的行驶方向和保持汽车稳定的直线行驶。

转向系统分为机械式转向系统和动力转向系统两大类。机械式转向系统由转向操纵机构、转向器和转向传动机构三部分组成,汽车在转向时,驾驶人作用于转向盘上的力,经过转向轴(转向柱)传到转向器,转向器将转向力矩放大后,又通过转向传动机构的传递,推动转向轮偏转,致使汽车行驶方向改变。汽车在转向时,如需特别费力地转动转向盘才能转向,说明转向系统出现了故障。

学习目标

知识目标
1. 掌握现代汽车转向系统功能的拓展与改进;
2. 掌握不同类型转向系统的区别;
3. 掌握转向系统常见的故障现象及成因。

能力目标
1. 能够分析转向系统常见故障的原因;
2. 能够运用所学知识,为客户提供转向系统日常维护的建议;
3. 能够进行信息查询,根据维修手册进行故障诊断。

素养目标
1. 培养学生自主学习的习惯;
2. 培养学生团队合作的意识;
3. 培养学生笃定青春、坚毅果敢地朝着职业目标前行的职业信念。

知识学习

汽车在行驶过程中,经常需要改变行驶方向(即转向)。用来改变或恢复汽车行驶方向的专设机构称为汽车转向系统。改变行驶方向的方法是：驾驶人通过一套专设的机构使汽车转向轮相对于汽车纵轴线偏转一定角度。有时转向轮也会受到侧向力的干扰而自动偏转，改变行驶方向。驾驶人也可以利用这套机构使转向轮向相反方向偏转，使汽车恢复原来的行驶方向。

转向系统自汽车诞生起就开始了一步步的演化，与其他底盘部件相比，转向系统经历了最多迭代，且还在继续。与30年前的车型相比，20年前的车型在功能上就有了显著差异，液压转向系统转变为了电动机驱动。在过去的十年中，又发生了另一种这样的转变，电动助力转向系统(EPS)经历了几次发展，已经成为了高级驾驶辅助系统(ADAS)的一部分，EPS不仅是车辆转向的一个因素，还与操控性、舒适性、安全性和转向感相关。转向系统对整车来说非常重要，很大程度上影响行车安全以及驾驶操控性。感受一辆车的操控性能，除了动力、底盘之外，更加直接的第一感触往往来自"路感"，也就是车辆的转向系统。转向系统性能好与不好，除了影响车辆操控性能之外，更关乎车辆的行驶安全。发展到今天，有了各种普遍使用的形式，汽车的转向系统经历了机械转向系统、机械液压助力转向系统、电控液压助力转向系统、电动助力转向系统的发展过程。传统纯机械转向系统几乎被替代，由机械液压助力转向系统(HPS)，升级至电子液压助力转向系统(EHPS)之后，由电力驱动的电动助力转向系统(EPS)逐步占据主流。

一、转向系统常见的故障现象及原因

汽车转向系统的常见故障有：转向轮异常磨损、转向盘自由行程过大、转向沉重且回正性差、前轮发摆、转向盘打手等。故障现象是识别故障类型的依据，也是判断和排除故障的第一步。表5-8列出了转向系统常见故障现象及原因。

转向系统常见故障现象及原因　　　　表5-8

类型	故障现象	故障本质所在	主要原因
前轮异常磨损	轮胎磨损速度加快，胎面形状异常（图5-1中胎肩磨损、正中磨损、单侧磨损、羽状磨损等）	胎面与地面未实现纯滚动性接触	①轮胎气压不正常； ②前轮定位参数不准（前束不准者多）； ③转向传动机构、悬架系统连接松旷等
自由行程过大	汽车保持直线行驶位置静止不动时，轻轻来回晃动转向盘，自由角度很大（大于15°）	转向各部件传动间隙过大	①转向器啮合间隙过大，转向器固定松动； ②转向传动机构各铰接处间隙过大； ③转向轮轴承间隙过大
转向沉重	汽车在行驶中，向左、向右转动转向盘时感觉沉重费力，且自动回正性差	摩擦阻力过大；运动的阻力臂过大	①轮胎气压严重不足； ②转向器啮合间隙、转向传动机构各铰接处配合间隙过小或严重润滑不良等； ③前轮定位失准，如主销后倾角、外倾角过大或负外倾
转向沉重	在液压转向助力系统不缺油、发动机运转的情况下，转动转向盘仍然费力	转向助力系统不工作或工作不正常	液压转向助力系统故障，如油泵磨损、卸压阀卡滞、内部管道堵塞、助力工作缸及活塞磨损等

续上表

类型	故障现象	故障本质所在	主要原因
转向盘摆振	汽车在低速行驶时，当遇到坑洼不平时，两前轮出现各自围绕主销轴心线进行角自振现象（前轮发摆），严重时整个车头晃动，转向盘左右摆转	转向轮定位角不准；转向传动间隙过大，使得回正力矩加大，而且系统存在产生振动的空间（余地）	①低速发摆的主要原因是：前轮定位失准（如前轮后倾角过大、负外倾或前束过大），转向传动机构各铰接处间隙过大（如各球头铰接松旷，特别是控制主销两端的球头铰接松旷、前轮轴承间隙过大等）；②前轮严重不平衡或径向、轴向跳动量大；③悬架系统故障
	汽车在某高速范围内行驶时，出现两前轮发摆现象，严重时整个车头晃动，感觉方向难以控制	转向轮的横向摆振频率与车轮的固有频率发生共振（主要是车轮不平衡量过大）	①高速发摆的主要原因是：前轮不平衡量过大，如轮胎磨损不均匀、修补过的轮胎未进行动平衡试验、轮辋严重变形或轮辋上的动平衡配重块丢失等；②转向传动机构、悬架系统发生运动干涉，或转向机构各连接处松旷等原因所致
转向发响	汽车在大角度转弯时发出"铛、铛"的金属撞击声。此响声一般发生在转向驱动桥上	间隙过大引起的金属撞击声	主要原因是转向驱动桥中的球笼式万向节磨损所致

二、转向系统常见故障部位

熟知汽车转向系统的常见故障部位，可加快故障的诊断速度，提高故障诊断的准确性。转向系统的常见故障部位有：转向传动机构各球头铰接、转向拉杆、转向器、转向轮的轮毂轴承，前轮定位及四轮定位，转向助力油泵及驱动、控制阀、管道、调压阀、卸压阀、工作缸、活塞等。表5-9列出了汽车转向系统各主要部件的损伤形式及故障表现。

汽车转向系统各主要部件的损伤形式及故障表现　　表5-9

部件名称或参数		损伤形式	故障类型
转向盘至转向器	转向盘	固定松动	转向盘上下移动、自由量大
	转向轴	转向轴导向轴承润滑不良或损坏	产生转向异响或径向摆动
	万向节	十字轴式万向节轴承磨损或松旷、向节叉松动	产生转向异响或转向自由行程大
	转向器	转向器齿轮、齿条磨损	转向有异响
		调整弹簧弹力不足	转向自由行程大
转向传力机构	转向拉杆及球头铰接	拉杆变形	转向沉重或有异响
		间隙过小或润滑不良	转向沉重
		磨损、间隙过大、固定松动	转向自由行程大、前轮发摆
	转向柱总成	转向柱上端的推力轴承损坏、转向柱固定松动	转向发摆、轮胎磨损

续上表

部件名称或参数		损伤形式	故障类型
转向车轮	轮毂轴承	间隙过大或过小	自由行程大、前轮发摆、轮胎异常磨损、行驶跑偏
	轮辋	变形	前轮发摆、行驶跑偏
	轮胎	磨损、平衡	自由行程大、前轮发摆、轮胎异常磨损、行驶跑偏
液压助力系统	油泵及压力控制阀	油泵磨损或驱动不良	泵油量及压力下降，转向沉重
		控制阀卡滞或调压低	系统压力低，转向沉重
	转向控制阀	磨损	泄漏严重，转向沉重
		阀芯未处在中间位置	转向一边重，一边轻
	工作缸	活塞、缸筒磨损严重	内部泄漏严重，转向沉重
		油封损坏	转向油外漏
	储液罐及管道	储液罐歪斜或储油不足	转向沉重、储液罐溢油
		软管压瘪、堵塞、漏气	
前轮定位参数	失准	转向沉重、低速发摆、自动回正性差、轮胎异常磨损	前轮定位参数

三、汽车转向沉重诊断方法

转向沉重故障是指汽车在行驶中,向左、向右转动转向盘时,沉重费力,且自动回正性差。区分故障大致的方法是:分别在原地和转向桥支起两种情况下检测转向盘的转向力,如果没有非常明显的沉重感,则说明故障在转向各传动机构摩擦阻力过大(故障在转向器和转向传力机构);如果有明显的沉重感,说明转向轮定位失准。具体诊断步骤如图5-14所示。

1.转向系统故障判断规律

(1)如果转向时沉重且自动回正性差,故障一般是:转向机构润滑不良、配合过紧及前轮定位角度失准(前束过大、过小,后倾角过小,外倾角过小)。

(2)如果是液压转向系统的车辆,在行驶中突然转向变沉重,故障一般是转向助力油漏尽或转向助力油泵不工作。

(3)通过储液罐油液判断故障(在发动机运转状态下进行)。

①向左、向右转向时,液面有规律的上升、下降,且无泡沫,液压转向系统正常。

②向左、向右转向时特别沉重,液面不动,若将车辆转向桥支起转向,液面有非常大的气泡出现,且左右转向不能排除气泡,表明液压油泵不泵油(不进油、不转动等)。

③向左、向右转向时,储液罐内有稠密的小气泡溢出,表明液压系统有少量空气进入(油泵进油管漏气或油泵壳体在进油处有裂纹)。

④如果在检查储液罐液面高度时,储液罐内的油液喷出,表明储液罐内的滤清器堵塞。

⑤如果系统中的高压油管易泄漏,甚至出现爆裂,表明油泵泵油压力过高(安全阀失效、流量控制阀卡滞等)或经常性地转向到极限位置。

⑥如果在转向角度较大时有皮带噪声,表明皮带或皮带轮磨损、转向油黏度过大等。

⑦如果在打死方向时发动机怠速熄火,表明泵油压力过高而不能泄压或调整。

⑧如果在转向时,驾驶人"无手感",表明弹性扭力杆折断。

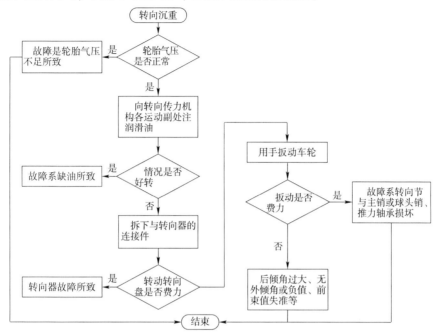

图 5-14 转向沉重故障诊断流程图

2. 电子液压动力转向系统转向沉重故障检测诊断

(1)缺少转向助力油。

转向助力油低于下限,造成转向助力下降造成的转向沉重。需添加专用转向助力油,在添加前需确认维护周期,如果是到了维护周期则添加转向助力油至上下限。如果未到维护周期,则要进一步检查是否存在泄露。

(2)泄露检查。

检查储液罐、转向助力油管路及连接处是否存在老化、破损。

(3)检查电动液压泵。

电动液压泵皮带是否松动打滑,如果出现皮带打滑,则更换皮带;检查电动液压泵压力是否达到规定值,如果低于规定值,需更换电动液压泵。

(4)检查转向万向节。

检查转向万向节是否缺油发卡,如果转向万向节发卡,则添加润滑脂。

(5)检查转向器内漏。

检查转向器分流阀和转向活塞皮圈是否有内漏。

3. 电动助力转向系统结构组成

电子助力转向系统是使用电动机作为转向助力装置,采用电子控制单元来代替液压助力泵的电子控制系统,简称为 EPS。该系统是由磁感应式的车速传感器、曲轴位置传感器、转向角传感器(转矩传感器)和方向机上的电动机和线束组成,如图 5-15 所示。

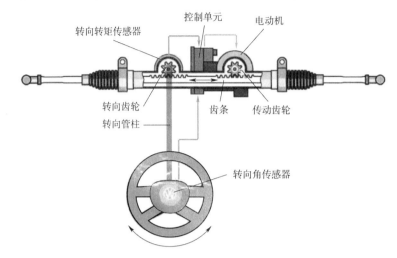

图 5-15　电动助力转向系统结构图

汽车行驶时,电子控制单元负责收集传感器信号、滤波处理和电动机的驱动控制,转向角传感器把检测到的信号与车速传感器的信号一起传递给控制单元,经过控制单元的处理后对电动机发出电流控制,电流的正向和反向可以控制电动机的正转和反转,再通过减速机构把动力传递到转向器上实现助力。

4.电动助力转向系统常见的故障类型

(1)转向角传感器故障。

转向角传感器传递的信号无法生成或者传递,那么转向管柱内的电动机就无法正常运转,从而引发转向助力失效、转向沉重、主动转向灯和 EPS 灯点亮等故障。

(2)电动机损坏。

电动助力转向(EPAS)装置使用可逆电动机用于转向辅助。通过使用一个齿形带和滑轮/轴承总成将电动机连接到转向机的齿条,将电动机的旋转运动转换成转向机齿条的左、右直线运动。

若电动机损坏,车辆转向变重,仪表提示"助力转向故障请检修",同时电动助力转向失效。

(3)控制模块损坏。

控制模块是由微型计算机、A/D(模拟/数字)转换、I/Q(射频信号)装置等组成的控制器。它不仅具有控制助力转向大小和方向的主要功能,还有车载诊断和安全保护功能。若控制模块的模数转换器接口等损坏或松脱,均不能向转向助力电动机发出控制信号,导致转向沉重。

四、转向助力泵拆解及检测方法

1.转向助力泵拆解操作

(1)排出动力转向油。

(2)分离空气滤清器软管总成。

(3)拆下空气滤清器总成。

(4)按照顺序拆下右前轮、右发动机下护板、风扇和发动机V形带。

(5)拆下夹子,脱开储液罐到泵的1号软管。

(6)拆下压力供给管接头螺栓。拆开压力开关接头,拆下油压接口头。

注意:不要把压力开关掉到地上或使其严重损坏,如果损坏,应更换新零件。

(7)脱开压力供给管总成和垫圈。

(8)拆下2个螺栓和叶轮泵总成。

(9)使用专用工具,把叶轮泵安装在台虎钳上。

(10)拆下动力转向吸油口接头。拆下螺栓和吸油口接头,从吸油口接头拆下O形圈。

(11)拆下流量控制阀。拆下压力口接头,从压力口接头上拆下O形圈。拆下流量控制阀和流量控制阀压缩弹簧。

(12)拆下叶片泵后壳体。从叶片泵前壳体上拆下4个螺栓和叶轮泵后盖,从叶轮泵前壳体上拆下O形圈。

(13)使用卡簧钳,从皮带轮轴总成上拆下卡簧。拆下皮带轮轴总成。

(14)拆下10个叶片,拆下叶片泵转子。

(15)拆下叶片泵凸轮环。

(16)从叶片泵前盖上拆下前端板,从前端板上拆下O形圈,从叶轮泵前壳体上拆下O形圈。

(17)使用专用工具和锤子,拆下叶片泵壳体油封。

注意:不要损伤叶片泵壳体。

2. 转向助力泵输出油压检测

检测前,将与规定油压相适应的压力表连接在转向助力泵压力输出口与转向控制阀压力输入油管之间。检测时,打开压力表阀门至全开,起动发动机使其在怠速运转,转动转向盘至左极限位置或右极限位置,测量转向助力泵的输出油压。这时,若油压达不到原厂规定的压力,且在逐步关闭压力表阀门时,油压也不能提高,则说明动力转向助力泵有故障;若油压未达到原厂的规定值,但在逐步关闭压力表阀门时油压有所提高,油压可达到规定值,则说明转向助力泵良好,故障在转向控制阀或动力液压缸;若检测时油压正常,则故障在转向传动机构。

五、转向角传感器的基本设定方法

1. 进入设定模式

首先,进入车辆的设定模式。这通常需要使用车辆的专用诊断工具,如OBD-Ⅱ诊断仪或通用诊断仪等。连接诊断仪到车辆的OBD接口,按照诊断仪的指示进行操作。在诊断仪的界面上,找到"设定模式"或者类似的选项。进入该选项后,将会进入转向角传感器的设定界面。

2. 选择转向角传感器设定

在设定界面中,找到"转向角传感器设定"或者类似的选项。这个选项可能被标记为"传感器调整"或"传感器校准"。选择这个选项后,将会进入转向角传感器的具体设定界面。

3. 调整转向角传感器零点位置

在转向角传感器的设定界面中,调整传感器的零点位置。零点位置是指转向角传感器在没有任何输入时的输出值。一般来说,这个值应该为0度。如果实际测量的零点位置与标准值有差异,则通过调整传感器的硬件或者在软件中进行修正。

4. 保存零点位置

当调整好转向角传感器的零点位置后,需要保存这些设置。在设定界面中,找到"保存"或者类似的选项。选择这个选项后,设定将被保存下来。

5. 退出设定模式

在设定界面中,找到"退出"或者类似的选项。选择这个选项后,将退出设定模式,回到正常的车辆操作界面。

6. 使用传感器数据校准车辆参数

在完成转向角传感器的设定后,可以使用传感器的数据进行车辆参数的校准。这包括但不限于车辆的悬架系统、制动系统、动力系统等参数。具体的校准方法会因车辆型号和具体配置而异,需要参考车辆的用户手册或维修手册进行操作。

7. 检查传感器信号线是否连接正确

在完成所有设定和校准后,检查转向角传感器的信号线是否连接正确。确保诊断仪能够正确读取转向角传感器的数据。如果发现数据异常或者无法读取,可能需要检查信号线的连接是否牢固,或者重新进行传感器的设定和校准。

任务实施

一、故障原因分析

汽车在行驶过程中,转向沉重故障可能原因涉及以下几个方面:

(1)前轮胎的胎压不足。当前轮轮胎气压不足时,造成接触地面的面积加大,比正常时摩擦力大,转向自然就变得沉重很多,建议及时补充胎压来解决。

(2)电子转向助力传感器故障。当电子转向助力(转向角、转向力矩)传感器有故障时,就会出现转向变重的现象,建议及时维修电子转向助力系统。

(3)转向助力电动机故障。当转向助力电动机出现故障时,不能提供助力,就会出现转向变重的现象,建议及时检测、维修电子转向助力电动机。

(4)方向轴承损坏。因转向器轴承物理机械性损坏造成转向沉重、转向不畅,建议更换新的轴承来解决。

(5)转向球头问题。因转向横拉杆的球头缺润滑油或损坏导致转向困难,建议多加些润滑油来解决。

(6)蜗轮和蜗杆啮合过紧、转向器的转向摇臂轴与衬套过紧。

(7)转向节上的推力轴承缺润滑油或损坏,转向节主销与衬套安装过紧或缺润滑油。

(8)转向节拉杆过紧、拉杆球头缺油。

（9）前轴或车架变形弯曲。
（10）前轮定位不准确。

二、故障诊断操作

1. 轮胎气压检测

检查轮胎气压是否正常，如不正常按规定气压充气。

2. 转向盘检测

将转向盘向左、向右极限位置来回转动，如果转向轻便，说明故障通过上述步骤已经排除；若故障并未排除，请进一步确定故障部位。

3. 蓄电池检查

电动助力转向系统电动机的能量来自蓄电池，也可来自发动机。如蓄电池电压不足，将影响电动助力的正常输出。

4. 传感器检测

用万用表测量转速传感器的电阻和电压。在发动机运转时，用万用表交流电压挡测出其输出电压在 1.5~3.0V 范围内。在发动机不运转时，可进行传感器线圈电阻检查，用万用表欧姆挡测量其端 1 脚和端 2 脚处在 250~500Ω。

经检测，传感器发生故障。

拓展迁移

线控转向技术是一种创新的电子转向系统，通过采用传感器、电动机和控制器等电子部件取代传统的转向柱、轴和齿轮等机械部件，实现了转向盘和车轮之间无需物理连接的驾驶方式。

线控转向技术的引入为驾驶人带来了全新的体验和便利。通过算法、电子设备和执行器的运作，线控转向系统可以模拟真实道路感觉，并为驾驶人提供精准的转向反馈。不仅如此，它还能适应不同类型的车辆，从运动车型到豪华汽车，都能实现出色的性能和舒适性。而可变传动比的设计，更进一步增强了车辆的操控性和舒适性。

在线控转向系统中，控制器通过转向盘（Steering Wheel）上的转矩和转向角传感器检测驾驶人的意图，结合车速、轮速等信息进行分析和判断，输出控制转向的指令给前轮转向电机（Steering Motor）和后轮转向电机（Rear Road Wheel Motor），进而驱动转向机构进行转向；同时可以检测道路阻力，将阻力反馈到转矩反馈电动机（Driver Feedback Motor）上，用于模拟道路阻力。该系统还包括备用传感器和冗余措施，以确保转向系统在发生故障时仍能正常工作。

可以预见，线控转向技术将成为未来汽车技术创新的方向之一，与轮边电动机和主动液压悬架等技术一起重新定义技术创新的壁垒。

反思提升

转向沉重是转向系统最常见的故障之一，如果不及时检修会造成驾驶人体力消耗大、紧急时刻方向角度难以调整，最终导致事故的发生，所以，必须予以重视。

作为"汽车医生",请同学们认真对待"病人",一旦发现转向沉重的现象,应及时处理。忽视这个问题可能会导致更严重的后果,甚至可能影响到驾驶人的生命安全。将故障及潜在故障消灭在萌芽中,切实提升驾驶人的驾驶安全。

任务工单

任务名称	汽车转向沉重故障诊断		
班级		姓名	
地点		日期	
小组成员		工作效果	

Step1：制订进行轮胎检测的工作计划

(1) 车辆轮胎外观检测。

(2) 轮胎气压检测。

(3) 轮胎各项参数说明

Step2：制订进行蓄电池检测的工作计划

续上表

Step3：制订进行传感器检测的工作计划
Step4：更换传感器重新进行设定的工作计划
自我总结
在汽车转向沉重的故障诊断工作中，个人的收获和不足有哪些？

项目六
底盘电控系统故障诊断

随着汽车技术的不断进步,底盘电控技术在汽车中的运用越来越广泛。底盘电控系统涉及汽车的行驶、转向、制动等关键性能,因此,底盘电控系统的故障诊断对汽车的安全运行具有重要意义。然而,由于各种原因,底盘电控系统可能会出现各种故障,影响车辆的正常运行。

底盘电控系统常见的故障现象如下。

(1)车辆自动变速器故障。故障表现为:自动变速器升换挡冲击大、不能升挡或降挡、车辆提速困难等。

(2)仪表盘上的相关故障指示灯亮起。故障表现为:AT故障指示灯、ABS故障指示灯、ESP故障指示灯和EPS故障指示灯等。

(3)车辆操控性能下降。故障表现为:驾驶人可能感到转向系统不灵敏、车辆的加速和制动响应不如正常情况迅速、雨天湿滑路面制动时整车出现"滑移"等。

(4)防抱死制动系统故障。故障表现为:制动失灵、制动距离延长和紧急制动时出现连续"拖印"等。

(5)自适应巡航控制系统ACC功能失效。故障表现为:无法进入自适应巡航、无法设定巡航车速、控制车速不能稳定和巡航系统间歇性工作等。

根据车型配置不同,汽车底盘电控系统主要由电控自动变速器(AT、CVT、DSG)、电控悬架、电控助力转向(EPS)、防抱死制动系统(ABS)、防滑控制系统、巡航控制系统等组成。上述故障现象有的是分功能、分系统的故障,有的是共同特征的故障。底盘电控系统发生故障时,一般首先会出现相关故障灯点亮,如果问题严重随即会出现功能失效或性能异常。导致这些故障的原因主要是零部件变形、损坏,零部件配合关系不良,电器元件损坏或线路断路、短路、接触不良。部分故障是零件正常磨损所致,更多的故障是由于缺少维护、操作不当引发,也有一些故障是由以往维修作业或车辆发生事故所致。

在对汽车底盘电控系统进行故障诊断时,首先要对汽车底盘电控系统的结构和工作原理进行分析,全面搜集故障现象,总结故障特征,确定在什么情况、什么条件下故障现象最为明显,故障现象是逐渐出现、还是突然出现,车辆是否进行过维修等。在条件允许情况下,可以通过改变汽车工作状况来观察故障现象的各种变化,进而缩小故障可能发生的区域,便于分析故障原因,确定故障部位。

底盘电控系统故障诊断流程:车辆问诊—检查相关部件—使用诊断设备读取故障码—

模拟故障现象进行排查—更换部件进行测试。底盘电控系统故障预防措施包括定期维护和检查、及时更新软件和固件版本。

 任务1 自动变速器升换挡冲击大故障诊断

情境导入

一辆自动挡汽车，挂"D"挡行驶时，车体偶尔会出现"抖动"，经维修技师"路试"后，发现车辆在行驶过程中挡位变化时，车体出现"窜动"现象。现需要根据"路试"结果做进一步诊断分析，找到具体故障原因。

任务描述

车辆在行驶过程中挡位变化时，车体出现"窜动"，这是明显的"自动变速器换挡冲击"现象。现代汽车使用最多的是电—液控制的自动变速系统，主要由液力变矩器、齿轮变速机构、液压系统及电子控制系统等组成。因此，在分析和判断汽车自动变速器的故障时，也要从这几部分考虑。

学习目标

知识目标
1. 掌握自动变速器的常见故障现象及主要原因；
2. 掌握自动变速器的常见故障部位；
3. 掌握自动变速器故障的诊断程序和相关试验；
4. 掌握自动变速器故障诊断检测的方法。

能力目标
1. 能使用检测仪器对自动变速器电控系统进行检测和分析；
2. 能使用厂家维修资料对部件检测结果作出判断；
3. 能正确制订自动变速器故障排除的方案。

素养目标
1. 培养学生的逻辑思维和解决问题的能力，能够快速、准确地诊断自动变速器故障；
2. 培养学生持续学习的意识，并不断更新自动变速器相关知识和技能；
3. 培养学生团队合作和沟通能力，能够共同解决问题；
4. 培养学生的职业道德和责任感，确保故障诊断的准确性和维修质量。

知识学习

为更好地理解自动变速器故障原因，学习诊断和排除自动变速器故障方法，首先应熟悉

自动变速器的结构组成、工作原理及各组成部分的作用。

自动变速器(Automatic Transmission,AT)是指汽车在行驶中离合器的操纵和变速器的操纵都实现自动化的变速装置。目前,自动变速器的自动换挡过程都是由自动变速器的电子控制单元(Electronic Control Unit,ECU,俗称行车电脑)控制的,因此,自动变速器又可简称为 EAT、ECAT、ECT 等。

自动变速器结构如图 6-1 所示,主要包括液力变矩器、行星齿轮传动装置、液压控制装置和自动变速器控制 ECU 等部件,其工作原理如图 6-2 所示。

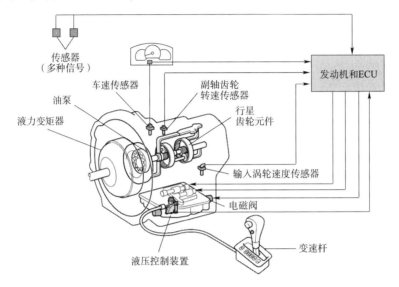

图 6-1 自动变速器结构示意图

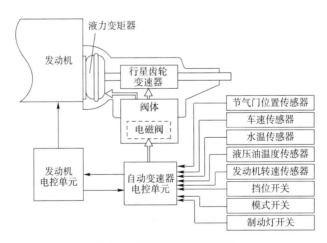

图 6-2 自动变速器的工作原理

(1)液力变矩器。传输和倍增发动机生成的转矩。
(2)行星齿轮传动装置。进行诸如减速、倒挡、加速和空挡的换挡。
(3)液压控制装置。控制液压压力以使液力变矩器和行星齿轮传动装置能顺利运行。
(4)自动变速器控制 ECU。根据 ECU 控制信号用液压自动换挡。ECU 根据传感器检测的发动机和汽车状况控制电磁阀,从而控制液压。

一、自动变速器的常见故障现象及主要原因

相比之下,自动变速器具有许多手动变速器无法比拟的功能和优点,但其结构复杂,如果自动变速器中的机械、液压及电控等任一部分出现故障,自动变速器均不能正常工作。当然,判断和排除故障的第一步就是识别故障现象。表6-1是自动变速器的常见故障及原因。

自动变速器的常见故障及原因　　　　　表6-1

类型	故障现象	故障本质所在	主要原因
升挡迟缓	汽车加速迟缓	加速力矩小;自动换挡控制系统性能不佳	①油平面过低或主油道严重泄漏;液力变矩器导轮单向离合器严重打滑; ②节气门位置传感器、发动机转速传感器、车速传感器等有故障; ③ECU有故障; ④自动变速器内部执行机构的功能恶化; ⑤强制降挡开关短路
换挡冲击	①起步时,由停车挡或空挡挂入前进挡或倒挡就出现明显振动; ②车辆在行驶过程中,在自动变速器的升挡瞬间有明显的窜动	换挡执行机构动作过早或接合力过大所致	①发动机怠速过高; ②主油路油压过高; ③液压系统中的减振缓冲器失效; ④传感器或ECU控制系统故障
不能行驶	无论换挡杆处在前进自动挡、前进低挡或倒挡,汽车均不能行驶	换挡控制系统不工作,起步力矩过小	①油底壳被撞坏,无油; ②选挡与换挡控制阀卡滞; ③油泵进油滤网堵塞、油泵损坏、油压失调(压力过低); ④液力变矩器失效
	冷车起动后可行驶一段里程,但车辆温度正常后就不能行驶	液压系统故障	①主油路严重泄漏; ②油泵损坏
无前进挡	汽车倒挡行驶正常,前进挡D无法起步,但在2挡可以起步	前进挡控制机构故障	①换挡杆调整不当; ②前进低挡离合器打滑或油路严重泄漏; ③前进单向离合器装反或打滑
无倒挡	前进挡D、前进低挡能行驶,但挂倒挡不能行驶	倒挡控制机构故障	①换挡杆调整不当; ②倒挡油路严重泄漏; ③倒挡离合器、制动器打滑
频繁跳挡	汽车以前进挡行驶,在驾驶人稳住加速踏板时,自动变速器仍然会经常出现突然降挡现象,降挡后发动机转速异常升高,并产生换挡冲击	电子控制系统故障所致	①节气门位置传感器、发动机转速传感器或车速传感器有故障,即信号故障; ②电子控制部分搭铁不良(如挡位电磁阀); ③ECU控制有误

续上表

类型	故障现象	故障本质所在	主要原因
不能升挡	①行驶途中,自动变速器只能在1挡工作,不能升至2挡及高速挡;②可以升至2挡,但不能升至3挡及超速挡	中间某一挡位不能工作而影响后续挡位	①节气门位置传感器、发动机转速传感器故障、车速传感器故障、强制降挡开关短路、电磁阀卡滞或开路;②ECU故障;③离合器、制动器打滑或系统油压过低
变速器发热	行驶一定里程后,用手触摸变速器壳有难以忍受的烫灼感	油液散热不好或负荷过大所致	①自动变速器油平面过低;②液压油冷却管路堵塞;③自动变速器油冷却不良
直接挡异常	当变速器升至直接挡后反而感觉无力	锁止离合器打滑	①锁止离合器的摩擦片磨损严重或单向连接离合器打滑;②锁止的控制油压低或油道堵塞;③密封件漏油
空挡缓行	换挡杆处在空挡位置时,起动发动机后车辆就缓行	动力仍然可传递给驱动桥	①换挡控制阀位置不准;②离合器、制动器分离不彻底
异响	①汽车在行驶过程中始终有异响;②汽车行驶有异响,但停车挂N挡异响消失;③发动机工作、换挡杆处在P位时有异响,行驶过程中只在大负荷时才出现异响	故障在始终工作的部件上,故障在异响挡位的工作部件上	①油泵磨损严重、油面过低、油品变质等;②液力变矩器中的导轮单向离合器、锁止离合器损坏引起的异响;③行星齿轮机构异响;④换挡执行机构异响(离合器、制动器、电磁阀等)
油液变质	液压油变质、变色	高温与磨损	①高温氧化;②机件磨损

二、自动变速器的常见故障部位

目前,现代汽车上应用最多的是电液控制式自动变速器,其主要由液力变矩器、齿轮变速机构、液压系统及电子控制系统4部分组成。在使用过程中,自然损耗、人为因素或其他原因导致自动变速器产生故障而影响车辆正常行驶。熟知常见的故障部位,可加快故障诊断的速度,提高故障诊断的准确度。表6-2列出了电液控制式自动变速器各主要部件的损伤形式及故障表现。

电液控制式自动变速器各主要部件的损伤形式及故障表现　　表6-2

部件名称		损伤形式	故障类型
变矩器	导轮单向离合器	磨损或装反	变矩器温度高、锁止离合器打滑而使增矩作用降低(升挡迟缓)、直接挡速度降低
	锁止离合器	磨损或卡滞	
	油道	堵塞	

续上表

部件名称		损伤形式	故障类型
行星齿轮变速	齿轮	齿面磨损	异响
	离合器	磨损	换挡迟缓或不升挡
	制动器	磨损	换挡迟缓或不升挡
	单向超越离合器	磨损	异响或某挡位不工作或速度上升缓慢
液压控制系统	油泵	磨损或泄漏	系统压力低、温度高，换挡异常
	调压阀	调压不准	换挡异常
	蓄压器	泄漏或失效	系统压力波动大，行驶不正常
	换挡阀与换挡杆	调整不当	挡位不准或不能行驶
	油道	堵塞或泄漏	换挡迟缓或不能行驶
	执行器油缸	泄漏	换挡异常
电子控制系统	ECU	故障	换挡不正常、不能换挡
	节气门位置传感器	信号不准或无信号	换挡不正常
	发动机转速传感器	信号不准或无信号	换挡不正常
	车速传感器	信号不准或无信号	换挡不正常
	调压器电磁阀	不动作或卡滞	换挡有冲击或迟缓
	变矩器锁止电磁阀	不动作或卡滞	O/D挡不工作
	顺序电磁阀	不动作或卡滞	换挡有误

三、自动变速器故障的一般诊断程序及相关试验

1. 自动变速器故障的一般诊断程序

自动变速器故障诊断与检测程序：初步检查→故障码检查→手动换挡试验→机械系统试验→液压系统试验→电控系统试验→查对常见故障及原因→排除方法。

（1）根据故障现象，判断故障类型。

（2）如果是电控自动变速器，故障指示灯亮时，首先进行自我诊断，读取故障码，排除故障码所指的故障。

（3）进行自动变速器和发动机的常规检查，主要项目有：

①检查变速器油的液面高度和品质。

②检查并调整加速踏板及节气门位置传感器。

③检查换挡杆连接杆系及挡位开关。

④检查并调整发动机怠速。

⑤检查其他与自动变速器工作有关的零部件。

⑥检查电控系统各连接线的接触情况。

（4）进行失速试验，检查发动机、变矩器、自动变速器内部机械技术状况。

(5)手动换挡试验,确定故障是在电控部分还是在自动变速器内部。
(6)做时滞试验,检查自动变速器内部离合器、制动器的磨损情况。
(7)油压测试,检查油泵、调压器和油路压力。
(8)进行道路试验,检查自动换挡点、异响、振动、打滑及发动机制动情况。
(9)综合各种试验结果,分析、判断故障原因、部位。

2. 自动变速器的相关试验

1)失速试验

失速试验的目的是通过测量自动变速器在 D 位和 R 位时发动机的最高转速,来分析判断发动机和自动变速器的性能及工作状况。

(1)试验方法。

①将自动变速器油温升至 50~80℃。

②用三角木固定前后车轮,用驻车制动器将车辆制动。

③保持发动机怠速运转,分别将换挡杆置于 D 位和 R 位测试。

④测试时左脚踩住制动踏板,右脚将加速踏板踩到底,迅速读出稳定时发动机的转速值,该转速称之为失速转速。

(2)性能分析。

①将所测得的失速转速与《维修手册》中的数据对比,看是否符合规定。

②如果 D 位和 R 位的失速转速相同,且都低于规定值,说明发动机功率不足;如果失速转速比规定值低于 600r/min 时,说明变矩器导轮的单向离合器打滑。

③如果 D 位和 R 位的转速都超过规定值,可能是油量不足、油泵油压太低、油质太差、主油路压力低等原因,造成离合器和制动器打滑;如果转速过高,高于规定值 500r/min 时,可能是变矩器叶片损坏。

④如果在 D 位的转速高于规定值,而在 R 位的转速正常,说明前离合器或制动器打滑,可能是离合器摩擦片磨损或控制油压过低、油泵或调压阀故障所致。

⑤如果在 R 位的转速高于规定值,而在 D 位的转速正常,说明后离合器或制动器打滑,原因也是摩擦片磨损或油压过低。

⑥为了判断每个挡位执行器的工作情况,也可在各个挡位上进行失速试验。

做上述试验时,由于变矩器的涡轮已制动,发动机的全部机械能都转变为变矩器内自动变速器油的动能,冲击和摩擦很大,故时间不要超过5s,试验次数不多于 3 次,以防油温急剧升高而损坏变矩器。

2)油压试验

油压试验的目的是测量控制管路中的油压,用以判断油压泵、调压阀、控制阀的工作质量,以便调整或换件修理。

(1)主油路油压试验。

①将车轮悬空或将自动变速器装在试验台架上。

②预热,使自动变速器油温达 50~80℃。

③拆下主油道测压孔旋塞,装上油压表。

④换入 D 位和 R 位,测量发动机怠速和失速时的油压值,并与规定值比较。

(2)性能分析。

①D 位、R 位油压都高,可能是主油路调压阀有故障,应更换新弹簧或增减调整垫片。

②D 位、R 位油压都过低,可能是主油路调压阀或油泵有故障。

③仅 D 位油压过低,可能是 D 位油路或前离合器漏油所致。

④仅 R 位油压过低,可能是 R 位油路或后离合器漏油所致。

(3)速控阀油压试验。

①将车轮悬空或将自动变速器置于试验台架上。

②预热,使自动变速器油温达 50～80℃。

③拆下速控阀油压测压孔旋塞,装上油压表。

④换入 D 位,查看油压是否正常。速控油压标准数值因车而异,需查阅相关车型的维修资料。

⑤性能分析。如果速控油压过低,表明主油路压力过低或速控管路泄漏,离心调速机构失常。

3)时滞试验

在急速状态,将换挡杆从 N 位换入 D 位或 R 位,从开始换挡直至感到汽车振动或车辆运动时存在一定的时差,称为时滞。时差大小取决于自动变速器油路油压高低、油路密封情况、离合器和制动器磨损情况。测量自动变速器时差大小的试验称为时滞试验。

(1)试验方法。

①将自动变速器油温升至 50～80℃。

②拉紧驻车制动操纵杆。

③保持发动机怠速运转,换挡杆位置分别从 N 位换入 D 位和 R 位,用秒表测量从 N 位换入 D 位或 R 位后直至有振动感时所经历的时间。每次试验间隔时间为 1min,取 3 次试验时间的平均值。标准值:N→D 时滞不大于 1.2s;N→R 时滞不大于 1.5s。

(2)性能分析。

①时滞过长,说明离合器片间或制动器带、鼓间隙过大或控制油压过低。

②时滞过短,说明离合器片间或制动器带、鼓间隙过小或控制油压过高。

4)手动换挡试验

所谓手动换挡试验就是将电子控制自动变速器所有换挡电磁阀的线束插接器全部脱开,此时,电控单元不能通过换挡电磁阀来控制换挡,自动变速器的挡位取决于换挡杆的位置。不同车型的电子控制自动变速器,在脱开换挡电磁阀线束插接器后的挡位和换挡杆的关系不完全相同。

手动换挡试验的步骤如下:

(1)脱开电子控制自动变速器的所有换挡电磁阀线束插接器。

(2)起动发动机,将换挡杆拨至不同位置,然后进行道路试验(也可以将驱动轮悬空进行台架试验)。

(3)观察发动机转速和车速的对应关系,以判断自动变速器所处的挡位。不同挡位时发动机转速与车速的关系可以参考表 6-3。由于变矩器的减速作用与传递的转矩有关,因此表中的车速只能作为参考,实际车速将随着节气门开度的不同而产生一定的变化。

不同挡位时发动机转速与车速的关系　　　表 6-3

挡位	发动机转速(r/min)	车速(km/h)	挡位	发动机转速(r/min)	车速(km/h)
1 挡	2000	18~22	3 挡	2000	50~55
2 挡	2000	34~38	超速挡	2000	70~75

（4）若换挡杆置于不同位置时,自动变速器所处的挡位与表 6-3 相同,说明电子控制自动变速器的阀板及换挡执行元件基本上工作正常;否则,说明自动变速器的阀板或换挡执行元件有故障。

（5）试验结束后,接上电磁阀线束插接器。

（6）清除电控单元中的故障码。因脱开电控线束后而产生故障,并以代码的形式储存在电控单元中。

5）道路试验

自动变速器的道路试验是对自动变速器各项性能的综合测试,包括机械变速器内部的各离合器和制动器的工作情况、液压控制系统及电子控制系统控制的自动换挡点速度是否正确、换挡时车辆的平顺性、行驶过程中自动变速器内有无异常响声、各种行驶模式时车辆的行驶性能、液力变矩器的锁止情况、换挡杆在各位置时的换挡范围和发动机制动状况等。路试前必须排除发动机和底盘的故障,使油温达到正常范围（50~80℃）。因为道路试验只能凭感觉以及车速表、转速表检查其性能,所以试验应由具有操作多种自动变速器经验的人员进行,以便能敏锐地感觉换挡冲击。试验项目和方法如下：

（1）D 位。

①升挡检验:将换挡杆置于 D 位,打开 O/D 挡开关,踩住加速踏板,始终保持节气门全开,记录各换挡点时的车速,与《维修手册》中有关数据对照,看其是否在规定的范围之内。

a. 如无 1→2 升挡,则有可能是速控阀损坏或 1、2 挡换挡阀卡住。

b. 如无 2→3 升挡,则可能是 2、3 挡换挡阀卡住。

c. 如无 3→O/D 升挡,则可能是 3、4 挡换挡阀卡住或电磁阀及油路故障。

d. 如换挡点不正确,则可能是相应的换挡阀损坏。

用同样的方法检查在 1→2 挡、2→3 挡、3→O/D 挡升挡时的冲击和打滑情况。如振动过大,则有可能是主油路油压过高、蓄压器损坏或止回球阀损坏。

②降挡检验:在 D 位以 2 挡、3 挡和 O/D 挡行驶,利用踩加速踏板"提前降挡"的方法检查 2→1、3→2 和 O/D→3 降挡时的车速是否与《维修手册》的要求一致。同时,利用同样的方法检查降挡时有无异常的振动和打滑。

（2）S 位或强制 2 挡。换挡杆置于 S 位或强制 2 挡,加速踏板始终保持在节气门全开位置行驶,检查 1→2 挡点时的车速是否符合《维修手册》的要求。然后松开加速踏板检查发动机制动情况。同时检查加、减速期间,有无异常噪声和升、降挡时有无振动。

（3）L 位或强制 1 挡。在 L 位或强制 1 挡行驶时,自动变速器应不能升至 2 挡,松开加速踏板应有明显的发动机制动效果,加速和减速期间不应有异常噪声。

(4) R 位。停车后换入 R 位,在节气门全开时起步,检查有无打滑现象。

(5) P 位。在大于 9% 的坡道上停车,将换挡杆置于 P 位,松开驻车制动,检查自动变速器停车锁止机构能否将车辆停住。

四、自动变速器电控系统故障的检测诊断方法

1. 车载自诊断系统辅助诊断法

电控单元(ECU)的一个重要作用是随时对收到的各信号进行比较分析,如果发现异常情况就发出报警信号,并将异常(故障)内容以代码的形式储存起来,以便通过故障自诊断系统提取故障码,指导维修工作。

使用检测仪器读取自诊断系统故障信息,即使用专用的故障诊断仪等设备,只需要知道检测诊断接口与仪器的操作方法,就可方便地直接读取故障内容。

2. 电路检测法

电路检测法是利用汽车万用表或示波器等电路测试设备,对系统中各元件和线路的电阻、电压、电流、数字信号等进行动态和静态检测,将检测结果与维修手册中的标准对比,判断故障所在。

任务实施

一、故障原因分析

自动变速器升换挡冲击大,一般不是单一故障造成,需要按照自动变速器常规检查程序进行诊断。故障可能原因涉及以下几个方面:

(1) 自动变速器油液品质变差。

(2) 自动变速器系统存在故障码。

(3) 自动变速器油路控制阀体发卡、油道堵塞。

(4) 自动变速器电磁阀故障。

二、故障诊断流程

按照如图 6-3 所示流程,进行故障诊断。

三、故障诊断操作

按流程检查自动变速器并对相关部件进行检测。

(1) 基本检查,按要求检查自动变速器油液,包括液面、油液颜色、气味,有无杂质等。

(2) 使用故障诊断仪,检测自动变速器电子控制系统,检查是否有故障码,数据流是否正确。

(3) 检测车速传感器(电磁式)外观、转子齿顶与传感器之间的间隙、电磁线圈电阻,测量输出波形,判断其是否正常,不正常则更换相应部件。

（4）检测空挡起动开关导通情况、各端子电压，判断其是否正常。

（5）检测开关式电磁阀电阻及其工作情况、是否漏气。

完成任务工单，诊断并排除该车辆自动变速器升换挡冲击大故障。

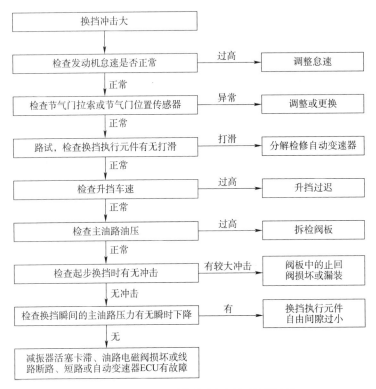

图 6-3　自动变速器升换挡冲击大故障诊断流程

拓展迁移

1. 无级变速器（CVT）

汽车上装配的变速器除了手动变速器（MT）和自动变速器（AT）外，还装有无级变速器（Continuously Variable Transmission，CVT），它能实现传动比的连续变化，并且比其他两种变速器体积小，结构简单，因此，被多种车型采用，成为自动变速器发展的主流品种，如图 6-4 所示。

图 6-4　典型无级变速器

（1）金属带式 CVT 的优点。

①结构简单，体积小，大批量生产后的成本低于液力自动变速器。

②理论上挡位可以无限多，挡位设定更为自由，工作速比范围宽，容易与发动机形成理想的匹配，从而改善燃烧过程，降低油耗和排放。

③具有较高的传动效率，功率损失少，经济性高。

④由于没有一般自动变速器的传动齿轮,也就没有自动变速器的换挡过程,由此带来的换挡顿挫感也随之消失。因此,CVT 的动力输出是线性的,在实际驾驶中非常平顺。

(2)金属带式 CVT 的缺点。

①由于金属带所能承受的力量有限,应用范围受限制,故 CVT 一般只能应用在 2.8L 排量或 300N·m 转矩以下的发动机上。目前,金属带的问题正在逐步得到改善。

②相比于传统自动变速器而言,其成本要高,而且若使用操作不当,出现故障的概率更高。

2. 双离合器自动变速器(DCT)

双离合器自动变速器是基于手动变速器发展而来的,并且综合了手动变速器与自动变速器的优点。双离合器自动变速器(Dual Clutch Transmission,DCT)也称直接换挡变速器(Direct Shift Gearbox,DSG),如图 6-5 所示。

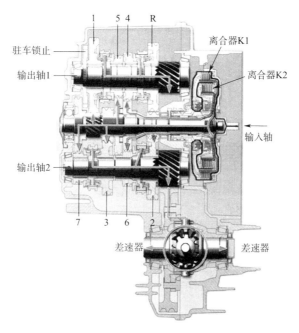

图 6-5 双离合器自动变速器结构示意图

(1)DCT 的优点。

①传动效率高,油耗低。

②换挡时没有动力中断,换挡平稳。

③能跳过 1 个挡。

④具有良好的驾驶舒适性、动力性和操控性。

(2)DCT 的结构特点。

①有 2 根输入轴,挡位按奇偶数分开布置在 2 根输入轴上。

②换挡方式及换挡齿轮基本结构与手动变速器一样。

③有 2 个离合器进行换挡控制。

④离合器的切换和挡位变换由控制单元和执行机构进行自动控制。

反思提升

在当今社会,汽车已成为人们日常生活的重要工具,而自动变速器作为汽车的重要组成部分,其故障检测与诊断能力已成为汽车维修技师的重要职业能力要求。自动变速器具有复杂的机械结构和电子控制系统,这使得故障诊断变得尤为困难。理论知识是指导实践的基础,只有充分理解自动变速器的工作原理和故障机理,才能更好地进行检测诊断。在面对复杂的自动变速器故障时,往往需要从不同的角度进行分析和诊断,这就需要发挥团队的力量,集思广益,共同解决问题。要更好地理解和解决这些故障,必须具备更深入的专业知识和实践经验。在面对汽车自动变速器故障时,我们需要沉着面对,用科学的方法去分析故障,合理的使用维修资料以及检测仪器对自动变速器进行检测,最终才能将故障排除。

任务工单

任务名称		自动变速器升换挡冲击大故障诊断	
班级		姓名	
地点		日期	
小组人员		工作效果	

Step1:自动变速器的基本检查	
序号	作业内容
1	起动发动机,预热车辆,使发动机冷却液温度和ATF(自动变速器油)温度达到正常工作温度 □是 □否
2	将车辆停在水平地面,并可靠驻车 □是 □否
3	发动机怠速运转,将换挡杆由P位切换至各挡位,再退回P位 □是 □否
4	拉出变速器油尺,并将其擦拭干净 □是 □否
5	将油尺全部插回套管 □是 □否
6	再将油尺拉出,检查油面是否在HOT范围 □是 □否
7	检查ATF的颜色,ATF颜色是否为鲜亮、透明的红色 □是 □否
8	检查ATF的气味,ATF是否有焦糊味 □是 □否
9	检查ATF中是否有金属屑。ATF中是否有胶质状油 □是 □否
10	根据车辆公里数和油液情况,检查ATF是否需要更换 □是 □否

续上表

Step 2：自动变速器的相关试验
（1）在车上进行失速试验，应注意哪些？试验步骤是怎样的？
（2）在车上进行油压试验，应注意哪些？试验步骤是怎样的？
（3）在车上进行时滞试验，应注意哪些？试验步骤是怎样的？
（4）在车上进行手动换挡试验，应注意哪些？试验步骤是怎样的？

续上表

(5)在车上进行道路试验,应注意哪些？试验步骤是怎样的？	

Step 3:使用故障诊断仪,检测自动变速器电子控制系统

序号	作业内容
1	在连接故障诊断仪之前,是否将换挡杆置于 P 位,是否拉起驻车制动器 □是　　□否
2	蓄电池电压是否正常 □是　　□否
3	关闭点火开关,将故障诊断仪连接到故障车上的诊断插头上,按照故障诊断仪显示屏的提示,进行相应操作。检查是否有故障码,数据流是否正确 □有＿＿＿＿＿＿＿　　□无 故障码含义:＿＿＿＿＿＿＿＿＿＿＿＿＿＿＿＿＿＿＿＿＿＿＿＿＿＿＿＿
4	记录相关数据流:

Step4:车速传感器(电磁式)的检测

序号	作业内容
1	外观检查。检查转子是否有断齿、脏污等情况 □是　　□否

续上表

序号	作业内容
2	检查转子齿顶与传感器之间的间隙是否正常。用标准间隙厚度的塞尺插入转子齿顶与传感器之间,如果感觉阻力合适表明间隙符合标准,如果阻力大说明间隙过小,如果没有阻力说明间隙大 □是　　□否
3	检查电磁线圈电阻。关闭点火开关,拔下传感器插头,用万用表电阻挡测量电磁线圈电阻。与标准电阻值进行比较是否正常 □是　　□否
4	举升车辆,在运转时,用示波器检测输出信号波形是否完整、连续、光滑等 □是　　□否

Step5:空挡起动开关的检测

序号	作业内容
1	检查开关导通是否正常。点火开关关闭,拔下传感器插接器插头,用万用表电阻挡测量各端子之间的导通情况 □是　　□否
2	检查空挡起动开关各端子电压是否正常。打开点火开关,但不起动发动机。用万用表电压挡测量空挡起动开关各端子之间的电压 □是　　□否

Step6:开关式电磁阀的检测

序号	作业内容
1	检查电磁阀电阻。脱开电磁阀插接器,测量电磁阀端子与车身搭铁之间的电阻,开关式电磁阀电阻值是否正常？占空比式电磁阀电阻值是否正常 □是　　□否
2	检查电磁阀的工作情况。检测时将蓄电池串联一个低电阻,然后再与电磁阀相连(由于占空比式电磁阀线圈的电阻很小,不可与12V蓄电池直接相连,否则容易烧毁电磁阀线圈),电磁阀通电后,检查是否有工作响声 □是　　□否
3	检查电磁阀的漏气。拆下电磁阀,施加0.5MPa的压缩空气,检查电磁阀是否漏气 □是　　□否

续上表

线路测试	线路范围	检查或测试后的结果判断	
	Step7:线路的检测		
		□正常	□不正常
		□正常	□不正常
		□正常	□不正常
	波形(不用者不填)	□正常	□不正常
	※注明测试条件、插件代码和编号,控制单元针脚代号以及测量结果		

自我总结
在自动变速器升换挡冲击大故障诊断工作中,个人的收获和不足有哪些?

任务 2　汽车在行驶中 ABS 报警灯点亮故障诊断

情境导入

一辆大众迈腾汽车,车主反映车辆在行驶过程中 ABS 报警灯突然点亮,但是减速、停车功能正常。你作为一名维修技师,请根据故障现象对车辆进行故障诊断,并做进一步诊断分析,找到具体故障原因。

任务描述

汽车防抱死制动系统(Anti-locked Braking System,ABS)是一种安全控制制动系统,目前已经成为汽车的标准配置。ABS 既有普通制动系统的制动功能,又能防止车轮制动抱死,保证汽车制动时的方向稳定性,防止产生侧滑和跑偏,使车辆可以获得良好的制动性能、操纵性能和稳定性能,是汽车安全控制的一项重要内容。它主要由各种不同的传感器、执行器、控制 ECU 组成,因此,在分析和判断汽车 ABS 故障时也要从这几部分考虑。

项目六 底盘电控系统故障诊断

学习目标

知识目标

1. 掌握防抱死制动系统(ABS)的常见故障现象及主要原因；
2. 掌握防抱死制动系统(ABS)的常见故障部位；
3. 掌握防抱死制动系统(ABS)故障的诊断与检查方法。

能力目标

1. 能使用检测仪器对防抱死制动系统(ABS)进行检测和分析；
2. 能使用厂家维修资料对检测部件结果作出判断；
3. 能正确制定防抱死制动系统(ABS)故障诊断排除的方案。

素养目标

1. 培养学生对细节的高度关注和追求卓越的态度，提供精准、高效的防抱死制动系统(ABS)故障诊断和解决方案；
2. 保持学生持续学习的心态，不断跟踪汽车技术的发展和更新，了解最新的 ABS 系统技术和故障诊断方法；
3. 培养学生开放的思维方式，勇于尝试新的防抱死制动系统(ABS)故障诊断方法和解决方案；
4. 培养学生的职业道德和责任感，确保故障诊断的准确性和维修质量。

知识学习

为更好地理解 ABS 故障原因，首先应熟悉 ABS 组成、工作原理、工作过程；特别是熟知有、无 ABS 两种情况下汽车制动性能的差异，为判断系统是否正常工作打好理论基础。

防抱死制动系统(ABS)结构组成如图 6-6 所示，由防滑电子控制模块、制动执行器、速度传感器、组合仪表、停车灯开关和减速传感器(仅用于某些车型)等部件组成。

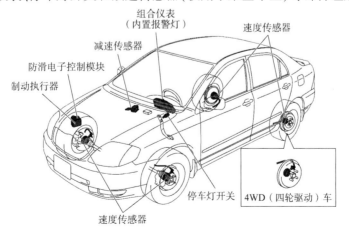

图 6-6 防抱死制动系统(ABS)组成

1. 防滑电子控制模块

它根据来自传感器的信号,确定车轮与路面之间的滑行量并控制制动执行器。近年来,一些车型装有内装在制动执行器里的防滑电子控制模块。

2. 制动执行器

制动执行器根据防滑电子控制模块输出的信号控制车轮制动器的液压力。

3. 速度传感器

速度传感器检测四个车轮的转速,并把信号发送给防滑电子控制模块。

4. 组合仪表

(1) 防滑控制制动系统报警灯。当电子控制模块检测到防滑控制制动系统或制动助力系统中有故障时,该灯就点亮警告驾驶人。

(2) 制动系统报警灯。有时该灯点亮作为防滑控制制动系统报警灯,它警告驾驶人在防滑控制制动系统和电子制动力分配系统中有故障。

5. 停车灯开关

防滑控制制动系统使用制动停车灯开关信号。即使由于故障制动停车灯开关信号不输出,防滑控制制动系统在车轮要抱死时仍执行防滑控制。在这种情况下,控制开始时的滑行比要高于制动停车灯开关正常时开始控制的滑行比。

6. 减速传感器(仅用于某些车型)

减速传感器检测车辆的减速度,并把信号发送给防滑电子控制模块。电子控制模块用这些信号判断精确的路面状况,并采取相应的控制措施。

一、防抱死制动系统(ABS)的常见故障现象及主要原因

现代汽车上配置的 ABS 一般是四通道或三通道控制式,传感器有 4 个或 3 个。车轮转速传感器、电控单元(ECU)、制动压力调节器是电控 ABS 的 3 大组成部分。

ABS 的常见故障现象有:制动抱死、制动失灵、制动跑偏、制动踏板异常、未制动时制动压力调节器异常、发动机起动后制动报警灯不亮等。表6-4 列出了 ABS 常见故障现象及原因。

ABS 常见故障现象及主要原因　　　　　　　　表6-4

类型	故障现象	本质所在	主要原因
制动抱死	车辆在紧急制动时,四轮抱死,制动距离长,即 ABS 装置失效	ABS 不起作用或不工作	①故障报警灯亮,ABS 电控系统故障,如传感器、压力调节器继电器、电控单元; ②故障报警灯不亮,制动压力调节器机械部分故障; ③转速传感器信号电压过弱
制动不灵	多次连续踩下制动踏板,车辆无明显减速,制动距离长	ABS 的作用点与实际情况不符,从而导致车轮滑移过低,地面制动力降低	①故障报警灯亮,ABS 电控系统有故障,如传感器信号错误、压力调节器继电器误动作或 ABS 电控单元故障等; ②故障报警灯不亮,故障在液压或机械部分,如系统内部有泄漏、进空气、感载比例阀故障、车轮制动器故障等

续上表

类型	故障现象	本质所在	主要原因
制动跑偏	制动时，两侧车轮的制动距离不等，从而出现制动时车辆改变原有的行驶方向	ABS对两侧车轮制动器的控制质量不一而导致制动跑偏	①故障报警灯亮，ABS电控系统有故障，如车轮传感器信号错误、执行电磁阀误动作、电控单元故障等；②故障报警灯不亮，故障在液压系统、机械机构，如止回阀关闭不严、电磁阀卡住、系统内部有泄漏或进空气及车轮制动器故障等
ABS报警灯异常	无故闪烁	故障指示灯本身故障，或线路连接不可靠	报警灯短路、继电器短路、断路、接触不良、电源故障、传感器、ECU、泵电动机工作不良
	点火开关打开3s后还不亮		报警灯线路短路或断路、电磁阀继电器与ECU工作不良

二、防抱死制动系统(ABS)的常见故障部位

ABS是由车轮转速传感器、电控单元、制动压力调节器及三大部分之间的连接线束等组成。表6-5列出了ABS主要组成部分的常见损伤形式及表现出的故障类型。

ABS主要组成部分的常见损伤形式及故障类型   表6-5

部件名称	损伤形式	故障类型
车轮转速传感器	①电磁式传感器：感应线圈断路、短路或磁隙过大，导线连接松动或脱落；②霍尔式传感器：霍尔元件损坏、磁隙过大、无电源电压、导线连接松动或脱落	制动跑偏
电控单元	受到系统过电压作用而烧坏	ABS不工作
制动压力调节器	①电磁阀或继电器线圈断路、短路、搭铁不良、接触不良；②电磁阀阀芯发卡或弹簧断	制动抱死、跑偏或制动拖滞
电源与线束	蓄电池故障、电源线路断路、插接器接触不良、导线破损	ABS不工作或工作不良

三、防抱死制动系统(ABS)故障的诊断与检查方法

1. ABS初步检查程序

(1) 检查蓄电池的电压、容量是否在规定范围内，并检查正、负极柱和导线连接是否牢靠。

(2) 检查与ABS有关的熔断丝、继电器是否完好，插接是否牢靠。

(3) 检查驻车制动器是否完全释放。

(4) 检查制动主缸液面高度是否达到要求。

(5) 检查电控系统各插接器的插接是否松动或接触不良。

(6) 检查系统各部件的搭铁是否良好。

(7)检查常规制动系统的工作情况。

若通过初步检查不能确定故障位置时,应进行其他诊断和检查。

2.利用故障自诊断系统判断故障

ABS是电子控制系统,具备自诊断功能。故障诊断时可通过故障诊断仪提取故障码,查阅维修手册中故障码的含义,并进行故障排除。最后,清除故障码。

虽然故障码有统一的命名规则,但是不同车型的定义会根据车型的特征或ECU的控制逻辑会有不同。因此,在对故障码的定义以及故障可能的范围进行检索时,我们需要参考厂家的维修手册。

3.ABS的排气方法

(1)循环型ABS的排气。

①关闭点火开关,反复踩动制动踏板,卸去装置中的压力。

②按照普通液压制动系统的排气方法排除系统中的空气。排气顺序一般为:右后轮→左后轮→右前轮→左前轮(由远到近的规则)。最后,拧紧排气螺塞,按规定加注制动液。

排气时,打开点火开关后,使用故障诊断仪使油泵运转,松开排气螺塞,直至排出的制动液中无气泡。

(2)可变容积型ABS的排气。

①用TECH-1型或T-100型扫描仪将压力调节器电动机定位,使止回阀处于打开位置。

②在压力调节器的前轮放气螺塞处接一根透明管,再按照普通液压系统的排气方法进行排气,直至排出的制动液中无气泡。拧紧放气螺塞,按规定加注制动液。

4.ABS制动效果试验方法

在干燥路面上,如果提高车速后紧急制动,可检验ABS是否起作用,但对轮胎的损伤较大,一般驾驶人也不愿意这样做。可采用在路面上洒水的办法,降低车轮与地面之间的附着系数,在紧急制动时车轮容易抱死。如果ABS起作用,此时制动踏板有振动感,车辆不会出现跑偏、甩尾现象;若此时车辆跑偏或甩尾,证明ABS不起作用。

任务实施

一、故障原因分析

汽车行驶中ABS报警灯点亮,是常见的电控系统故障,可以按照汽车电子控制系统检修的逻辑进行故障诊断。需要注意的是,故障排除后还要考虑什么原因导致故障出现的,多问几个为什么。虽然是电控故障,进行故障排除时,还是需要对制动系统进行常规的检查。故障可能原因涉及以下几个方面。

(1)防抱死制动系统(ABS)传感器故障。

(2)防抱死制动系统(ABS)线路故障。

(3)防抱死制动系统(ABS)控制单元(ECU)故障。

二、故障诊断流程

按照图6-7所示流程,进行故障诊断。

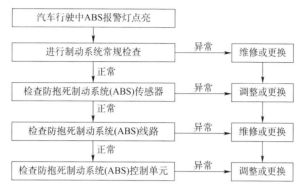

图6-7 ABS报警灯亮故障诊断流程

三、故障诊断操作

按任务工单,检查防抱死制动系统(ABS)功能及系统部件,诊断并排除故障报警灯亮故障。

(1)制动系统的基本检查。按照要求检查制动液、制动助力器、熔断丝、导线及插接器。

(2)使用故障诊断仪,对ABS电子控制系统进行检查,检查是否有故障码,数据流是否正常。

(3)车轮转速传感器的检测。检查轴承是否损坏或轴向间隙是否正常、齿圈是否变形或齿数是否正常、传感器与齿圈间的间隙是否符合规定、传感器输出电压或波形是否正常。

(4)ABS线路的检查。通过电路图检查各线束是否导通,是否存在短路、开路或虚接等故障。

(5)ABS电子控制单元的检查。检查电子控制单元的供电线路、搭铁线路、CAN通信线路是否正常。

完成任务工单,诊断并排除对该车辆ABS报警灯点亮的故障。

拓展迁移

驱动防滑控制系统(Acceleration Slip Regulation,ASR),有的称为牵引力控制系统(Traction Control System,TCS或TRC),是继防抱死制动系统(ABS)之后应用于车轮防滑的电子控制系统。

1. ASR的功用

驱动防滑控制系统的功用是防止汽车在起步、加速和在附着系数较低的路面行驶时,驱动轮打滑,特别是防止汽车在非对称路面或在转向时驱动轮的滑转,以保持汽车行驶方向的操纵稳定性和维持汽车的最佳驱动力以及提高汽车行驶的平顺性。

2. ASR 与 ABS 之间的比较

（1）ASR 与 ABS 的相同之处。

ASR 和 ABS 采用相同的控制技术，都是通过控制车轮和路面的滑移率来实现各自的控制功能。

ASR 和 ABS 密切相关，通常结合在一起使用，共享许多系统部件来控制车轮的转动，以更好地保证汽车的行驶安全。

（2）ASR 与 ABS 的不同之处。

ABS 是防止制动时车轮抱死滑移，主要是用来提高制动效果，确保制动安全；ASR 则是防止驱动车轮的滑转，主要是用来提高汽车起步、加速及在附着系数低的路面行驶时的牵引力，提高行驶性能，确保行驶稳定性。

在控制其滑移率的过程中，ABS 对前后车轮都起作用，而 ASR 只对驱动车轮起控制作用。

ABS 是在制动时工作，在车轮出现抱死趋势时起作用，在车速很低（小于 8km/h）时不起作用；ASR 则是在整个行驶过程中都工作，在车轮出现滑转时起作用，当车速很高（80～120km/h）时不起作用。

3. ASR 的组成

如图 6-8 所示，ASR 主要由输入装置（传感器和开关信号等）、电控单元（ECU）和执行机构（制动压力调节器、节气门驱动装置等）组成。

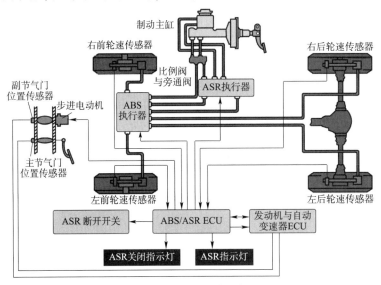

图 6-8　ASR 的基本组成

反思提升

在汽车维修领域，防抱死制动系统（ABS）故障的检测诊断是一项具有挑战性的任务。作为一名汽车维修技术人员，要客观认识到 ABS 系统的复杂性及其对汽车使用安全的重要影响，秉承"以人为本""客户至上"服务理念，认真对待、处理 ABS 故障。

在面对 ABS 故障时,要注重理论知识和实践经验的综合运用。理论知识是理解 ABS 工作原理的基础,包括传感器、控制器和执行器的运行机制。实践经验则是诊断和排除故障的关键,能够帮助我们熟悉可能的故障情况并知道如何进行检测诊断。

熟悉汽车底盘其他电控系统的基本功能、组成、工作原理及工作过程等,熟知各系统正常工作的一系列条件,为检测和诊断故障打好基础。底盘其他电控系统的故障诊断思路与排除方法基本相同。

在未来的工作中,汽车维修技术人员需要更加注重理论知识和实践经验的结合,努力提高自己的技能水平。同时,也要重视团队合作,团队成员互相学习、共同进步。只有不断学习、反思和提升,才能更好地解决客户的问题并满足客户的需求。同时,需要有毅力和决心去面对困难和挑战。只有通过不懈的努力和持续的学习,才能不断提高自己的技能水平并实现自己的职业目标。

任务工单

任务名称	汽车在行驶中 ABS 报警灯点亮故障诊断		
班级		姓名	
地点		日期	
小组人员		工作效果	
Step 1:ABS 的基本检查			

序号	作业内容
1	检查储液罐是否液面过低、液压装置是否外部泄漏及制动主缸工作是否正常 □是　□否
2	检查驻车制动器是否完全放松以及驻车开关功能是否正常 □是　□否
3	检查 ABS 熔断丝是否熔断 □是　□否
4	检查导线及插接器是否有破损或插接器有无松动现象 □是　□否
5	检查所有的继电器、熔断器是否完好,插接是否牢固 □是　□否
6	检查蓄电池电压是否在规定的范围内,检查蓄电池正、负极导线的连接是否牢靠,连接处是否清洁 □是　□否
7	检查 ABS 控制单元、液压控制装置等的搭铁端是否接触良好 □是　□否
8	检查车轮胎面纹槽的深度是否符合规定 □是　□否

续上表

Step 2:使用诊断仪检测 ABS

序号	作业内容
1	在连接故障诊断仪之前,是否将换挡杆置于 P 位,是否拉起驻车制动器 □是　　□否
2	蓄电池电压是否正常 □是　　□否
3	关闭点火开关,将故障诊断仪连接到故障车的诊断插头上,按照故障诊断仪显示屏的提示,进行相应操作。检查 ABS 是否有故障码,数据流是否正确 □有_____　□无 故障码含义:_____
4	记录相关数据流:

Step3:车轮转速传感器的检测

序号	作业内容
1	举升起前轮,使之离地,用双手转动前轮感觉前轮摆动是否异常 □是　　□否
2	检查前轮轴承是否损坏或轴向间隙是否过大 □是　　□否
3	检查齿圈是否变形或齿数残缺不全 □是　　□否
4	检查齿圈是否被泥泞或脏物堵塞 □是　　□否
5	检查前轮转速传感器与齿圈之间的间隙是否符合规定 □是　　□否
6	转动车轮,用万用表或示波器测量输出电压是否符合规定 □是　　□否
7	检查传感器电阻值是否符合规定 □是　　□否

项目六 / 底盘电控系统故障诊断

续上表

线路测试	Step4：线路的检测		
	线路范围	检查或测试后的结果判断	
		□正常	□不正常
		□正常	□不正常
		□正常	□不正常
	波形(不用者不填)	□正常	□不正常
	※注明测试条件、插件代码和编号，控制单元针脚代号以及测量结果		
自我总结			
在汽车行驶中 ABS 报警灯点亮故障诊断工作中，个人的收获和不足有哪些？			

任务3 汽车在行驶中 ESP 报警灯点亮故障诊断

情境导入

一辆大众迈腾汽车，行驶里程约 8.4 万 km。驾驶人反映，该车在正常行驶过程中，仪表板上的车身电子稳定程序(ESP)报警灯一直亮。经维修技师对车辆进行检查后判断为 ESP 故障，需对其进行检修。现在请你针对车辆 ESP 报警灯常亮进行故障诊断，并做进一步诊断分析，找到具体故障原因。

任务描述

车身电子稳定程序(Electronic Stability Program, ESP)是一种改善汽车行驶性能的主动安全控制系统。ESP 主要由传感器[包括转向盘转角传感器、轮速传感器、横摆角速度(横摆率)传感器、纵向/横向加速度传感器等]、ECU 和执行器等几部分组成,因此,在分析和判断汽车 ESP 系统的故障时,也要从这几部分考虑。

学习目标

知识目标

1. 掌握 ESP 的常见故障现象及主要原因;
2. 掌握 ESP 的常见故障部位;
3. 掌握 ESP 故障的诊断与检查方法。

能力目标

1. 能使用检测仪器对 ESP 进行检测和分析;
2. 能使用厂家维修资料对检测部件结果作出判断;
3. 能正确制定 ESP 故障排除的方案。

素养目标

1. 培养学生对细节的高度关注和追求卓越的态度,提供精准、高效的 ESP 故障诊断和解决方案;
2. 培养学生分析和解决 ESP 故障的能力,锻炼学生的逻辑思维和系统性分析问题的能力;
3. 培养学生共同解决 ESP 故障问题的团队作战能力,促进学生之间的合作,培养相互支持的团队精神;
4. 培养学生服务汽车维修行业使命担当,形成维修过程中的安全意识和质量意识。

 知识学习

汽车在高速行驶急转弯时会出现两种危险状况:一种是不足转向(有冲出弯道的倾向),另一种是过度转向(有甩尾的倾向),两种状况都可导致汽车行驶时发生危险。

车身电子稳定程序(Electronic Stability Program,ESP)是改善汽车行驶性能的主动安全控制系统,包含 ABS 和驱动防滑控制系统(Acceleration Slip Regulation,ASR),并且它是在这两种系统功能上进行的延伸。ABS 一般是在车辆制动时防止车轮抱死,ASR 是在车辆起步和加速行驶时防止驱动轮滑转(空转),而 ESP 则在整个行驶过程中始终处于工作状态,通过有选择性地控制各车轮上的制动力,防止车辆滑移,提高了汽车的操控性和行驶稳定性。

不同的研发机构对汽车稳定性控制系统的命名不尽相同,如 ESP、DSC、VSC、VSA、DSTC 等,见表 6-6。

表 6-6　ESP 系统在不同车型中的名称

车型	名称
大众	ESP(Electronic Stability Program),即电子稳定程序控制系统
宝马	DSC(Dynamic Stability Control),即动态稳定控制系统
丰田	VSC(Vehicle Stability Control),即车身稳定控制系统

续上表

车型	名称
本田	VSA(Vehicle Stability Assist),即车身稳定辅助系统
沃尔沃	DSTC(Dynamic Stability and Traction Control),即动态稳定及循迹控制系统

车身电子稳定程序(ESP)结构组成如图6-9所示,其主要由横摆角速度传感器、G传感器、转向盘转角传感器、制动液压传感器、轮速传感器、节气门位置传感器、ECU、节气门执行器、液压控制单元等组成。

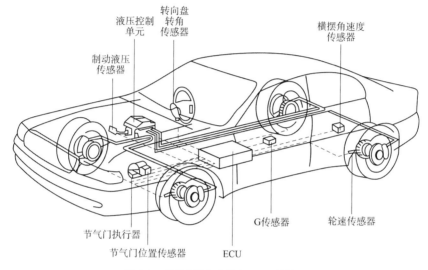

图6-9 车身电子稳定程序(ESP)结构图

(1)横摆角速度传感器。用于检测横摆率,即汽车绕垂直轴旋转的角速度。
(2)G传感器。用于检测汽车的纵向和横向加速度。
(3)转向盘转角传感器。用于检测由驾驶人操纵的转向盘转动情况。
(4)制动液压传感器。用于检测由驾驶人进行制动操作时制动液压的变化。
(5)轮速传感器。用于检测每个车轮的角速度。
(6)节气门位置传感器。用于检测由驾驶人操纵加速踏板引起的节气门开度的变化。
(7)车身稳定系统控制单元(ECU)。用于接收各传感器的信号,向执行器发出控制指令,实现车辆的稳定控制。
(8)节气门执行器。根据ESP控制单元ECU的控制指令,调节节气门的开度。
(9)液压控制单元。执行通常的制动助力功能;当车轮在加速或减速下出现滑移时,执行驱动防滑和制动防抱死功能;当汽车出现侧滑时,执行稳定控制功能。

一、ESP的常见故障现象及主要原因

1. ESP的故障现象

ESP故障灯常亮,同时ESP不工作。

2. ESP 故障的主要原因

（1）供给 ESP 系统的电压低或搭铁不良等。

（2）ESP 执行器中的电磁阀不工作或工作不正确。

（3）车轮传感器脉冲轮损坏、线路不良、传感器到转速脉冲轮间隙不正确或传感器损坏。

（4）用于 ESP 的 ECU、转向盘转角传感器、横向偏摆率传感器（包括加速度传感器）和其他 ECU 之间进行数据交换的 CAN 通信系统线路中有故障。

（5）ESP 系统新换的 ECU 未正确编码。

（6）ESP 系统的 ECU 不良。

（7）点火系统的火花塞性能不良或发电机故障等产生电磁干扰导致防滑控制 ECU 错误工作。

（8）个别轮胎型号不对或轮胎磨损过大。

（9）横向偏摆率和加速度传感器及其电路故障。

（10）转向盘转角传感器及其电路故障。

二、ESP 的常见故障部位

ESP 是由传感器、电控单元、执行器及三大部分之间的连接线束等组成。表 6-7 列出了 ESP 主要组成部分的常见损伤形式及表现出的故障类型。

ESP 主要组成部分的常见损伤形式及故障类型　　　表 6-7

部件名称	故障说明	故障类型
转向盘转向角传感器	转向盘转向角传感器一般安装于汽车转向柱上，转向开关与转向盘之间，与安全气囊时钟弹簧集为一体。其作用是向控制单元传递转向盘转角信号。故其出现故障，ESP 系统将不能识别汽车的预期行驶方向（驾驶人意愿），从而导致 ESP 不起作用	传感器故障
横向加速度传感器	由于物理的原因，横向加速度传感器应尽可能靠近汽车的重心，所以一般多安装于驾驶人座椅下的放脚空间。其作用是确定汽车所受侧向力的大小。若其失效，没有了横向加速度传感器信号，电子控制单元就无法识别汽车实际行驶状态，因此 ESP 也就不能进行工作了	传感器故障
偏转率传感器	一般安装于转向柱下方偏右侧，常与横向加速度传感器一体。其作用是感知作用在汽车上的转矩，识别汽车是否有围绕垂直于地面轴线方向的旋转运动。故若其失效，汽车便没有了偏转率传感器的信号，控制单元就不能识别汽车是否发生转向，ESP 功能也就失效	传感器故障
制动压力传感器	制动压力传感器安装于行驶动力调节液压泵中。其功能是向电子控制单元传送制动管路的实际制动压力，控制预压力。若其失效，也即没有了实际制动力的信息，电子控制单元就无法正确计算汽车的侧向力，ESP 也就失去了应有的功能	传感器故障

续上表

部件名称	故障说明	故障类型
ESP 开关	ESP 开关安装于在仪表板内。其作用是按此开关可关闭 ESP 功能,并由仪表上的报警灯指示出来,再次按压此开关可重新激活 ESP 功能。若 ESP 键失灵,则造成 ESP 不能关闭,同时仪表板上 ESP 指示灯会闪烁,显示出现了故障。但该开关的损坏不能通过系统自诊断功能检测出,可采用万用表检测其导通状态	传感器故障
行驶动力调节液压泵	行驶动力调节液压泵安装于发动机舱的液压调节单元下面,和液压调节单元共用一个支座。其功用是在制动踏板力较小或根本没有压力下,弥补回油泵的不足,给加油泵吸入端提供所需的初压力。若行驶动力调节液压泵出现故障,ESP 功能也就无法执行	执行器故障
液压调节单元	液压调节单元安装在发动机舱的支架上,与两个呈对角线排列的制动管路一起工作。与 ABS 装置相比,每个制动管路上都加装了分配阀和高压阀,而且回油泵是自吸式的。ESP 工作时,通过控制液压调节单元里车轮制动缸的进油阀和回油阀,可使液压调节单元做到增加压力、保持压力、减少压力。但若其出现故障,整个 ESP 就会停止工作	执行器故障
电子控制单元（ECU）	电子控制单元一般安装于汽车的右侧放脚空间的前部,是 ESP 的核心,监控着所有的电器部件,并周期性地检查系统的每个电磁阀工作情况。其常见故障现象是电子控制单元的供给电压不正常或电控单元失效。检测故障时可通过系统自诊断功能来进行诊断	电子控制单元故障

三、ESP 故障诊断与检查方法

1. ESP 的初步检查程序

（1）检查蓄电池的电压、容量是否在规定范围内,并检查正、负极柱和导线连接是否牢靠。

（2）检查与 ESP 有关的熔断丝、继电器是否完好,插接是否牢靠。

（3）检查驻车制动器是否完全释放。

（4）检查制动主缸液面高度是否达到要求。

（5）检查电控系统各插接器件是否松动或接触不良。

（6）检查系统各部件的搭铁是否良好。

（7）检查常规制动系统的工作情况。

若通过初步检查不能确定故障位置时,应进行其他诊断和检查。

2. 利用故障自诊断系统判断故障

ESP 系统是电子控制系统,具备自诊断功能。出现故障时,由于其自诊断功能,仪表上的故障灯会点亮,从而提醒驾驶人。维修技师在故障诊断时,可通过诊断仪提取故障码,查阅维修手册中故障码的含义,并进行故障排除。最后,清除故障码。

当 ESP 出现故障时,相应的仪表板的报警灯会点亮,ESP 报警灯有 3 个,分别是 ABS 报警灯、制动系统报警灯及 ESP 报警灯。不同报警灯点亮的故障原因见表 6-8,可根据故障原因进行相应的诊断。

不同报警灯点亮的故障原因　　　　　　表 6-8

故障	故障原因
ABS 报警灯点亮	①供电电压低于 10V; ②ABS 有故障。如果有故障,防抱死功能被切断,但常规制动功能正常; ③最后一次起动车辆后,转速传感器有偶然故障。在此状况下,起动车后且车速超过 20km/h 时,ABS 报警灯自动熄灭; ④组合仪表与控制单元间断路; ⑤组合仪表损坏
ABS 报警灯不亮、制动系统报警灯点亮	①驻车制动器已拉紧; ②制动系统报警灯的控制有故障; ③制动液液面过低
ESP 报警灯点亮	①ESP 按钮对正极短路; ②ESP 报警灯的控制有故障; ③ESP 已由开关切断,此故障只影响 ESP 安全系统,车上的 ABS 安全系统功能完全正常,车辆在行驶中,如果 ESP 报警灯闪亮,说明 ESP 正在工作; ④ESP 系统存在故障

任务实施

一、故障原因分析

汽车行驶中 ESP 报警灯点亮,是常见的电控系统故障,可以按照汽车电子控制系统检修的逻辑进行故障诊断。故障可能原因涉及以下几个方面。

(1)ESP 系统的传感器故障。

(2)ESP 系统的线路故障。

(3)ESP 系统的控制单元(ECU)故障。

二、故障诊断流程

按照如图 6-10 所示流程,进行故障诊断。

三、故障诊断操作

按任务工单,检查 ESP 功能,诊断并排除 ESP 报警灯点亮故障。

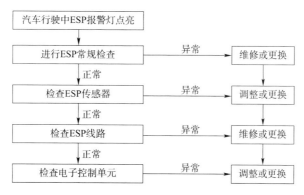

图 6-10 ESP 报警灯点亮故障诊断流程

(1)进行试车。起动及路试时注意 ESP 报警灯,以进行下一步诊断。所有的 ESP 系统都有自检功能。一般情况下,如果在点火开关置于 ON(IG)后车辆速度首次变为约 6km/h 或更大,则依次激活制动执行器的各个电磁阀和电动机,进行电路检查。在初始检查过程中,可以从发动机室听到电磁阀和电动机的工作响声,但这并非故障。如果由于工作期间的故障致使控制被禁止,则控制会逐步失效。这是为了避免车辆突然失去稳定性。行驶中如果系统起作用,则侧滑指示灯闪烁,并且防滑控制蜂鸣器鸣响通知驾驶人 ESP 正在工作。当牵引力控制起作用时,侧滑指示灯也闪烁,并显示正在进行的操作。

(2)读取故障码。根据读取的故障码,维修人员应当按有关的维修手册进行指定的检测诊断任务。根据故障码提示的故障范围,按照相关的诊断程序进行诊断并排除故障。

(3)通过故障诊断仪读取相关数据。通过故障诊断仪检查传感器和部件的数据,如轮速传感器的工作状态数据可用于检查、比较和分析。使用故障诊断仪可极大地缩短诊断时间和解决难以处理的 ESP 问题。

(4)目视检查 ESP。检查制动液的液面高度、线束接口和各部件的连线。注意各部件的正确安放和导线线束的正确排列。所有连接 ESP 部件的导线,其排列必须与拆卸前完全相同,不要改变线束的位置、布线方式和支承。轮胎尺寸的变化会影响 ESP 的工作,并可能引起车轮抱死,应检查轮胎型号及轮胎是否磨损过甚。

(5)诊断和维修轮速传感器和齿环的相关数据。包括输出信号、电阻、对电压短路(搭铁)和频率数据。检测轮速传感器时,从目测传感器及其连线开始。如有可能,可检测传感器和齿环之间的气隙,若气隙过宽,则可能引起信号减弱或输出不稳定。检查齿环有无碎屑积聚,有无裂缝或破裂。某些传感器安装在差速器内,齿环则安装在齿圈上。轴承和齿轮磨损形成的碎屑可能积聚在传感器周围,碎屑积聚在传感器和齿环周围会影响信号的质量和强度。使用欧姆表检查传感器的电阻,再与维修手册的规定数值比较。检测轮速传感器的最准确的方法莫过于使用数字记忆示波器。示波器可以检测信号的质量,并找出传感器信号的间断性瑕疵。

(6)检查稳定性控制系统控制单元 ECU 的供电情况。如供给 ESP 的电压低,应查出相应的故障原因,如搭铁不良、继电器不良等。

(7)检查 ESP 执行器中的各电磁阀及油泵电动机。可用专用诊断仪的动作测试功能对各电磁阀及油泵电动机的进行测试。

(8)检查 ESP ECU 的横向偏摆率和加速度传感器、转向角度传感器等。

(9)按 ESP 电路图查找电路故障。

(10)如果新换了 ESP 的 ECU,有的车还必须对 ESP 的 ECU 进行正确编码。

(11)检查是否存在电磁干扰。

检查点火系统火花塞、点火模块线束是否不良,发电机是否存在故障以及其他原因引起的电磁干扰导致 ESP 的 ECU 错误工作,确保安装的电子装置(如警报器等)的导线不与 ESP 线束干涉。

拓展迁移

为了实现在各种行驶条件下转向盘上所需要的力都是最佳值,应采用更先进的电控动力转向系统(Electronic Control Power Steering,EPS)。EPS 在低速行驶时可使车辆转向轻便、灵活;当汽车在中高速区域转向时,又能保证提供最优的动力放大倍率和稳定的转向手感,从而提高高速行驶的操纵稳定性。

1. EPS 的类型

根据动力源的不同,EPS 可分为液压式电控动力转向系统(液压式 EPS)和电动式电控动力转向系统(电动式 EPS)。

(1)液压式 EPS。液压式 EPS 是在传统的液压动力转向系统的基础上增设了控制液体流量的电磁阀、车速传感器和 ECU 等,ECU 可根据检测到的车速信号,控制电磁阀,使转向动力放大倍率实现连续可调,从而满足高、低速时的转向助力要求。

(2)电动式 EPS。电动式 EPS 是利用直流电动机作为动力源,ECU 根据各种信号,控制电动机转矩的大小和方向。电动机的转矩由电磁离合器通过减速机构减速增加转矩后,加在汽车的转向机构上,使之得到一个与工况相适应的转向作用力。

2. 电控动力转向系统的优点

为满足现代汽车对转向系统的要求,EPS 具有以下特点:

(1)良好的随动性。即转向盘与转向轮之间具有准确的一一对应关系,同时能保证转向轮可维持在任意转向角位置。

(2)高度的转向灵敏度。即转向轮对转向盘应具有灵敏的响应性能。

(3)良好的稳定性。即具有很好的直线行驶稳定性和转向自动回正能力。

(4)助力效果能随车速变化和转向阻力的变化作相应的调整。低速时,有较大的助力效果,以克服路面的转向阻力;高速时,要有适当的路感,以避免因转向过轻而发生事故。

(5)效率高。与传统动力转向相比,效率明显提高,特别是 EPS 作用效率可达 90%以上。

3. 电动式 EPS 的组成

如图 6-11 所示,电动式 EPS 主要由转向器、转向盘、转向柱、转向盘转角传感器、转向力矩传感器、电动机及电控单元等组成。

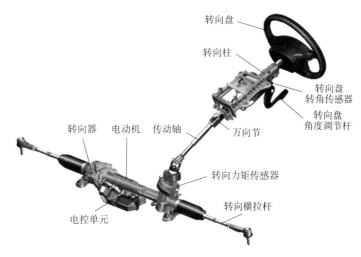

图 6-11 电动式 EPS 的基本组成

反思提升

车身电子稳定程序控制系统(ESP)是一种重要的安全系统,可以增加车辆的稳定性和控制,帮助避免交通事故。如果 ESP 出现故障,可能会对驾驶安全造成严重影响。因此,对 ESP 的故障诊断是汽车维修工作中的一项重要任务。

在故障诊断过程中,我们需要注重团队协作配合。每个人都有自己的专长和角色,需要大家互相交流,集思广益,共同找出问题所在并加以解决。只有通过良好的沟通和协作,才能更好地解决问题。此外,持续学习和技术更新是维修行业的关键。随着汽车技术的不断发展,新的故障模式和问题不断出现。为了保持竞争力,我们必须持续学习,了解新的技术和解决方案。同时,我们也要有创新意识,尝试使用新的工具和方法来提高我们的工作效率和质量。

每一次的维修任务都不是简单的技术操作,而是对客户生命安全的保障和责任。因此,我们在工作中应该始终保持谨慎和专注,不断提高自己的专业素养和服务意识。

在车辆故障诊断过程中,我们要巧用故障诊断仪的数据流的功能,在不解体、不拆卸的情况下在线测试,科学使用先进的检修设备,有助于我们提高维修效率。

任务工单

任务名称		汽车在行驶中 ESP 报警灯点亮故障诊断	
班级		姓名	
地点		日期	
小组人员		工作效果	

续上表

\multicolumn{2}{c}{Step 1:ESP 的基本检查}
序号	作业内容
1	检查制动液储液罐是否液面过低、液压装置是否外部泄漏及制动主缸工作是否正常 □是　　□否
2	检查驻车制动器是否完全放松以及驻车开关功能是否正常 □是　　□否
3	检查 ESP 熔断丝是否熔断 □是　　□否
4	检查导线及插接器是否有破损或插接器的松动现象 □是　　□否
5	检查所有的继电器、熔断器是否完好,插接是否牢固 □是　　□否
6	检查蓄电池电压是否在规定的范围内,检查蓄电池正、负极导线的连接是否牢靠,连接处是否清洁 □是　　□否
7	检查 ESP 控制单元、液压控制装置等的搭铁端是否接触良好 □是　　□否
8	检查车轮胎面纹槽的深度是否符合规定 □是　　□否

\multicolumn{2}{c}{Step 2:使用故障诊断仪检测 ESP}
序号	作业内容
1	在连接故障诊断仪之前,是否将换挡杆置于 P 位,是否拉起驻车制动器 □是　　□否
2	蓄电池电压是否正常 □是　　□否
3	关闭点火开关,将故障诊断仪连接到故障车的诊断插头上,按照故障诊断仪显示屏的提示,进行相应操作。检查 ESP 是否有故障码,数据流是否正确 □有＿＿＿＿＿＿＿＿　□无 故障码含义:＿＿＿＿＿＿＿＿＿＿＿＿＿＿＿＿＿＿＿＿＿＿＿＿＿＿＿＿＿＿＿＿＿＿＿＿＿＿
4	记录相关数据流:

续上表

Step3:ESP 报警灯故障分析
(1)打开点火开关及结束检测过程后,如果 ABS 报警灯常亮,分析可能存在的故障。
(2)制动系统报警灯常亮,分析可能存在的故障。
(3)如果打开点火开关且检测结束后,ESP 报警灯常亮,分析可能存在的故障。
Step4:ESP 传感器标定

序号	作业内容
1	在维修手册中找到转向盘转角传感器标定的步骤,在车上操作并记录转向盘转角传感器零点平衡的初始化标定,是否能标定 □是　　□否 步骤:

续上表

序号	作业内容
2	在维修手册中找到侧向加速度传感器标定的步骤,在车上操作并记录侧向加速度传感器零点平衡的初始化标定,是否能标定 □是　　□否 步骤:
3	在维修手册中找到制动压力传感器标定的步骤,在车上操作并记录制动压力传感器零点平衡的初始化标定,是否能标定 □是　　□否 步骤:

	Step5:ESP 的线路检测		
	线路范围	检查或测试后的结果判断	
线路测试		□正常	□不正常
		□正常	□不正常
		□正常	□不正常
	波形(不用者不填)	□正常	□不正常
	※注明测试条件、插件代码和编号,控制单元针脚代号以及测量结果		

自我总结
在汽车行驶中 ESP 报警灯点亮故障诊断工作中,个人的收获和不足有哪些?

任务4 自适应巡航控制(ACC)系统功能失效故障诊断

📖 情境导入

一辆奥迪 A6L 轿车,累计行驶里程为14787km。客户反映该车的 ACC 功能失效。维修技师接车后,操作 ACC 操纵杆,组合仪表中央驾驶人信息中心显示屏上显示"ACC 和 Audi braking guard:不可用"。经维修技师对车辆进行检查后,判断为 ACC 故障,需对其进行检修。现在请你针对 ACC 功能失效进行故障诊断,并做进一步诊断分析,找到具体故障原因。

📝 任务描述

自适应巡航控制(Adaptive Cruise Control,ACC)系统,又称为主动巡航系统,是车速巡航控制系统和预碰撞安全系统的组合体,是智能化的车速自动控制系统,可视交通情况自动采取适宜措施(加速、减速、制动),使得自适应巡航控制系统能很好地适应道路行驶。自适应巡航控制系统主要由车距传感器(雷达)、轮速传感器、转向角传感器、控制开关以及 ACC 电控单元、执行器等组成。因此,在诊断 ACC 故障时从这几个方面展开分析。

📚 学习目标

知识目标

1. 掌握自适应巡航控制系统的基本组成与工作原理;
2. 掌握自适应巡航控制系统主要部件的结构、工作过程和检修方法;
3. 掌握自适应巡航控制系统维护方法及故障诊断方法。

能力目标

1. 能正确使用自适应巡航控制系统功能;
2. 能使用厂家维修资料对自适应巡航控制系统部件的检测结果作出判断;
3. 能正确制定自适应巡航控制系统故障排除的方案。

素养目标

1. 培养学生精益求精的职业精神,追求对 ACC 系统故障诊断更深入的理解和更高效的解决方案;
2. 培养学生终身学习的理念,紧随汽车技术发展,持续学习和跟踪最新技术和故障诊断方法;
3. 培养学生解决问题和创新思维能力,鼓励学生在故障诊断中提出新的解决方案和改进措施;
4. 培养学生的责任感和职业道德,注重客户安全和利益,遵守行业规范和法律法规。

知识学习

一、ACC 的功能

ACC 系统将汽车自动巡航系统(Cruise Control System,CCS)和车辆前向撞击报警系统(Forward Collision Warning System,FCWS)有机地结合起来,既有自动巡航功能,又有防止前向撞击功能。随着电子信息技术的发展和汽车智能化的进步,解放驾驶人双脚的同时,对汽车行驶安全性要求也在不断提高,特别是对有效地防止追尾碰撞要求,使得 ACC 迅速发展起来。

1. ACC 系统作用

自适应巡航控制系统是在自动巡航系统的基础上发展而来的全新巡航系统,它能够自动保持车辆的巡航速度和本车与前方车辆的设定安全距离。

ACC 系统和 CCS 系统的区别如图 6-12 所示。

ACC 系统在工作时,有前车时定距巡航,无前车时定速巡航。

2. ACC 系统构成

ACC 系统构成如图 6-13 所示,包括 ACC 自动控制传感器 G550、距离控制单元 J428,动力总线断路继电器 J788、ACC 显示器(仪表内)、仪表控制单元 J285 及控制杆。

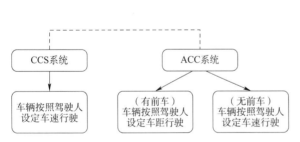

图 6-12　ACC 系统和 CCS 系统的区别

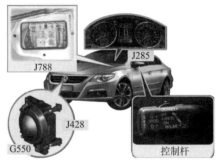

图 6-13　ACC 系统的构成

(1) ACC 系统自动控制传感器和距离控制单元。

ACC 自动控制传感器 G550 和距离控制单元 J428 安装在水箱支架上,传感器频率为 76.5GHz,距离范围为 150m,水平角度为 12°,垂直角度为 ±4°,速度范围为 30 ~ 210km/h,转弯半径为 >500m。其主要是用来自动检测前车的车距和车速。

(2) J788 动力总线断路继电器。

①在传递防盗信号时,切断 ACC 系统控制单元。在打开点火开关时,网关 J533 切断动力总线继电器 J788,从而切断 ACC 控制单元 J428 与动力总线的联系。在 ACC 控制单元 J428 被切断后,防盗系统控制单元 J393(舒适系统控制单元)和发动机控制单元 J623 进行防盗信息验证,验证完成后,J788 重新接通,ACC 控制单元重新被接入动力总线。如图 6-14 所示,J533 是网关、J393 是舒适系统控制单元(防盗系统控制单元集成 J393 内部)、J623 是发动机控制单元。

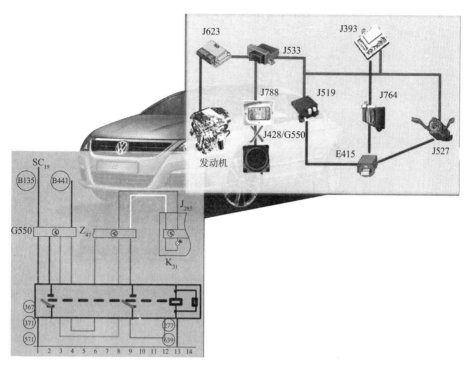

图6-14 J788动力总线断路继电器的功能

②防止车辆前部碰撞时,ACC系统传感器处动力总线短路或断路导致车辆无法起动。

(3) 控制杆。

用来激活或关闭ACC系统,并对ACC系统的车距或车速进行设定。

(4) ACC系统显示。

ACC系统信息可在显示器上显示出来。

3. ACC系统功能

ACC系统的功能包括前车位置测定、跟踪车辆的选择、车距测量、车速测量,雷达工作的基本原理如图6-15所示。

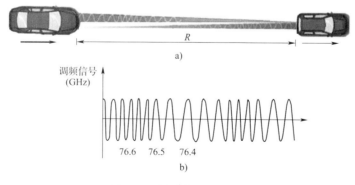

图6-15 雷达工作的基本原理
a) 相对速度的确定;b) 雷达工作原理

(1) 前车位置测定。雷达探测信号采用 3 束雷达波形式,以波瓣状向外发射,信号强度随发射器距离的增大而逐渐减弱。

(2) 跟踪车辆的选择。由带有 ACC 系统的车辆正行驶的弯道半径和已确定的车道平均宽度得出此虚拟车道,雷达探测器能够测量出此车道和旁边车道的物体,作为车距调控系统的参考。

(3) 车距测量。雷达发射信号到接收部分反射信号所用的频率差取决于目标物之间的距离。

(4) 车速测量。为获取前方车辆的车速,这里要运用一个物理作用,即"多普勒效应"。当发射器与被探测目标的距离缩短时,反射信号的频率升高,相反情况时则频率下降。

4. ACC 系统的功能限制

(1) 在驶入弯道和驶出较长的弯道时,雷达测距传感器可能会对相邻车道上的汽车作出反应。

(2) 不在同一条直线上行驶的车辆,只有在传感器的识别范围之内才能被雷达测距传感器识别出来。特别是狭窄型的机动车(如摩托车)更是如此,雷达测距传感器无法识别到不在识别范围之内的狭窄型机动车。

(3) ACC 系统是驾驶辅助系统,而不是自动驾驶系统,因此,驾驶人要注意路面情况,必要时还要施加制动。

(4) 雨水和污物对雷达测距传感器的影响。如果雷达测距传感器的功能因大雨、水花、雪和泥而受影响,自动车距控制会暂时自动关闭,组合仪表显示屏上出现"Clean ACC"。在这种情况下,自动车距控制的工作方式就像普通自动巡航装置一样,保持设置的车速,但是不控制与前车的车距。

二、ACC 系统操作

装备 ACC 系统的大众迈腾 B8 汽车多功能转向盘左侧设置有 ACC 操作按钮,如图 6-16 所示,按钮位置及操作方法与定速巡航控制系统基本相同。

在操作过程中,显示屏的显示模式含义见表 6-9。

图 6-16 多功能转向盘左侧的 ACC 操作按钮

显示屏的显示模式含义 表 6-9

仪表显示	说明
	①未激活 ACC 控制功能时的前方车辆显示; ②未激活 ACC 控制功能时,选定的距前方车辆的距离范围

续上表

仪表显示	说明
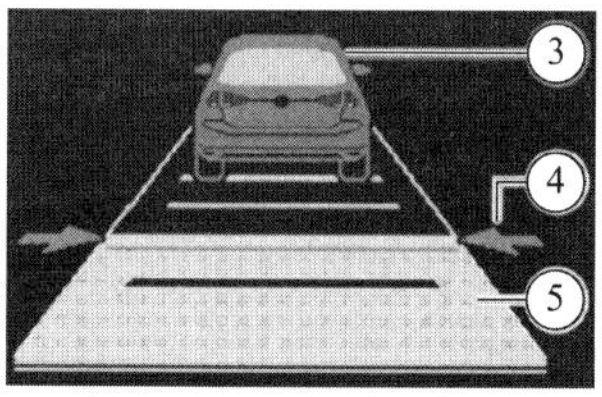	③探测到前方车辆，ACC 处于激活状态； ④汽车以储存的巡航车速行驶时，调节距前方车辆的时间间隔； ⑤汽车以储存的巡航车速行驶时，已设定的距前方车辆的时间间隔
	⑥识别到左侧车道上前方有车辆

ACC 系统中报警灯和指示灯的含义见表 6-10。

ACC 系统中报警灯和指示灯的含义　　表 6-10

报警灯和指示灯	含义	处理方法
	ACC 系统降低车速仍不能与前车保持足够的安全距离	系统提示驾驶人应主动操控车辆，必须立即踩制动踏板
	ACC 当前不可用	关闭发动机，车辆处于静止状态时再起动发动机。检查车距传感器是否脏污或结冰。若系统经常出现这种情况，应尽快检查
	ACC 处于激活状态，前方未探测到任何车辆，车辆以设定的巡航车速恒速行驶	—
	显示白色时：ACC 功能处于激活状态探测到前方车辆，ACC 调节车速及与前方车辆的距离	—
	显示灰色时：ACC 控制功能处于未激活状态。系统处于打开状态，但未进行调节	—
	ACC 控制功能处于激活状态	—

启用 ACC 时,组合仪表中的绿色指示灯点亮,同时组合仪表显示屏显示储存的巡航车速和 ACC 的状态。ACC 系统的启用条件是:换挡杆必须处于 D 位、S 位或将换挡杆移入 Tiptronic 换挡槽板;手动变速器必须挂入除 1 挡外的某个前进挡。

三、ACC 系统的常见故障现象及主要原因

装有 ACC 系统的车辆,当车速达到一定值、路面状况好及交通情况相对适宜时,开启此系统,驾驶人可放开对加速踏板的控制,该系统会根据行驶阻力,自动改变发动机的输出转矩(转速),使车辆始终在预定速度下行驶。即在 ACC 系统工作时,车辆上坡行驶,系统执行机构会增大节气门开度,提高发动机输出转矩,保证车辆行驶速度不变;相反,若车辆下坡行驶,系统执行机构会减小节气门开度,降低发动机转速,保证车辆行驶速度。据此可知,如果车辆在达到设定速度、开启 ACC 系统后,不能按照上面提到的情况定速行驶,则系统就是有故障。当然,故障原因就在 ACC 系统各组成部分中。表 6-11 列出了 ACC 系统的常见故障现象及主要原因。

ACC 系统的常见故障现象及主要原因　　　　表 6-11

故障类型	故障现象	主要原因
ACC 系统不工作	当车速达到设定速度时,操纵 ACC 控制开关,系统不工作,故障灯亮	电控系统故障,如开关失灵、线路短路或断路、ECU 损坏,特别是执行机构不工作
ACC 车速不稳	车辆在 ACC 状态行驶中,车速时高时低	伺服(执行)机构漏气或工作不良
ACC 车速不准	车辆在 ACC 状态行驶中,车速高于或低于预定值	真空系统漏气、节气门操纵杆脱落、卡滞或过紧、执行机构调节不当等

四、ACC 系统故障诊断与检查方法

1. 巡航控制系统不工作的故障诊断

出现 ACC 系统不工作的故障,首先要检查 ACC 系统控制电路上所有熔断丝是否正常,然后目测检查系统有无电气线路连接点脱落、接触端子腐蚀生锈、线路绝缘损坏等。

如果目测正常,没有不良情况,可参考下列步骤继续检测。

(1)踩住制动踏板,观察制动灯是否正常发光。如果制动灯不亮且并非灯泡损坏,则检查制动灯开关及与巡航控制系统相关的电路。

(2)检查执行器是否正常。

(3)如果 ACC 系统采用的是气动式结构,则需要检查执行器的止回阀是否良好。

(4)检测控制开关和相关线路,对照电路图检查线路连接是否正确可靠,对照开关连通检查开关端子之间的对应关系是否正确。

(5)如果所有检测均正常,但 ACC 系统还不能工作,则需检测或更换电控单元。

2. ACC 系统控制车速不能稳定的故障诊断

车辆进入 ACC 状态,并且设置好巡航车速之后,车速却明显忽高忽低,这种现象又称"游车"。对于无自诊断功能的 ACC 系统,当车辆出现"游车"时需进行以下检查:

(1)检查执行器连杆机构操作是否平稳,有无间隙过大等松旷情况。

(2)检查车速传感器工作是否正常。

(3)检查所有电气连接是否正确、可靠。

(4)如果所有检测均正常,但 ACC 系统还不能工作,则需检测或更换 ACC 系统电控单元。

3. ACC 系统出现间歇性工作的故障诊断

ACC 系统工作时的间歇性动作,通常是由电气连接或真空连接松动引起的。如果目测检查不能查出故障,就要进行汽车行驶检测并在出现故障时进行辨别。

(1)如果是气动式执行器,将真空表连接到执行器的入口管处,应该至少有 80kPa 的真空度。

(2)检测执行器的工作是否正常。如不正常,可修理或更换新件。

(3)检测各控制开关的工作情况是否正常。如不正常,可修理或更换新件。

如果行驶(或道路检测)检测不能识别故障,就在进行模拟道路试验的同时晃动电气线路、插接器和真空管路、阀体的连接处,以便找出故障隐患。

4. ACC 系统的故障诊断

车距传感器和制动助力控制单元监测 ACC 系统是否有故障。当系统有故障时,可使用专用检测仪器查询。车距传感器安装在汽车前部外露位置,雨雪天气碰撞事故极易发生,如果传感器损坏,CAN 系统关闭,汽车动力传动系统失效,相关总成(发动机、变速器)不工作,此时需通过制动助力器控制单元内的总线继电器关闭车距传感器。

更换车距传感器并对事故车钣金喷漆整形后,需对车距传感器的安装位置进行校正,校正车距传感器需用四轮定位仪和专用设备调整,通过车距传感器的固定螺钉,来调节车距传感器水平角度、垂直角度,直至符合标准。

任务实施

一、故障原因分析

由于 ACC 功能开启的条件比较"苛刻",ACC 功能失效是常见的功能性故障。由于这套系统为电控系统,在进行故障诊断时可以按照电子控制系统检修的逻辑进行故障诊断。ACC 系统故障可能原因涉及以下几个方面。

(1)ACC 系统传感器故障。

(2)ACC 系统线路故障。

(3)ACC 系统控制单元(ECU)故障。

二、故障诊断流程

按照如图 6-17 所示流程,进行故障诊断。

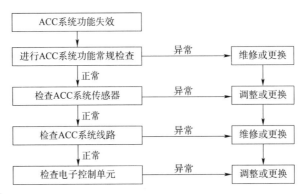

图 6-17 ACC 功能失效故障诊断流程

三、故障诊断操作

按任务工单,检查 ACC 功能及部件性能,诊断并排除系统功能失效故障。

(1) ACC 系统的基本检查。检查 ACC 控制电路上所有的熔断丝、熔断器、电气线路及连接点、接触端子、继电器、蓄电池电压、制动灯和 ACC 功能仪表显示是否正常。

(2) 使用诊断仪,检测 ACC 系统电子控制系统,检查是否有故障码,数据流是否正确。

(3) ACC 系统传感器的检测。检查 ACC 自动控制传感器的供电、搭铁以及信号线路是否正常,检查传感器输出信号是否符合标准。

(4) ACC 系统线路的检查。通过电路图检查各线束是否导通、是否存在短路、开路或虚接等故障。

(5) ACC 系统电子控制单元的检查。检查 ACC 系统电子控制单元的供电线路、搭铁线路、CAN 通信线路是否正常。

完成任务工单,诊断并排除对该车辆 ACC 系统功能失效的故障。

拓展迁移

1. 车道居中辅助(LCC)的作用

车道居中辅助(Lane Centering Control,LCC)是一项舒适性的辅助驾驶功能,包含 60km/h 以下的交通拥堵辅助和 60km/h 以上的智能巡航辅助。激活 LCC 后,系统可以辅助驾驶人控制方向盘,持续将车辆居中在当前车道内。LCC 启用时,驾驶人仍需始终保持手握转向盘并在必要时接管转向盘。LCC 适用于高速公路且具有清晰车道线的干燥道路工况,在城市街道上切勿使用 LCC。

2. LCC 的开启方式

LCC 功能和 ACC 功能的操作相似。在车辆控制入口中找到"辅助驾驶"选项卡,将"车道居中辅助"的开关保持开启,初次开启车道居中辅助开关,需要进行相关学习并通过辅助驾驶考试。

3. LCC 注意事项

（1）LCC 是一项辅助驾驶功能，并不是完全意义上的自动驾驶，LCC 激活时，仍需始终保持手握转向盘，以便可以在有潜在危险发生时，及时接管车辆。

（2）切勿在市内道路或路况多变的情况下使用 LCC。

（3）LCC 无法应对所有交通、天气和路况，切勿在恶劣天气（如雨、雪、雾天气）使用 LCC，同时，切勿在可能有行人或骑行者出现的路段使用 LCC。

（4）请勿在有急弯的曲折道路上，颠簸、结冰或湿滑路面上，使用 LCC。LCC 无法在这些路面不良的情况下，稳定地进行转向盘的辅助控制。

（5）LCC 偶尔会在不需要辅助转向或未打算转向时辅助车辆转向，这可能是因车道线不清晰或不规则导致的，也可能是因车道表面有类似车道线的其他线条或物体导致的，此时驾驶人应及时接管车辆。

（6）在交通路口请勿使用 LCC。

（7）当前方车道线方向急剧变化时，如车道合并、车道宽度突然变大或减小，LCC 可能会失效，驾驶人需要在接近这些类似路段时，提前接管车辆，切勿依赖 LCC 应对这些工况。

（8）驶过弯道时，驾驶人务必手握转向盘，在 LCC 失效时及时接管车辆。

（9）在道路的分流处切勿使用 LCC。

（10）突然有车辆近距离快速变道至本车前方时，可能会导致 LCC 工作异常，此时驾驶人需要及时接管车辆。

4. 不宜使用 LCC 的情境

（1）道路有急转弯或道路状况不佳时，如路面颠簸、湿滑或结冰。

（2）黑暗（照明条件差）或能见度差（因大雨、大雪、浓雾等造成）时。

（3）强光（如迎面而来的前照灯灯光或直射的阳光）妨碍摄像头视野时。

（4）风窗玻璃阻挡摄像头的视野（如水雾、尘土或贴纸遮挡等）时。

（5）车道线过度磨损或被遮挡、覆盖、消失，新旧标线重叠，因道路施工临时调整或变化迅速（如车道分叉、横穿或合并）时。

（6）雷达或摄像头被遮挡（灰尘、遮盖等）或气候条件不良（如大雨、大雪、浓雾）时。

反思提升

自动驾驶汽车，将作为道路交通的重要发展方向，正逐渐改变我们对汽车的认知和使用方式。这种创新技术带来的优势显而易见，如提高驾驶安全性、减少交通事故、缓解城市交通压力等。前面我们学习的自适应巡航控制（ACC）系统和车道居中辅助（LCC）便是自动驾驶汽车研发过程中的产物，然而，自动驾驶汽车的普及仍面临诸多挑战。

自动驾驶汽车依赖于复杂的传感器和算法进行环境感知和决策。这不仅涉及人工智能、机器视觉、自动控制等高新技术，还需要解决一系列法律、伦理和社会问题。例如，当自动驾驶汽车在行驶中面临道德困境时，该如何抉择？这一难题不仅考验着自动驾驶汽车的"智商"，更涉及人类社会的价值观和道德标准。

同时,自动驾驶汽车的推广还受到基础设施的制约。为了实现自动驾驶汽车的广泛应用,需要部署大量的传感器、通信设备和其他基础设施。这不仅需要巨额的投资,还需要跨部门、跨行业的合作与协调。

此外,自动驾驶汽车对传统驾驶模式的改变也引发了社会各界的关注。当人们失去了驾驶的乐趣和体验,是否会降低驾驶的幸福感?同时,当自动驾驶汽车逐渐取代传统汽车时,也会对汽车制造业、保险业等行业带来巨大的冲击。如何在技术创新与就业稳定之间找到平衡,是政府和企业需要思考的问题。

然而,尽管面临诸多挑战,我们仍应积极探索自动驾驶汽车的潜力。通过不断的研究和创新,我们可以解决技术、法律、伦理和社会问题,实现自动驾驶汽车的广泛应用。这将为人们带来更加便捷、安全的出行体验,推动交通行业的可持续发展。

在这个过程中,我们也可以看到科技与人类社会的互动。技术的发展不仅改变了我们的生活方式,也影响着我们的价值观和社会秩序。让我们共同期待自动驾驶汽车的未来发展,同时也思考如何在技术创新中保持人类的价值与尊严。

任务工单

任务名称	自适应巡航控制(ACC)系统功能失效故障诊断	
班级		姓名	
地点		日期	
小组人员		工作效果	

<table>
<tr><td colspan="2">Step 1:ACC 系统的基本检查</td></tr>
<tr><td>序号</td><td>作业内容</td></tr>
<tr><td>1</td><td>ACC 系统控制电路上所有的熔断丝是否正常
□是　□否</td></tr>
<tr><td>2</td><td>目测检查 ACC 系统是否有电气线路连接点脱落、接触端子腐蚀生锈、线路绝缘损坏等
□是　□否</td></tr>
<tr><td>3</td><td>检查所有的继电器、熔断器是否完好,插接是否牢固
□是　□否</td></tr>
<tr><td>4</td><td>检查蓄电池电压是否在规定的范围内,检查蓄电池正、负极导线的连接是否牢靠,连接处是否清洁
□是　□否</td></tr>
<tr><td>5</td><td>踩住制动踏板,观察制动灯是否正常发光
□是　□否</td></tr>
<tr><td>6</td><td>检查 ACC 系统功能仪表显示是否正常
□是　□否</td></tr>
</table>

续上表

\multicolumn{2}{c}{Step 2：使用故障诊断仪检测 ACC 系统}
序号	作业内容
1	在连接故障诊断仪之前，是否将换挡杆置于 P 位，是否拉起驻车制动器 □是　　□否
2	蓄电池电压是否正常 □是　　□否
3	关闭点火开关，将故障诊断仪连接到故障车的诊断插头上，按照故障诊断仪显示屏的提示，进行相应操作。检查 ACC 系统是否有故障码，数据流是否正确 □有_____　　□无 故障码含义：_____
4	记录相关数据流：

\multicolumn{4}{c}{Step3： ACC 系统线路的检测}
	线路范围	\multicolumn{2}{c}{检查或测试后的结果判断}
线路测试		□正常	□不正常
		□正常	□不正常
		□正常	□不正常
	波形(不用者不填)	□正常	□不正常
\multicolumn{4}{l}{※注明测试条件、插件代码和编号，控制单元针脚代号以及测量结果}

自我总结
在 ACC 系统功能失效故障诊断工作中，个人的收获和不足有哪些？

项目七
汽车电气系统故障诊断

当今社会,汽车在人们日常生活中的重要性越发突出,已成为很多人的生活必需品。作为现代汽车重要组成部分,汽车电气系统扮演着至关重要的角色,电动汽车电气系统的作用和功能尤为明显。

(1)确保基本功能的可靠运行。汽车电气系统负责保证车辆的驾驶辅助系统和其他基本功能(如灯光、音响、空调)的正常工作,这是汽车正常运行的基础。

(2)供电给附加设施。电气系统还为汽车的娱乐和通信设施提供电力,这些设施包括但不限于车载多媒体系统、导航设备和电话等。

(3)影响车辆的整体性能。电气系统的性能直接影响到汽车的动力性、经济性、可靠性、安全性、舒适性以及排放等方面。

同时随着电子技术和环保政策的推进,汽车电气系统也在不断升级以满足更严格的排放标准。

如果汽车电气系统发生了故障,会直接导致汽车大部分功能丧失,轻则影响汽车正常使用,严重的甚至会危及行车安全。因此,汽车电气系统故障诊断对于保证车辆的正常使用至关重要。

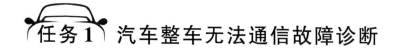

任务1 汽车整车无法通信故障诊断

情境导入

车主李先生反映,2019款吉利帝豪EV450,按下起动按钮,车辆无法上电。经维修技师检查,整车控制器无法通信。根据此情况进一步诊断分析,找到具体故障原因。

任务描述

整车控制器(VCU)是电动汽车正常行驶的控制中枢,是整车控制系统的核心部件,是电动汽车正常行驶、再生制动能量回收、故障诊断处理和车辆状态监视等功能的主要控制部件。整车控制器是电动汽车的大脑,若整车控制器无法通信,车辆无法正常运行。

项目七 / 汽车电气系统故障诊断

 学习目标

知识目标

1. 掌握整车控制器功能；
2. 掌握整车控制器电路识读方法；
3. 掌握整车控制器检测方法。

能力目标

1. 能够分析影响整车控制器通信的因素；
2. 能够制定整车控制器电源故障检测方案；
3. 能够检测诊断整车控制器无法通信故障。

素养目标

1. 培养学生主动学习和研究的意识,拓宽汽车通信系统领域的知识,提升自身的专业水平；
2. 培养学生创新思维和解决问题的能力,通过不断探索和尝试新的方法和技术,提高整车通信故障诊断的效率和准确性；
3. 培养学生的团队合作和协调能力,能够与团队其他成员有效合作,共同解决整车通信故障,实现协同效应。

 知识学习

一、整车控制器介绍

1. 整车控制器组成与原理

电动汽车整车控制系统主要分为集中式控制和分布式控制两种。

集中式控制系统的基本思想是整车控制器独自完成对输入信号的采集,并根据控制策略对数据进行分析和处理,然后直接对各执行机构发出控制指令,驱动纯电动汽车正常行驶。集中式控制系统的优点是处理集中、响应快和成本低；缺点是电路复杂,并且不易散热。

分布式控制系统的基本思想是整车控制器采集一些驾驶人信号,同时通过CAN总线与电机控制器和蓄电池管理系统通信,电机控制器和蓄电池管理系统分别将各自采集的整车信号通过CAN总线传递给整车控制器。整车控制器根据整车信息,并结合控制策略对数据进行分析和处理,电机控制器和蓄电池管理系统收到控制指令后,根据电机和蓄电池当前的状态信息,控制电机运转和蓄电池放电。分布式控制系统的优点是模块化和复杂度低；缺点是成本相对较高。

图7-1为典型分布式整车控制系统示意图,整车控制系统的顶层是整车控制器,整车控制器通过CAN总线接收电机控制器和蓄电池管理系统的信息,并对电机控制器、蓄电池管理系统和车载信息显示系统发送控制指令。电机控制器和蓄电池管理系统分别负责驱动电机和动力蓄电池组的监控与管理,车载信息显示系统用于显示车辆当前的状态信息等。

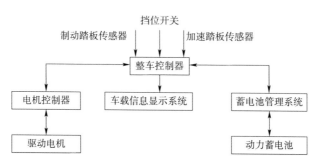

图 7-1　典型分布式整车控制系统

2. 整车控制器基本功能

整车控制器通过采集加速踏板信号、制动踏板信号和挡位开关信号等驾驶信息,同时接收 CAN 总线上电机控制器和蓄电池管理系统发出的数据,并结合整车控制策略对这些信息进行分析和判断,提取驾驶人的驾驶意图和车辆运行状态信息,最后通过 CAN 总线发出指令来控制各部件控制器的工作,保证车辆的正常行驶。整车控制器应该具备以下基本功能,如图 7-2 所示。

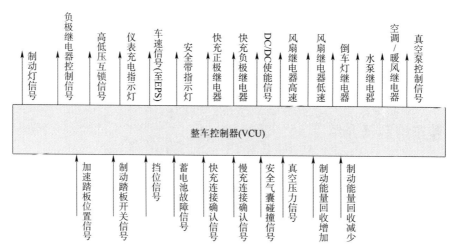

图 7-2　VCU 的控制功能

（1）对汽车行驶控制的功能。

电动汽车的驱动电机必须按照驾驶人意图输出驱动或制动转矩。当驾驶人踩下加速踏板或制动踏板时,驱动电机要输出一定的驱动功率或再生制动功率。踏板开度越大,驱动电机的输出功率越大。因此,整车控制器要合理解释驾驶人操作;接收整车各子系统的反馈信息,为驾驶人提供决策反馈;对整车各子系统发送控制指令,以实现车辆的正常行驶。

（2）整车的网络化管理。

整车控制器是电动汽车众多控制器中的一个,是 CAN 总线中的一个节点。在整车网络管理中,整车控制器是信息控制的中心,负责信息的组织与传输、网络状态的监控、网络节点的管理以及网络故障的诊断与处理。

(3)对制动能量的回收。

电动汽车区别于内燃机汽车的重要特征就是能够进行制动能量回收。整车控制器分析驾驶人制动意图、动力蓄电池组状态和驱动电机状态等信息,并结合制动能量回收控制策略,在满足制动能量回收的条件下对电机控制器发送电机模式指令和转矩指令,使得驱动电机工作在发电模式,在不影响制动性能的前提下将制动回收的能量储存在动力蓄电池组中,从而实现制动能量回收。

(4)整车能量管理和优化。

在电动汽车中,动力蓄电池除了给驱动电机供电以外,还要给电动附件供电。因此,为了获得最大的续驶里程,整车控制器将负责整车的能量管理,以提高能量的利用率。在蓄电池 SOC(荷电状态)值比较低的时候,整车控制器将对某些电动附件发出指令,限制电动附件的输出功率,以增加续驶里程。

(5)对车辆状态的监测和显示。

整车控制器通过直接采集信号和接收 CAN 总线上数据的方式获得车辆运行的实时数据,包括速度、电机的工作模式、转矩、转速、蓄电池的剩余电量、总电压、单体电压、蓄电池温度和故障等信息,然后通过 CAN 总线将这些实时信息发送到车载信息显示系统进行显示。此外,整车控制器定时检测 CAN 总线上各模块的通信,如果发现总线上某一节点不能够正常通信,则在车载信息显示系统上显示该故障信息,并对相应的紧急情况采取合理的措施进行处理,防止极端状况的发生,使得驾驶人能够直接、准确地获取车辆当前的运行状态信息。

(6)故障诊断与处理。

连续监测整车电控系统,进行故障诊断。故障指示灯指示出故障类别和部分故障码。根据故障内容,及时进行相应安全保护处理。对于不太严重的故障,应做到低速行驶到附近维修站进行检修。

(7)外接充电管理。

实现充电的连接,监控充电过程,报告充电状态,充电结束。

(8)诊断设备的在线诊断和下线检测。

负责与外部诊断设备的连接和诊断通信,实现统一诊断服务(UDS),包括数据流的读取、故障码的读取和清除、控制端口的调试。

二、整车上、下电控制逻辑

吉利帝豪 EV450 上、下电控制涉及整车控制器(VCU)、蓄电池管理系统(BMS)、电机控制器(EMC)、车身控制模块(BCM)、减速器控制器(TCU)、安全气囊控制器(ACU)、高压配电盒(B-BOX)、驱动电机、制动开关、挡位开关等。

1. 上电控制逻辑

(1)吉利帝豪 EV450 采用无钥匙进入起动系统,BCM 检测周围遥控器(UID)的有效性,遥控器发出信号回应车辆,BCM 控制解锁转向柱电子锁(ESCL),此时 BCM 通过 CAN 网络系统与动力系统进行信息认证。当驾驶人将一键起动开关置于 ACC 挡时,BCM 通过 IP23/32 端子控制 ACC 继电器 IR03 闭合,给 ACC 用电设备供电。当驾驶人将起动开关置于

ON 挡，BCM 通过 IP23/15、IP23/31 控制 IG1、IG2 继电器闭合，IG1 给 VCU 供电，IG2 给 BMS、EMC 等电控单元供电，VCU、BMS、EMC 等进行自检，无故障进入下一步。

（2）当驾驶人踩下制动踏板，按下起动开关（ST 挡），请求上电。BCM 发送起动信号给 VCU，VCU 通过动力 CAN（PCAN）检测是否满足上电条件，包括制动开关信号、挡位开关信号、高压互锁信号、旋变传感器正弦信号、旋变传感器激励信号、温度传感器信号、碰撞信号、动力蓄电池的电流和电压、整车漏电信号等是否正常。

（3）满足上电条件的情况下，VCU 通过动力 CAN 唤醒 BMS，BMS 控制负极接触器先闭合，然后启动预充程序，先闭合预充主预充继电器，串联预充电阻向车载充电机及分线盒总成输出高压电。BMS 监测输出母线电压，当输出母线电压与动力蓄电池电压相差小于 50V 时，控制主正接触器闭合，断开主预充接触器，完成上电过程。

（4）完成上电后，VCU 通过 VCAN 总线点亮仪表"READY"指示灯。同时 VCU 向 EMC 发送指令，指示电机使能信息、电机模式信息（再生制动、正向驱动、反向驱动）以及相应模式下的电机转矩；EMC 向 VCU 上报电机和控制器的各种参数及故障报警信息，主要参数包括电机转速、电机转矩、电机电压和电流，车辆进入行驶准备状态。

2. 下电控制逻辑

在上电状态下，BMS、VCU、EMC 等监测到漏电、碰撞、高压互锁、旋变传感器等故障信号时，让 BMS 控制主正接触器、负极接触器和分压接触器断开，电动汽车下电。或当驾驶人再次按下起动按钮下电时，BCM 向 VCU 请求下电，VCU 通过 PCAN 总线让 EMC 切断驱动电机驱动电源，然后通过 PCAN 发送指令给 BMS，BMS 控制主正接触器、负极接触器断开，电动汽车下电。

任务实施

一、故障原因分析

根据车辆无法上电的故障现象，结合车辆电路图，对整车控制系统进行分析，造成车辆无法上电故障可能原因如图 7-3 所示。

二、操作注意事项

在进行车辆无法上电故障检测诊断之前，应对车辆进行故障确认、基本检查等操作。

1. 车辆安全防护

布置车辆五件套，保护车身安全，防止操作过程中剐蹭车身。

2. 故障确认

根据客户描述的故障现象，进行验证，确保车辆的实际故障与客户描述一致，进行下一步诊断。

3. 基本检查

检查车辆蓄电池电压、冷却液等是否满足要求，导线接头、高低压插接件等是否有松动或脱落等情况。

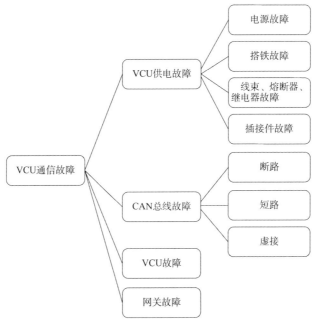

图 7-3　VCU 通信故障分析

熔断丝检测与更换

三、故障诊断操作

1. 检查蓄电池电压

蓄电池的静止电压不能低于 12.3V,在起动的瞬间,蓄电池的电压不能低于 9V。

2. 检查整车控制器电源

图 7-4 为 VCU 供电电路图,VCU 供电电源电路检测如下。

(1)用故障诊断仪访问 VCU,检查是否输出 DTC(诊断故障代码),根据输出的 DTC 检修电路。

(2)检查蓄电池电压,应为 11~14V。

(3)检查 EF19、EF29 是否熔断,EF19、EF29 线路是否有断路故障。

(4)检查 VCU 连接器 CA66 端子电压,将起动开关置于 OFF 挡,断开 VCU 线束连接器 CA66,将起动开关置于 ON 挡,用万用表直流 20V 挡测量 CA66/12-CA66/1、CA66/50-CA66/1 电压,应为 11~14V。

(5)检查 VCU 连接器 CA66 搭铁端子导通性。将起动开关置于 OFF 挡,测量 CA66/1、CA66/2、CA66/26、CA66/54 与车身搭铁电阻,应小于 1Ω。

3. 检查整车控制器通信信号

如图 7-5 整车控制局部电路图所示,CA66/7、CA66/8、CA66/22、CA66/23 为动力 CAN 和车身 CAN 信号,关闭起动开关,将无损探针分别刺入 CA66/22、CA66/23 端子,连接双通道示波器测试线,打开起动开关,用示波器观察 V-CAN-H 和 V-CAN-L 信号。同理,检查 CA66/7、CA66/8 的 P-CAN-H 和 P-CAN-L 信号,对波形进行分析。

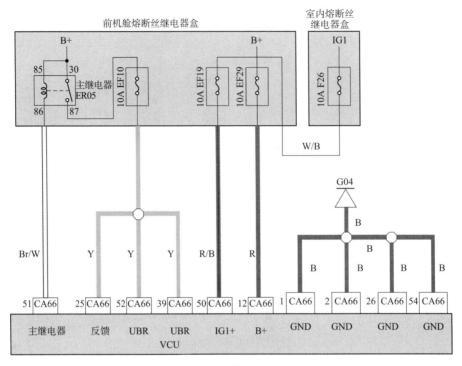

图 7-4 VCU 供电电路图

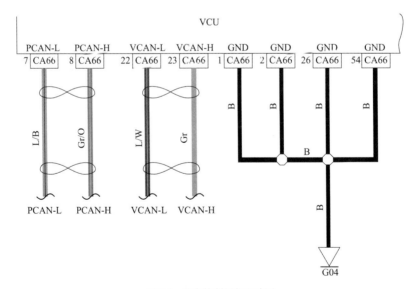

图 7-5 整车控制局部电路图

最后,检查整车控制器本身。

拓展迁移

从市场规模来看,整车控制器市场规模与新能源汽车产量相关。2023 年,我国新能源汽车整车控制器的市场规模达 112.1 亿元。

企业方面,我国在20世纪就有相关规划及技术储备,"863"计划中我国整车控制器主要是以高校为依托进行研究,目前已掌握了整车控制器的软、硬件开发能力。产品功能较为完备,可以满足电动汽车的需求,已经大量应用到电动汽车产品上。

国内市场方面,参与整车控制器供应体系主要有三类企业:主机厂、硬件及底层软件提供商、第三方供应商。作为电动汽车核心零部件,车企大多自己研发生产整车控制器及系统设计,国内诸如比亚迪、长安、上汽、宇通、金龙等企业均为自己配套,只有部分产品及零部件通过外购。电机电控企业也进入该领域,如大洋电机、方正电机、汇川技术等。

从整车控制器配套数量来看,主机厂自供的比例占据绝大的市场份额,目前配套比例超过50%,尤其是在客车及专用车领域,基本上都是由车企自己配套;其次为第三方供应商,而第三方供应商部分企业也由车企持股或者战略合作。

从趋势来看,随着电动汽车市场逐渐繁荣与成熟,整车控制器市场格局也将出现分化。部分拥有核心技术的车企将自己研发生产整车控制器,而不具备研发实力的企业将不得不通过外购的形式解决。由此,车企间将会因为核心零部件的差异,形成明显的梯队竞争格局。

反思提升

在汽车维修领域,整车无法通信故障诊断是一项关键的技能,同时也具备极强的挑战性。面对复杂的电子系统和通信网络,具备自主学习和自我提升的能力是尤为重要的。

在面对整车无法通信故障时,创新思维从而解决问题的能力是我们最宝贵的财富。诊断故障时,我们要善于从不同的角度思考问题,寻找非常规的解决方案。同时,要使用各种诊断工具和仪器,如故障诊断仪、示波器和网络分析仪,对整车通信系统进行全面的检测和分析。通过仔细解读故障码和实时数据,才能够快速准确地定位故障的位置和原因。

另外,团队合作和协调能力对整车无法通信故障诊断产生重要的影响。在面对复杂的通信线路故障时,通过有效的沟通和协调,能够充分发挥团队成员的专长,实现协同效应,提高维修质量。

总之,自主学习和自我提升、创新思维和解决问题能力、团队合作和协调能力是我们在检测诊断汽车故障所需要和仰仗的重要素养。这些素养可以持续提高技术水平和操作熟练度,为客户提供准确、高效的维修服务。

任务工单

任务名称		汽车整车无法通信故障诊断	
班级		姓名	
地点		日期	
小组人员		工作效果	

续上表

Step1：制订汽车整车无法通信故障诊断的工作计划
（1）如要保证整车正常上电，需满足哪些基本条件？
（2）概述整车上电控制逻辑。
（3）说出车辆无法上电的原因可能有哪些。
（4）通过前面的资料搜集等工作，了解在车辆高压上电，需要哪些基本信号？其作用分别是什么？

信号	作用

Step 2：说明进行汽车整车无法通信故障诊断故障排除的工作步骤，并制订一份故障表
（1）填写汽车整车无法通信故障诊断详细步骤和所需工具。

工作步骤	所需工具

续上表

工作步骤	所需工具

(2) 根据测量结果填写下表。

项目	实测值	标准值	结果分析
蓄电池电压			
制动开关信号电压			
挡位开关信号			
故障码			
数据流			

(3) 整车控制器电源的检测。

(4) 整车控制器通信的检测。

(5) 根据故障码和数据流等关键信息分析可能的故障原因。

续上表

故障原因:
(6)根据对整车控制器电路图的分析,并结合整车控制器无法通信的故障现象,对相应器件进行有针对性的检测和排查。
Step3:部件、线路等测量
(1)线路测量。 ①整车控制器电源线、搭铁线。 ②整车控制器通信线。 (2)部件测量。 ①制动开关。 ②挡位开关。 ③整车控制器。 (3)最终锁定故障点,进行排除。
自我总结
在汽车整车无法通信故障诊断工作中,个人的收获和不足有哪些?

任务 2 汽车空调不制冷故障诊断

情境导入

车主王先生反映,2019款吉利帝豪EV450,按下起动按钮,车辆上电正常,但空调不制冷。经维修技师检查,空调系统压力异常,导致空调压缩机不工作。根据此情况需要进一步诊断分析,找到具体故障原因并予以排除。

任务描述

汽车空调(AC)用于把汽车车厢内的温度、湿度、空气清洁度及空气流动调整和控制在最佳状态,为乘员提供舒适的乘坐环境,减少旅途疲劳;为驾驶人创造良好的工作条件,对确保安全行车起到重要作用。汽车空调一般包括制冷装置、取暖装置和通风换气装置。

学习目标

知识目标
1. 掌握汽车空调制冷系统组成与工作原理;
2. 掌握空调压缩机控制策略;
3. 掌握空调不制冷故障诊断方法。

能力目标
1. 能够分析影响空调制冷性能的因素;
2. 能够制定空调不制冷检测方案;
3. 能够完成空调不制冷故障检测诊断。

素养目标
1. 培养学生分析空调故障本源,保持学习的职业态度;
2. 培养学生团队合作意识,能与团队成员合作,共同解决复杂的空调故障,提供高质量的维修服务;
3. 培养学生精益求精的工匠精神,追求卓越的技术水平,不断提升对空调系统的理解和故障诊断能力。

知识学习

一、汽车空调制冷系统组成与工作原理

1. 汽车空调系统的功用

汽车空调系统通过人为的方式创造一个对人体适宜的环境,即对车内的温度、湿度、气

流速度进行调节,且具有净化空气的功能。除此之外,汽车空调还能在特殊气候季节除去风窗玻璃上的雾、霜、雪等,使驾驶人视野清晰,确保行车安全。

(1) 调节车内温度。驾驶人根据气候的变化,通过调节或设定空调控制面板上的温度调节开关,调节或设定适宜的车内温度。

(2) 调节车内湿度。通过制冷或取暖装置去除空气中的水分,使车内湿度控制在 50% ~ 70% 的人体舒适范围之内。

(3) 调节车内气流速度。根据人体生理特点,使空气流动方向形成上凉足暖的环境,且通过出风口位置、出风方向和鼓风机挡位来调节车内空气的流速。

(4) 车内空气过滤和净化。车内空间小、乘客密度大,且发动机废气和道路上的粉尘都容易进入车内,容易造成车内空气污浊,严重影响乘员的舒适性和身体健康。因此,汽车空调还具有补充车外新鲜空气、过滤和净化车内空气的功能。

(5) 除霜除雾功能。当车内外温差相差较大时,车窗玻璃上会出现霜或雾,影响驾驶人视线,可以利用空调相应模式予以去除。

2. 汽车空调制冷系统组成

以 R134a 为制冷剂的汽车空调制冷系统主要包括压缩机、电磁离合器、压缩机、冷凝器、散热风扇、膨胀阀、蒸发器、蒸发器温度传感器、制冷连接管路、高低压检测连接接头、调节与控制装置等,如图 7-6 所示。

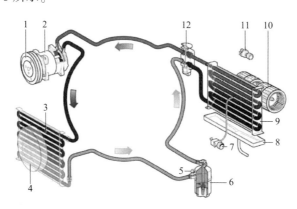

图 7-6 汽车空调制冷系统的组成

1-电磁离合器;2-压缩机;3-冷凝器;4-散热风扇;5-压力传感器;6-储液罐;7-蒸发器温度传感器;8-冷凝水排水槽;9-蒸发器;10-蒸发器风扇;11-风扇开关;12-膨胀阀

(1) 压缩过程。

压缩机工作,将蒸发器出来的低温低压制冷剂过热蒸气(温度约为 0℃、压力 0.15 ~ 0.2MPa)压缩成高温高压的制冷剂过热蒸气(温度约 70 ~ 80℃、压力约为 1.5MPa),送往冷凝器冷却降温。

(2) 冷凝过程。

进入冷凝器的制冷剂过热蒸气,在流动过程中与流过冷凝器的外部环境空气进行热交换,向环境空气散热,从冷凝器出来的制冷剂被冷凝成中温高压(约为 45℃,压力约为 1.5MPa)的过冷制冷剂液体。

(3)节流过程。

从冷凝器出来的过冷制冷剂液体经过储液干燥器过滤后,经过膨胀阀节流降压,过冷液态制冷剂的压力和温度急剧下降,变成低温低压(温度约-10℃,压力约为0.15~0.25MPa)的制冷剂湿蒸气,进入蒸发器中迅速吸热蒸发。节流过程同时进行流量控制,以便供给蒸发器所需的制冷剂,从而达到控制温度的目的。

(4)蒸发过程。

进入蒸发器的低温低压制冷剂湿蒸气与蒸发器表面流过的车内空气进行热交换,制冷剂吸收车内空气的热量汽化,从蒸发器出来时变成低温低压(温度约为0℃,压力约为0.15~0.25MPa)的制冷过热蒸气。从蒸发器流出的低温低压制冷剂过热蒸气再被吸入压缩机,进行下一次制冷循环。

二、压缩机控制策略

电动空调压缩机的启动需同时满足保护控制策略和启动请求之一。

1. 保护控制策略

(1)蒸发器温度见表7-1。

蒸发器温度　　　　　　　　　　　　　　　　　表7-1

温度	策略	温度	策略
≥4℃	允许压缩机启动	≤0℃	禁止压缩机启动

(2)环境温度见表7-2。

环境温度　　　　　　　　　　　　　　　　　　表7-2

温度	策略	温度	策略
≥-1℃	允许压缩机启动	≤-3℃	禁止压缩机启动

(3)空调高低压开关见表7-3。

空调高低压开关　　　　　　　　　　　　　　　表7-3

压力	策略
0.196MPa≤P≤3.14MPa	允许压缩机启动
≤0.196MPa 或 ≥3.14MPa	禁止压缩机启动

2. 启动请求策略

(1)启动请求1:AC按键打开,请求压缩机启动。

(2)启动请求2:AUTO模式下,根据实际情况计算需开启制冷,请求压缩机启动。

(3)启动请求3:BMS有蓄电池冷却需求,且环境温度>16℃,请求压缩机启动。

三、空调压力开关电路分析(图7-7)

空调压力开关(传感器)是空调控制系统的一个控制元件,因为分别在高、低、中管路压力下起作用,因而称为"三态压力开关",其安装在高压管路上,作用如下:

(1) 低压开关在空调系统有泄漏或制冷剂少时,为了保护压缩机不损坏,强行切断压缩机的控制电路,使压缩机停止工作。

(2) 中态开关在冷凝压力偏高时,强行让冷凝风扇高速旋转,降低高压压力,增加冷却效果。

(3) 高压开关为了防止系统压力太大、导致系统爆炸等,强行让压缩机停止工作。当空调高压压力异常高时,高压开关打开,切断压缩机的控制电路,使空调系统停止工作。

根据空调制冷循环制冷剂压力值,打开或关断压力开关,传送空调系统压力信号,实现空调系统的压力保护。制冷管路电磁阀属于开关阀,根据需要,在只有蓄电池冷却时,关闭进入乘员舱的制冷剂回路。当高压侧压力为 $0.196\text{MPa} \leqslant P \leqslant 3.14\text{MPa}$ 时,允许压缩机启动,否则实施高压保护,压缩机停止工作;当高压侧压力大于 1.77MPa 时,启动冷凝风扇高速转动;当高压侧压力小于 1.37MPa 时,冷凝风扇低速转动。

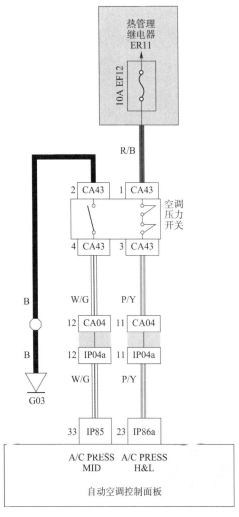

图 7-7 空调压力开关电路图

四、空调制冷效果检查

踩下制动踏板,打开点火开关,组合仪表"ready 指示灯"亮起;按压 AC 按钮,风速调至挡位 4,温度设置为最低温度,如图 7-8 所示,测量中央出风口温度,如与环境温度一致,则表明制冷系统完全失效、高速及低速散热风扇均不工作。

图 7-8 空调制冷效果检查

任务实施

一、故障原因分析

打开空调制冷开关,出风口风速正常,温度与环境温度一致,则初步判断鼓风机正常,空调压缩机工作条件没有达到,初步判断蒸发器温度过低或异常、环境温度过低、空调压力过低或过高等故障。

根据"空调不制冷"故障现象,结合初步判断结果"压缩机不工作",查阅吉利帝豪EV450空调系统电路图,进一步分析压缩机不工作可能原因。

(1)空调压力开关损坏。
(2)空调压力开关相关线路损坏。
(3)空调压缩机供电线路故障。
(4)空调压缩机控制线路故障。
(5)高压互锁线路故障。

空调不制冷
故障诊断

二、故障诊断操作

1. 连接故障诊断仪,读取空调系统数据流

连接故障诊断仪,读取故障码,全车系统无故障码存在,进入空调系统读取数据流,按下AC按键,打开空调,观察到"AC制冷按键"数据一直为关闭的异常状态,说明空调控制器无制冷指令输出,判断可能空调制冷工作前提条件没达到,如图7-9所示。

图7-9 AC制冷按键异常

蒸发器温度为23.5℃,环境温度为28℃,数据正常,排除蒸发器温度过低或异常、环境温度过低的可能,如图7-10所示。

2. 数据流分析

通过对故障现象及空调系统数据流分析,故障原因可能为空调制冷压力异常。

图 7-10 环境温度与蒸发器温度数据流正常

3. 故障检测排除

（1）打开点火开关至 ON 挡位，使用万用表测量空调压力开关供电熔断丝 EF12 上、下游供电情况如图 7-11 所示，测量结果及可能情况见表 7-4。

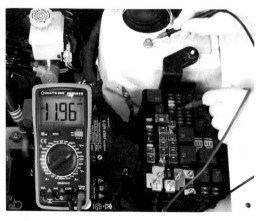

图 7-11 测量 EF12 熔断丝供电电压

空调压缩机及电磁离合器的检测

测量空调压力开关供电熔断丝 EF12 上、下游供电测量结果及可能情况   表 7-4

步骤	测试内容	测试值	标准值	可能故障原因	处理意见
1	EF12 上游对地电压	11～14V	11～14V	EF12 上游供电正常	正常
		0V～11V	11～14V	EF12 上游虚接	检查上游线路至蓄电池正极接线端，线路电阻应小于 1Ω
		0V	11～14V	EF12 上游断路	检查上游线路至蓄电池正极接线端，线路电阻应小于 1Ω
2	EF12 下游对地电压	11～14V	11～14V	工作正常	正常
		0V～11V	11～14V	EF12 内部虚接	更换 EF12
		0V	11～14V	EF12 内部断路	需检查下游线路短路情况，更换 EF12

(2)断开蓄电池负极,断开空调压力开关 CA43,重新连接蓄电池负极,测量空调压力开关 CA34/1 号与搭铁之间的电压值如图 7-12 所示,测量结果及可能情况见表 7-5。

空调系统抽真空

图 7-12 空调压力开关 CA34/1 号与搭铁电压测量值

空调压力开关 CA34/1 号与搭铁电压测量结果及可能情况　　　　表 7-5

测试内容	测试值	标准值	可能故障原因	处理意见
空调压力开关 CA34/1 号与搭铁电压	11~14V	11~14V	空调压力开关供电线路正常	正常
	0V~11V	11~14V	空调压力开关 CA34/1 号与搭铁电压虚接	空调压力开关 CA34/1 号至熔断丝 EF12 之间线路电阻应小于1Ω
	0V	11~14V	空调压力开关 CA34/1 号与搭铁电压断路	空调压力开关 CA34/1 号至熔断丝 EF12 之间线路电阻应小于1Ω

(3)测量空调压力开关 1 号与 3 号之间电阻值如图 7-13 所示,测量结果及可能情况见表 7-6。

图 7-13 空调压力开关 1 号与 3 号之间电阻值

空调压力开关 1 号与 3 号之间电阻值测量结果及可能情况　　　　表 7-6

测试内容	测试值	标准值	可能故障原因	处理意见
空调压力开关 1 号与 3 号之间电阻值	<1Ω	<1Ω	空调制冷剂压力正常	正常
	∞	<1Ω	空调制冷剂不足	检查制冷剂泄漏并添加制冷剂

（4）断开蓄电池负极，断开空调控制器线束插接器 IP85 与 IP86a；测量空调压力开关 CA43/3 号、CA43/4 号与空调控制模块 IP86a/23 号、IP85/33 号线路之间电阻值如图 7-14 所示，测量结果及可能情况见表 7-7。

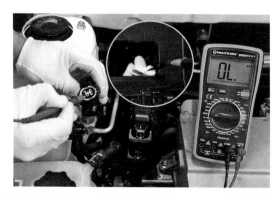

图 7-14　空调压力开关 CA43/3 号与空调控制模块 IP86a/23 号线路之间电阻测量值

CA43/3 号、CA43/4 号与 IP86a/23 号、IP85/33 号线路电阻测量结果及可能情况　表 7-7

步骤	测试内容	测试值	标准值	可能故障原因	处理意见
1	测量 CA43/3 号与 IP86a/23 号电阻值	小于 1Ω	小于 1Ω	线路正常	正常
		大于 1Ω 的具体电阻值	小于 1Ω	CA43/3 号与 IP86a/23 号线路虚接	维修检查 CA43/3 号与 IP86a/23 号间线路
		无穷大	小于 1Ω	CA43/3 号与 IP86a/23 号线路断路	维修检查 CA43/3 号与 IP86a/23 号间线路
2	测量 CA43/4 号与 IP85/33 号电阻值	小于 1Ω	小于 1Ω	线路正常	正常
		大于 1Ω 的具体电阻值	小于 1Ω	CA43/4 号与 IP85/33 号线路虚接	维修检查 CA43/4 号与 IP85/33 号间线路
		无穷大	小于 1Ω	CA43/4 号与 IP85/33 号线路断路	维修检查 CA43/4 号与 IP85/33 号间线路

4. 故障排除确认

故障修复后，打开空调制冷功能，中央出风口最低的出风温度约为 7℃，冷却风扇工作正常，制冷功能恢复正常。

拓展迁移

热泵空调是一种高效节能的空调设备，它利用热泵技术实现制热或制冷功能。热泵空调的核心部件是压缩机和热交换器，通过吸收或排出空气中的热量来控制室内温度。

热泵制热本质上和空调制冷是同样的原理。不同之处在于空调是通过制冷剂在蒸发器蒸发从室/舱内环境吸热，再把吸走的热量以及压缩机做的功一起通过制冷剂在冷凝器冷凝向室/舱外环境排出；而热泵则反之，从室/舱外环境吸热，向室/舱内放出吸取的热量以及压缩机做的功。正常情况下，热泵制热量一定大于压缩机用电量，因此比电热元件更节能。由于吸热放热位置的颠倒,在普通汽车空调系统的基础上,热泵的实现需要额外的改动。

反思提升

在汽车维修领域,追求卓越、精益求精的工匠精神是我们不懈追求的目标。当面对汽车空调不制冷的故障时,我们展现出了这种精神的力量。

我们深入理解汽车空调系统的工作原理和组成部分。我们知道,空调系统包括压缩机、蒸发器、冷凝器等关键组件,它们协同工作,通过制冷剂的循环流动来实现制冷效果。我们不仅了解空调系统的基本原理,还精通各个组件的功能和相互关系。

我们运用精益求精的工匠精神,细致详尽地进行故障诊断。使用专业的诊断工具,如空调压力表、温度计和电压表,对空调系统进行全面的检测和分析。我们仔细排查压力、温度和电路等各个方面的问题,确保准确地找出故障的根源。

在诊断过程中,我们始终坚持追求卓越。不满足于表面的问题,而是通过持续学习和不断更新知识和技能,跟随汽车技术的发展步伐,不断探索新技术、新工具和新方法,以提供更高效、更准确的空调故障诊断和维修服务。

在今后的学习和工作中,我们将个人解决问题的能力与团队协同合作相结合。团队成员紧密合作,发挥个人主观能动性,共同解决复杂的空调故障;团队成员相互支持、相互学习,共同追求卓越的目标。我们始终坚信,通过团队的力量,必能真正发挥出工匠精神的价值。

任务工单

任务名称		汽车空调不制冷故障诊断	
班级		姓名	
地点		日期	
小组人员		工作效果	
Step1:制订汽车空调不制冷故障诊断的工作计划			

(1)如要保证空调制冷正常,需满足哪些基本条件?

(2)概述空调压缩机控制逻辑。

续上表

(3)说出空调不制冷的原因可能有哪些。

(4)通过前面的资料搜集等工作,了解在空调制冷需要哪些基本信号? 其作用分别是什么?

信号	作用

Step 2:说明进行汽车空调不制冷故障诊断的工作步骤,并制订一份故障表

(1)填写汽车空调不制冷故障诊断详细步骤和所需工具。

工作步骤	所需工具

(2)根据测量结果填写下表。

项目	实测值	标准值	结果分析
蓄电池电压			
故障码			
数据流			

续上表

(3)空调制冷剂压力的检测。

(4)空调压力开关的检测。

(5)根据故障码和数据流等关键信息分析可能的故障原因。
故障原因：

(6)根据对空调压力开关的分析，并结合空调不制冷的故障现象，对相应器件进行有针对性地检测和排查。

Step3：部件、线路等测量

(1)线路测量。
①空调压力开关供电线路。
②空调压力开关信号线路。

续上表

(2)空调压力开关测量。
(3)最终锁定故障点,进行排除。
自我总结
在汽车空调不制冷故障诊断工作中,个人的收获和不足有哪些?

任务3　汽车前照灯不亮故障诊断

情境导入

客户王先生的吉利帝豪 EV450,行驶里程约 5 万 km,该车左前近光灯不工作,经 4S 店维修技师检查确认,此车在打开近光灯开关时,左前近光灯不亮,请对该故障进行检测诊断并予以排除。

任务描述

前照灯又称前大灯或头灯,主要用于夜间行车时的道路照明,灯光为白色。为了确保夜间行车的安全,前照灯应保证车前有明亮而均匀的照明,使驾驶人能够看清楚车前 100m(或更远)内道路上的任何障碍物。前照灯应具有防眩目的装置,以免夜间会车时,使对方驾驶人因眩目而发生事故。前照灯包括远光灯和近光灯两个灯丝,远光灯用于保证车前道路 100m 以上明亮均匀的照明,功率一般为 50～60W;近光灯在会车时和市区内使用,避免迎面来车驾驶人眩目,又保证车前 50m 内的路面照明,功率一般为 30～55W。前照灯有两灯制和四灯制两种配置方法。若前照灯不亮将会影响夜间行车安全,如发生前照灯不亮故障,应及时检测诊断并予以排除。

学习目标

知识目标

1.掌握前照灯的组成结构及功能;

2.掌握前照灯电路图识读；

3.掌握前照灯不亮检测方法。

能力目标

1.能够分析影响前照灯工作性能的因素；

2.能够分析前照灯不亮故障原因；

3.能够完成前照灯不亮故障检测诊断。

素养目标

1.培养学生细致严谨的工作态度，科学运用基本原理和实践技能，实现专业技能升级；

2.培养学生积极学习与掌握新技术、新工具和新方法的热情，不断拓展灯光故障诊断的知识边界；

3.培养学生守正创新的职业态度，保持对新技术的学习态度，不断更新知识和技能，跟随汽车技术的发展步伐。

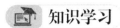

一、吉利帝豪 EV450 灯光系统元件的位置

如图 7-15、图 7-16 所示为吉利帝豪 EV450 的灯光系统具体位置示意图。

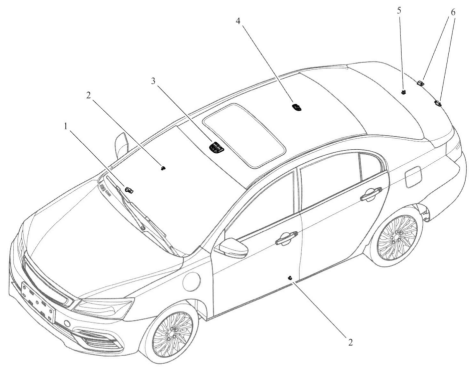

图 7-15　吉利帝豪 EV450 的灯光系统示意图 1

1-杂物箱灯；2-车门灯；3-前排阅读灯；4-后排阅读灯；5-行李舱灯；6-牌照灯

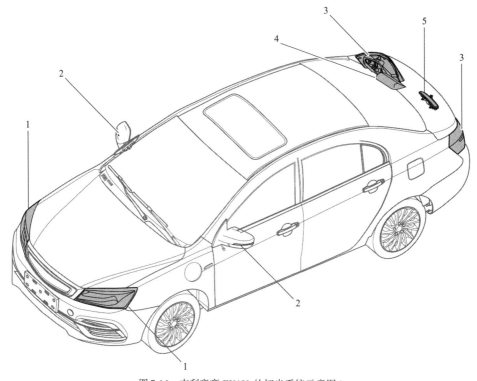

图 7-16 吉利帝豪 EV450 的灯光系统示意图 2
1-前组合灯总成；2-侧转向灯总成；3-后组合灯总成；4-后雾灯总成；5-高位制动灯总成

二、前照灯

1. 前照灯的使用

前照灯由转向柱左侧的多功能操纵杆控制，将前照灯开关转至第一个位置时，将点亮位置灯、牌照灯和仪表板照明灯；将前照灯开关转至第二个位置时，除点亮所有上述灯外，还点亮前照灯；在前照灯开关转至关闭位置时，关闭所有灯，如图 7-17 所示。

前照灯不亮
故障的排除

图 7-17 吉利帝豪 EV450 前照灯

前照灯的远光和近光也由该操纵杆控制。当前照灯接通时，将操纵杆向前推离，驾驶人直到听到咔嗒声，即从近光变为远光。在前照灯远光接通时，组合仪表总成上的指示灯点亮。将操纵杆朝驾驶人方向拉回，则从远光变为近光。如果继续朝驾驶人方向拉，仍可以从近光变为远光，不过当手松开时，操纵杆会自动回到近光位置。

前照灯必须对光才能实现正确的路面照明。当安装新的前照灯总成时或者当对前端区域的维修可能已影响到前照灯总成或其安装座时，应检查前照灯对光。

2. 前照灯未关提醒蜂鸣器

当前照灯开关处于前照灯接通或位置灯接通位置时，同时操作起动开关，使电源模式不在"ACC（附件）""ON（接通）"或"START（起动）"位置，此时车身控制模块监测驾驶人车门状态，如果左前门打开，车身控制模块将使蜂鸣器鸣响。如果前照灯关闭，车身控制模块将检测不到前照灯开关处于打开状态，蜂鸣器不鸣响。

三、近光灯电路分析

如图 7-18 所示，当打开近光灯时，多功能操纵杆控制灯光组合开关线束插接器 IP38/10 与 IP38/1 导通搭铁，近光灯继电器线圈 3 号与 5 号通电，近光灯继电器开关触点吸合，蓄电池正极电源经过近光灯继电器开关触点通过 2 号输出端、熔断丝 EF22 与 EF23，然后接通至近光灯灯泡，最后连接搭铁行程回路，近光灯同时亮起。近光灯电路图含义见表 7-8。

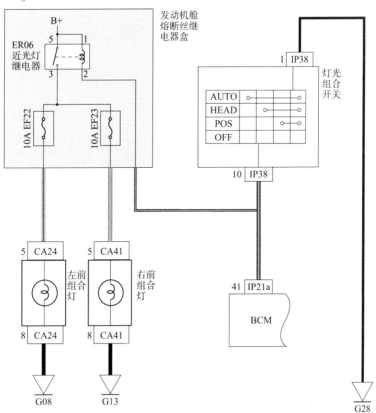

图 7-18　近光灯控制电路

近光灯控制电路端子含义　　　　　　　　表 7-8

近光灯控制电路端子	电路端子含义
组合开关 IP38/10	近光灯继电器线圈控制线
组合开关 IP38/1	组合开关接搭铁
EF22	左前近光灯供电熔断丝
EF23	右前近光灯供电熔断丝
左前组合灯 CA24/5	左前近光灯供电线路
左前组合灯 CA24/8	左前近光灯搭铁线路
右前组合灯 CA41/5	右前近光灯供电线路
右前组合灯 CA41/8	右前近光灯搭铁线路
车身控制单元 BCM IP21a/41	组合开关在自动档,环境光照传感器检测环境光照不强,控制近光灯继电器线圈搭铁,近光灯亮起

任务实施

一、故障原因分析

根据"近光灯不亮"的故障现象,查阅吉利帝豪 EV450 灯光系统电路图,分析该故障可能原因有:

(1)近光灯灯泡损坏。
(2)近光灯继电器元件损坏。
(3)近光灯继电器供电线路故障。
(4)近光灯继电器控制线路故障。
(5)近光灯继电器输出线路故障。
(6)近光灯熔断丝故障。
(7)近光灯线路故障。
(8)组合开关故障。
(9)组合开关近光灯控制线路故障。

二、故障诊断操作

1. 近光灯灯泡检查

(1)关闭点火开关。
(2)断开前照灯线束插接器,如图 7-19 所示。
(3)拆卸近光灯保护罩,如图 7-20 所示。
(4)断开近光灯线束插头,拆出近光灯灯泡,如图 7-21 所示。
(5)检查近光灯灯泡是否正常,如图 7-22 所示,如果不正常,则更换新的近光灯灯泡。

(6)近光灯灯泡检查完成之后,安装近光灯灯泡,检查近光灯是否工作正常。

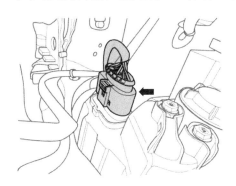

图 7-19 断开前照灯线束插接器

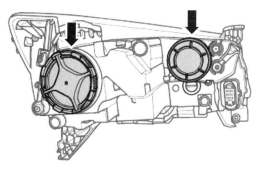

图 7-20 拆卸近光灯保护罩

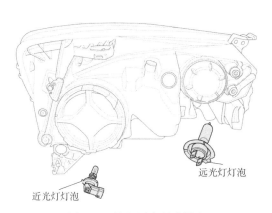

图 7-21 断开近光灯线束插头

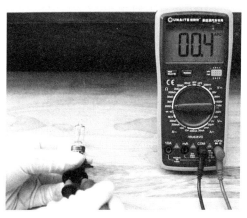

图 7-22 近光灯灯泡检查

2. 近光灯熔断丝检查

(1)找到前舱配电盒,打开前舱配电盒盖。

(2)查找近光灯供电熔断丝 EF22 与 EF23,如图 7-23 所示。

(3)使用合适工具,取下近光灯供电熔断丝 EF22 与 EF23。

(4)将万用表的红黑表笔分别连接熔断丝 EF22 与 EF23 两个针脚,检测熔断丝的电阻,如图 7-24 所示。

(5)若测量值与标准值不符,则说明熔断丝损坏,需排除熔断丝上下游线路无对地短路故障,再更换新的近光灯熔断丝;测量结果及可能情况见表 7-9。

3. 近光灯线路检查

(1)将组合开关调至近光灯挡位。

(2)使用万用表检测左前组合灯 CA24/5 对地之间电压值,以及右前组合灯 CA41/5 对地之间电压值。检测近光灯供电电压,如图 7-25 所示。

(3)若测量值与标准值不符,则说明近光灯供电线路存在故障,需更换或维修近光灯供电线路,测量结果及可能故障原因见表 7-10。

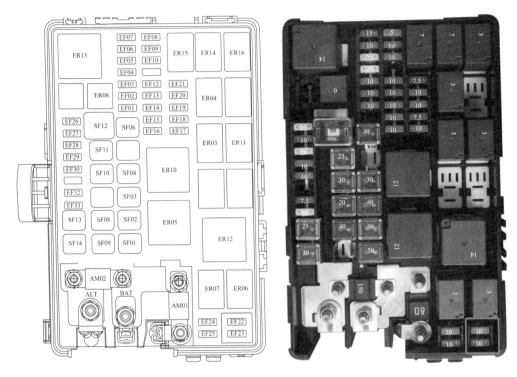

图 7-23　近光灯熔断丝位置

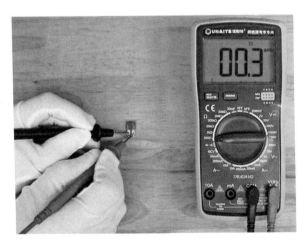

图 7-24　熔断丝检测

EF22 和 EF23 熔断丝测量结果及可能故障原因　　　　　　　　　　表 7-9

步骤	测试内容	标准值	测量值	可能故障原因	处理意见
1	EF22	小于 1Ω	小于 1Ω	熔断丝正常	正常
			∞	熔断丝损坏	检查 EF22 熔断丝上下游线路对地之间电阻，正常线路电阻∞，如果电阻线路小于 1Ω 说明线路断路故障

续上表

步骤	测试内容	标准值	测量值	可能故障原因	处理意见
2	EF23	小于1Ω	小于1Ω	熔断丝正常	正常
			∞	熔断丝损坏	检查EF23熔断丝上下游线路对地之间电阻,正常线路电阻∞,如果电阻线路小于1Ω说明线路断路故障

图 7-25 近光灯供电电压

近光灯供电线路对地之间电压测量结果及可能故障原因　　表 7-10

步骤	测试内容	标准值	测量值	可能故障原因	处理意见
1	左前组合灯 CA24/5 对地之间电压值	11~14V	11~14V	供电线路正常	正常
			0~11V	供电线路虚接	检查左前组合灯 CA24/5 与熔断丝 EF22 输出端之间电阻值,正常线路电阻小于1Ω
			0V	供电线路断路	检查左前组合灯 CA24/5 与熔断丝 EF22 输出端之间电阻值,正常线路电阻小于1Ω
2	右前组合灯 CA41/5 对地之间电压值	11~14V	11~14V	供电线路正常	正常
			0~11V	供电线路虚接	检查右前组合灯 CA41/5 与熔断丝 EF23 输出端之间电阻值,正常线路电阻小于1Ω
			0V	供电线路断路	检查右前组合灯 CA41/5 与熔断丝 EF23 输出端之间电阻值,正常线路电阻小于1Ω

(4)关闭近光灯开关,断开组合灯线束连接器 CA24 和 CA41。

(5)使用万用表检测左前组合灯 CA24/8 对地之间电阻值,以及右前组合灯 CA41/8 对地之间电阻值。检测近光灯搭铁线路是否正常。

(6)若测量值与标准值不符,则说明近光灯搭铁线路存在故障,需更换或维修近光灯搭铁线路;测量结果及可能故障原因见表7-11。

近光灯搭铁线路导通性测量结果及可能故障原因　　　　表7-11

步骤	测试内容	标准值	测量值	可能故障原因	处理意见
1	左前组合灯CA24/8对地之间电阻值	小于1Ω	小于1Ω	搭铁线路正常	正常
			大于1Ω 的具体电阻值	搭铁线路虚接	检查左前组合灯CA24/8与搭铁点G08之间线路
			∞	搭铁线路断路	检查左前组合灯CA24/8与搭铁点G08之间线路
2	右前组合灯CA41/8对地之间电阻值	小于1Ω	小于1Ω	搭铁线路正常	正常
			大于1Ω 的具体电阻值	搭铁线路虚接	检查右前组合灯CA41/8与搭铁点G13之间线路
			∞	搭铁线路断路	检查右前组合灯CA41/8与搭铁点G13之间线路

4. 近光灯继电器元件检查

(1)找到前舱配电盒,打开前舱配电盒盖。

(2)查找近光灯继电器ER06,如图7-26所示。

(3)拔出ER06继电器。

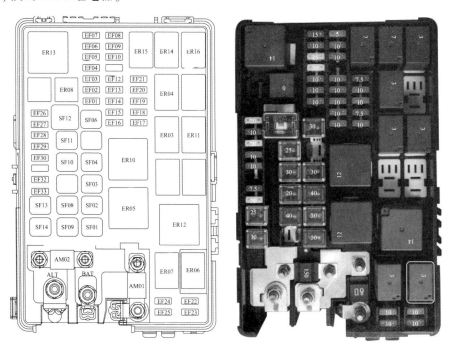

图7-26　近光灯继电器位置

(4)使用万用表检测ER06近光灯继电器1号与2号之间电阻值,检测继电器线圈电阻值,如图7-27所示。

图 7-27 近光灯继电器线圈检测

（5）若测量值与标准值不符，则说明近光灯继电器线圈损坏，需更换继电器，测量结果及可能故障原因见表 7-12。

ER06 继电器线圈测量结果及可能故障原因　　　　表 7-12

测试内容	标准值	测量值	可能故障原因	处理意见
检测 ER06 继电器 1 号与 2 号之间电阻值	60～120Ω	60～120Ω	继电器线圈正常	正常
		∞	继电器线圈断路	更换继电器 ER06

（6）使用万用表检测 ER06 近光灯继电器 3 号与 5 号之间电阻值，检测继电器内部常开触点电阻值，如图 7-28 所示。

图 7-28 近光灯继电器触点开关检测

（7）若测量值与标准值不符，则说明 ER06 近光灯继电器内部常开触点损坏，需更换新的 ER06 近光灯继电器，测量结果及可能故障原因见表 7-13。

ER06 继电器触点开关测量结果及可能故障原因　　　　表 7-13

测试内容	标准值	测量值	可能故障原因	处理意见
检测 ER06 继电器 3 号与 5 号之间电阻值	∞	∞	继电器内部常开触点正常	正常
		测量出具体电阻值	继电器常开触点烧蚀	更换继电器 ER06

（8）将连接 12V 低压蓄电池正极的红色跨接线，连接 ER06 近光灯继电器 1 号，将连接 12V 低压蓄电池负极的黑色跨接线，连接 ER06 近光灯继电器 2 号，判断 ER06 近光灯继电

器 1 号内部常开触点是否闭合。

（9）将万用表红黑表笔分别连接 ER06 近光灯继电器 3 号和 5 号，检测 ER06 近光灯继电器内部常开触点之间的电阻，如图 7-29 所示。

图 7-29　近光灯继电器线圈通电后触点开关检测

（10）若测量值与标准值不符，则说明 ER06 近光灯继电器内部常开触点损坏，需更换新的 ER06 近光灯继电器，测量结果及可能故障原因见表 7-14。

ER06 继电器触点开关测量结果及可能故障原因　　　　　　表 7-14

测试内容	标准值	测量值	可能故障原因	处理意见
检测 ER06 继电器 3 号与 5 号之间电阻值	小于 1Ω	小于 1Ω	继电器内部常开触点正常	正常
		∞	继电器常开触点无法闭合	更换继电器 ER06

5. 近光灯继电器线路检查

（1）使用万用表测量 ER06 近光灯继电器底座 1 号对地之间的电压值，检测 ER06 近光灯继电器线圈供电电源。

（2）若测量值与标准值不符，则说明 ER06 近光灯继电器线圈电源线存在供电异常，需对供电导线进行导通性测试，测量结果及可能故障原因见表 7-15。

ER06 继电器线圈电源线电压测量结果及可能故障原因　　　　　　表 7-15

测试内容	标准值	测量值	可能故障原因	处理意见
ER06 近光灯继电器底座 1 号对地之间的电压值	11~14V	11~14V	继电器线圈供电线路正常	正常
		0~11V	继电器线圈供电线路虚接	检查 ER06 近光灯继电器底座 1 号与蓄电池正极之间电阻值，正常线路电阻小于 1Ω
		0V	继电器线圈供电线路断路	检查 ER06 近光灯继电器底座 1 号与蓄电池正极之间电阻值，正常线路电阻小于 1Ω

（3）使用万用表测量 ER06 近光灯继电器底座 5 号对地之间的电压值，检测 ER06 近光灯继电器触点开关供电电源。

项目七 / 汽车电气系统故障诊断

（4）若测量值与标准值不符，则说明 ER06 近光灯继电器线圈电源线存在供电异常，需对供电导线进行导通性测试，测量结果及可能故障原因见表 7-16。

ER06 继电器触点开关电源线电压测量结果及可能故障原因　　　表 7-16

测试内容	标准值	测量值	可能故障原因	处理意见
ER06 近光灯继电器底座 5 号对地之间的电压值	11~14V	11~14V	继电器线圈供电线路正常	正常
		0~11V	继电器线圈供电线路虚接	检查 ER06 近光灯继电器底座 5 号与蓄电池正极之间电阻值，正常线路电阻小于 1Ω
		0V	继电器线圈供电线路断路	检查 ER06 近光灯继电器底座 5 号与蓄电池正极之间电阻值，正常线路电阻小于 1Ω

（5）使用万用表测量 ER06 近光灯继电器底座 3 号与熔断丝 EF22、EF23 之间电阻值，检测 ER06 近光灯继电器输出端线路导通性。

（6）若测量值与标准值不符，则说明 ER06 近光灯继电器底座 3 号与熔断丝 EF22、EF23 之间的电源线异常，需维修或更换导线，测量结果及可能故障原因见表 7-17。

ER06 继电器输出端线路导通性测量结果及可能故障原因　　　表 7-17

测试内容	标准值	测量值	可能故障原因	处理意见
ER06 近光灯继电器底座 3 号与熔断丝 EF22、EF23 之间电阻值	小于 1Ω	小于 1Ω	继电器输出线路正常	正常
		大于 1Ω 的具体电阻值	继电器输出线路虚接	检查 ER06 近光灯继电器底座 3 号与熔断丝 EF22、EF23 之间线路
		∞	继电器输出线路断路	检查 ER06 近光灯继电器底座 3 号与熔断丝 EF22、EF23 之间线路

（7）使用万用表测量 ER06 近光灯继电器底座 2 号与组合开关 IP38/10 号之间电阻值，检测 ER06 近光灯继电器控制端线路导通性。

（8）若测量值与标准值不符，则说明 ER06 近光灯继电器底座 2 号与组合开关 IP38/10 号之间的控制线异常，需维修或更换导线，测量结果及可能故障原因见表 7-18。

ER06 继电器输控制端线路导通性测量结果及可能故障原因　　　表 7-18

测试内容	标准值	测量值	可能故障原因	处理意见
ER06 近光灯继电器底座 2 号与组合开关 IP38/10 号之间电阻值	小于 1Ω	小于 1Ω	继电器控制线路正常	正常
		大于 1Ω 的具体电阻值	继电器控制线路虚接	检查 ER06 近光灯继电器底座 2 号与组合开关 IP38/10 号之间线路
		∞	继电器控制线路断路	检查 ER06 近光灯继电器底座 2 号与组合开关 IP38/10 号之间线路

6. 近光灯开关及线路检查

（1）断开组合开关线束插接器 IP38。

(2)使用万用表检测组合开关 IP38/1 号对地之间电阻值,检测组合开关接地线路导通性。

(3)若测量值与标准值不符,则说明组合开关 IP38/1 号对地之间线路异常,需维修或更换导线,测量结果及可能故障原因见表 7-19。

组合开关搭铁线路导通性测量结果及可能故障原因　　表 7-19

测试内容	标准值	测量值	可能故障原因	处理意见
组合开关 IP38/1 号对地之间电阻值	小于 1Ω	小于 1Ω	组合开关搭铁线路正常	正常
		大于 1Ω 的具体电阻值	组合开关搭铁线路虚接	维修或更换组合开关 IP38/1 与搭铁点 G28 之间线束
		∞	组合开关搭铁线路断路	维修或更换组合开关 IP38/1 与搭铁点 G28 之间线束

(4)连接组合开关线束插接器 IP38,将组合开关调至近光灯位置。

(5)使用万用表检测组合开关 IP38/10 号与 IP38/1 号之间电阻值,检测组合开关是否损坏。

(6)若测量值与标准值不符,则说明组合开关损坏,需维修或更换,测量结果及可能故障原因见表 7-20。

组合开关近光灯内部线路测量结果及可能故障原因　　表 7-20

测试内容	标准值	测量值	可能故障原因	处理意见
组合开关 IP38/1 号与 IP38/10 号之间电阻值	小于 1Ω	小于 1Ω	组合开关正常	正常
		大于 1Ω 的具体电阻值	组合开关内部虚接	维修或更换组合开关
		∞	组合开关损坏	维修或更换组合开关

7.故障排除确认

(1)根据排查到的故障点,对线路或器件进行维修或更换。排除后需再次检测故障点的相关数据,确定故障排除。

(2)将组合开关调整至近光灯位置,近光灯工作正常,如图 7-30 所示,确认车辆故障已排除。

尾灯不亮故障的排除

图 7-30　近光灯正常亮起

拓展迁移

随着汽车电子化、智能化的发展,汽车照明系统也在不断升级,从传统的单纯照明功能,到现在的自适应前照灯、矩阵式前照灯、激光前照灯等多种技术方案,实现了更高效、更安全、更个性化的照明效果。智能车灯不仅可以提高驾驶人和行人的视野和安全性,还可以与周围环境进行交互和通信,提升行车效率,甚至可以通过个性化场景带来氛围和尊贵感。智能车灯的像素化、智能化和个性化,带来了更安全、更智能、更丰富的应用场景,持续为汽车安全出行、娱乐生活赋能。

反思提升

在汽车维修领域,灯光故障是较为常见的故障。随着车辆灯光控制技术的更新,我们需要综合运用传统技术和新技术进行灯光故障的检测和诊断。

传统技术方面,我们可以运用电路检测仪、万用表等工具和设备,检查灯泡、灯盏、开关、熔断丝等元件的工作状态,排除灯泡烧坏、线路断开等常见问题。同时,通过仔细观察灯光的亮度、颜色和闪烁频率等特征,结合车辆制造商提供的技术手册,我们可以初步判断故障可能出现在哪个系统或元件上,为后续诊断提供线索。

然而,随着新的灯光控制技术的升级,需要学习和应用新技术来提升灯光故障诊断的效率和准确性。例如,使用故障诊断仪读取车辆的故障码,这些故障码能够提供更详细的故障信息,帮助我们快速地定位问题。此外,借助数据总线技术,我们可以通过车辆的诊断接口获取更多实时数据,如灯光控制模块的状态、传感器信号等,帮助我们更准确地分析和排除故障。

在学习新技术的过程中,需要坚持"守正创新"。守正意味着我们要牢记汽车诊断的基本原理和技术,深入理解灯光系统的工作原理和常见故障形式。只有通过扎实的基础知识,我们才能准确判断新技术在实际应用中的适用性和局限性。同时,创新意味着我们要积极学习和探索新技术、新工具和新方法,不断拓展自己的知识边界,并将其应用于汽车故障诊断工作中。

任务工单

任务名称	汽车前照灯不亮故障诊断		
班级		姓名	
地点		日期	
小组人员		工作效果	
Step1:制订汽车前照灯不亮故障诊断的工作计划			

(1)如要保证前照灯正常,需满足哪些基本条件?

续上表

(2)概述前照灯控制逻辑。
(3)说出前照灯不亮的原因可能有哪些?
(4)通过前面的资料搜集等工作,了解在前照灯亮起时,需要哪些基本信号?其作用分别是什么?

信号	作用

Step 2:说明进行汽车前照灯不亮故障诊断的工作步骤,并制订一份故障表

(1)填写汽车前照灯不亮故障诊断详细步骤和所需工具。

工作步骤	所需工具

续上表

(2) 根据测量结果填写下表。

项目	实测值	标准值	结果分析
蓄电池电压			
故障码			
数据流			

(3) 前照灯灯泡的检测。

(4) 前照灯电源的检测。

(5) 前照灯开关的检测。

(6) 前照灯继电器的检测。

(7) 根据故障码和数据流等关键信息分析可能的故障原因。
故障原因：

Step3：部件、线路等测量

(1) 线路测量。
①前照灯灯泡线路。
②前照灯开关线路。

续上表

(2)部件测量。 ①前照灯。 ②灯光开关。 ③继电器。 ④车身控制单元。   (3)最终锁定故障点,进行排除。
自我总结
在汽车前照灯不亮故障诊断工作中,个人的收获和不足有哪些?

参 考 文 献

[1] 杨智勇,金艳秋,翟静.汽车底盘电控系统原理与检修一体化教程(彩色版)[M].北京:机械工业出版社,2023.

[2] 杨智勇,李敬福.汽车底盘电控系统检修[M].北京:人民邮电出版社,2019.

[3] 李清明.汽车故障诊断与检测技术(发动机与底盘部分)[M].2版.北京:机械工业出版社,2019.

[4] 张钱斌,胡堂飞.汽车故障诊断技术微课版教程[M].2版.北京:人民邮电出版社,2016.

[5] 张凤山.大众车系故障诊断与排除300例[M].北京:化学工业出版社,2015.

[6] 张军.汽车舒适与安全系统检修[M].北京:人民邮电出版社,2015.

[7] 罗永前,陈志军.汽车底盘故障综合检修[M].重庆:重庆大学出版社,2016.

[8] 侯红宾,缑庆伟.汽车底盘故障诊断与修复[M].北京:人民交通出版社股份有限公司,2018.

[9] 孙志春,汪爱丽.汽车传动系统故障诊断与修复[M].北京:北京理工大学出版社,2015.

[10] 韩东.汽车传动系统检修[M].3版.北京:北京理工大学出版社,2021.

[11] 祝政杰,高翠翠.汽车底盘电控系统检修[M].北京:北京理工大学出版社,2019.

[12] 闵思鹏.汽车底盘电控系统检修[M].北京:北京理工大学出版社,2022.

[13] 李赫,李明.汽车底盘故障诊断与维修[M].北京:中国铁道出版社,2022.

[14] 孙龙林,郭海龙.汽车制动、转向与行驶系统故障诊断与维修[M].北京:机械工业出版社,2020.

[15] 弋国鹏,赵宇.汽车检测与维修竞赛案例集[M].北京:机械工业出版社,2018.

[16] 许子阳.汽车底盘结构与拆装[M].北京:北京理工大学出版社,2019.

[17] 仇雅莉.汽车发动机构造与维修[M].4版.北京:机械工业出版社,2021.

[18] 曾鑫.汽车发动机机械系统检修[M].北京:高等教育出版社,2018.

[19] 刘冬生,郭奇峰,韩松畴.汽车发动机电控系统检修[M].北京:机械工业出版社,2023.

[20] 董光.汽车发动机故障诊断与排除[M].北京:机械工业出版社,2023.

[21] 李振兴,于文涛.汽车电气系统检测与维修[M].北京:机械工业出版社,2023.

[22] 魏帮顶,程显兵.汽车电气设备维修一体化教程[M].北京:机械工业出版社,2023.